青山胡同

乡村文化地景书写

CULTURAL LANDSCAPE OF QINGSHAN LANES

吴宗杰　何方　著

创于1897
商务印书馆
The Commercial Press

图书在版编目（CIP）数据

青山胡同：乡村文化地景书写 / 吴宗杰，何方著 .
—北京：商务印书馆，2020
ISBN 978 - 7 - 100 - 18962 - 0

Ⅰ.①青… Ⅱ.①吴… ②何… Ⅲ.①胡同—介绍—崂山区 Ⅳ.① K925.24

中国版本图书馆 CIP 数据核字（2020）第 159965 号

青山胡同：乡村文化地景书写
吴宗杰　何方　著

商　务　印　书　馆　出　版
（北京王府井大街36号　邮政编码 100710）
商　务　印　书　馆　发　行
北京博海升彩色印刷有限公司印刷
ISBN 978 - 7 - 100 - 18962 - 0

2020年10月第1版　　开本 787×1092　1/16
2020年10月北京第1次印刷　　印张 26

定价：158.00 元

前　言

我见青山多妩媚，料青山见我应如是。

青山村，一个古老的山村，传统小渔村，乡情浓郁，民风淳朴，是国家住建部、文化部等部委联合公布的第一批中国传统村落。有石屋民居、红瓦绿树、梯田茶园、渔港海湾盘布和环绕其间，互映衬，竞相娱。数百年来，青山村民与崂山的山风海韵物我相通、主客相融，在与天、地、人的深度对话中，创造出丰富多彩的生活方式，积淀了平实而深邃的生活智慧，形成道法自然、蓄德澄怀、守望相助等一整套传统价值观和文化情感的符号系统。

青山胡同正是这套符号系统的物质承载。盘桓在青山崮下的一条条小弄、小巷、小街，顺山石曲折，随地势赋形，起伏蔓延，进退无常，浸润着山海道风的文化肌体，布设着首尾乖互的玄机妙理，氤氲烟火，诗意芬芳，编织成独特的“胡同”文化意象。一代代青山乡民生于斯，长于斯，固守于斯。每一段胡同都是文化根脉的延续，生活体验的归所，流淌着青山村的民俗遗韵、故事传说和人生畅想。它们构成了青山人的集体记忆和共同的生活场景。

今天，任时代变迁，青山胡同始终延续着最美渔村的文化记忆。每当走进胡同，我们自然会产生这样一种认知：在乡村文化传统正遭受城市化运动大规模“围剿”、乡村文化记忆快速消失的背景下，“青山胡同”理所当然地成为乡村的价值守望者、文化创新者，需要倍加珍惜和呵护。它发现、维系和传承着青山村原有的生活方式、情感方式、文化心理、价值观与世界观，并在生活演绎中与现代价值嫁接、融合与共生，生长出新的时代价值。我们认为这是对今天乡村振兴战略的正向回应，也是推进乡村文化复兴切实而有效的路径。

正是在这一背景下，我们走进了青山胡同，试图以此作为乡村振兴的破题之作。2018年年初，中共中央发布“关于实施乡村振兴战略的意见”，提出“划定乡村建设的历史文化保护线，保护好文物古迹、传统村落、民族村寨、传统建筑、农业遗迹、灌溉工程遗产”。同时在传承基础上，实现传统文化的“创造性转化、创新性发展，不断赋予时代内涵、丰富表现形式”。我们以胡同为载体，其目的是要对这一村落的历史人文地理和文化记忆做一个系统的挖掘、梳理，形成一本立足过去、面向未来，具有战略眼光的区域文脉和文化愿景绘描。本书希望，这不只是对胡同文化的展现，而是要能为这一地区的历史景观修复、美丽乡村建设、文化创新基地打造和乡村治理等等提供地域文化资源和发展驱动力。我们也期待其能成为规划和设计、乡村文化肌理与景观打造、旅游、产业创新、社区建设，乃至乡村治理的资政源泉与文化底本。从长远角度看，希望这是对接历史、走向未来、志在当下、垂诸永久的文化事业。

记忆在地化：让文化与“地方”相遇

在文化认知上，“青山胡同”作为一种文化概念的提出，是文化与“地方”相遇和对话的产物，是空间和时间的融合。“地方”在欧美现代性研究下的人本主义地理学语境中即被定义为一种“感知的价值中心”，是社会与文化意义的载体，主观性与日常生活的体验是建构地方最为重要的特征。[①]“地方”与“物理空间”最大的区别，是它不仅仅是物质上、视觉上的存在，而且还是记忆上、精神上的存在，是主观的记忆在客观的空间上的延展，是物质与精神的互嵌，是情与景的交融。为区别于物

① 朱竑、钱俊希、陈晓亮《地方与认同：欧美人文地理学对地方的再认识》，《人文地理》2010年第12期。

理空间的“地方”概念，还原青山胡同的文化属性与情感特质，本书以“地景”的概念展示“地方”文化，让文化记忆在胡同视觉里表达。并且在每项地景的文化叙事上，突破了传统遗产学中无形与有形的界线，以“文化记忆在地化”作为一种新的书写和表征方式，让不管是文献记载的，还是口耳相传的历史记忆得到实实在在的场所寄托。突出“青山胡同”文化“地景”特征，以具体的“场所”为支点，将历史、人物、记忆、传说等精神层面的东西进行一种视觉化的场所呈现。

“文化地景”是文化遗产、地理学和城市与自然景观设计等领域的重要概念。在联合国教科文组织发布的与遗产有关的文件里，“文化景观”被定义为“自然和人类的共同作品，它体现了人类与其自然环境之间悠久而密切的关系”①。“文化地景是经由一个文化群体对自然景观之作用而形成的。文化是作用者，自然场是媒介，而文化地景是其结果。”②崂山作为自然景观是天作之美，然胡同是作用在这块瑰宝上的人文作品，它体现这块土地的地域特色，穿越了不同历史，且每个时代都留下了印迹。民国以前胡同是以茅草为主色调，而青岛海洋文化留下了红瓦色调。今天胡同的自我发展循环到达了一个关键节点，即乡村文化复兴使其获得新的活力，但在其地景残骸上将要叠置什么样的时代景观，这是乡村振兴的重要课题。是将其凝固在过去，变成一座博物馆供旅游消费？还是，以故为新，让胡同的历史文脉呼应时代变化而再生？而记忆在其创造性发挥上将起着关键作用，是胡同重新焕发活力的灵感来源。

根据扬·阿斯曼的相关理论，文化是一种“凝聚性结构”，且与身份认同息息相关。而“文化记忆”是不同历史时期积累下来，渗透在日常生活、景观、场所和行为方式上的集体无意识存在。“文化”与“记忆”的结合，有助于理解文化的历时性变化，弄清文化以什么样的形式

① UNESCO: Operational Guidelines for the Implementation of the World Heritage Convention. http://uis.unesco.org/en/glossary-term/cultural-landscape

② Carl O. Sauer: *The Phorphology of Landscape*, 1976, Dorge, 1932; Bulerke, 1932.

经年累月后仍保持当下本色。文化记忆附着在口述、文献、碑文、家谱、老照片、杂记、景观、建筑物、文物、工艺、礼仪、节庆等载体上，通常以博物馆、旅游场所、纪念碑、仪式、节日等执行记忆制度化实践。这对于塑造一个国家的身份，一个城市的形象，一个村落的特色都具有重要的意义。而本书把这种记忆实践直接放置在胡同里，让它与村民们每天的生活同呼吸、共生存，从而把所谓的“文化遗产”激活成村民日常生活的一部分。

由此我们可以从中把握“记忆”与“遗产”的区别：记忆是流动的、穿越时空的、不断变化的，既拥有过去，也拥有现在，更拥有未来，而遗产通常凝固在过去，强调原真性和物质性；记忆是生活的肌理和意义，遗产是项目化的一种“东西”；记忆具有整体性的特点，遗产经常被归类到符合西方知识体系的一个类型，如艺术、宗教、建筑、物质、非物质等。如果我们仔细考察流传在青山胡同中的文化遗迹，其实都是围绕人的活动展开，是渗透在青山村民的生活土壤里的。所谓人，既包括过去的人，也包括当下的人。在“青山胡同”里，遗产被转化为记忆，进入寻常百姓家的堂前屋后。

青山胡同文化的“地景”书写，也是一种历史空间的叙述实践。美国印第安纳-普渡大学“波利斯中心”（空间人文学研究中心）提出了空间叙述的研究模型。他们认为历史是一种文化的偶然性，具有不可测、不连贯和碎片化的特点。历史作为一种过去的叙事，在这里是“寄托于空间的微观叙述，它是过去的，也是现实的，是学者的，也是普通人的，是高雅的，也是通俗的。它把过去与当下、政治与情感、诗歌与理论、民俗与经典等的并置和贯通，在‘场所’这一当下支点里得以交融、展示与探究”[①]。这一视角打破以因果关系为基础的遗产与历史表达范式，在赋予历史一种“空间”永恒性的同时，让历史文化具有多样性、开放性、

① 吴宗杰：《历史街区的深度空间叙述——以邹城为例》，《新美术》，2014年第4期。

即时性、复杂性的意义再生潜能。

地景并非只是一种自然存在的实体，之所以成为一个地景，是因为记忆实践的结果。记忆实践既是挖掘场所承载的文化的过程，更是利用记忆塑造地景的过程。一旦文化记忆在某个角落、山川、崮石被在地化，这一地方就成为地景，成为可观、可视的历史足迹。

由此打开了一个全新的发现青山村文化资源的存在方式、理解青山胡同的文化意义的考察维度。或许我们刚走进青山村的时候，会觉得这是一个比较普通的村落，可能获得的是一个风景优美的渔村印象，似乎找不到太多传统意义上的文化遗产。但是在“地景”的叙述中，“真正重要的是地点本身，而不是在那里作为过去的遗留物还能找到的物体”①。从文化记忆入手，借助“地景”的空间视角，以文献、游记、口述记忆等为对象，我们发现青山村的一棵树，胡同里的一块石头，广场上的一片空地，都深藏着极其丰富的文化意义，都被赋予了历史的灵韵，闪烁着文化之光，发散着浓郁的人文气息。青山村上一个普通的石洞，或许是一个意蕴丰富的“神仙窟宅”，呈现的是崂山最具标志性的文化意象之一；胡同中的一条不起眼的小弄，可能隐藏着青山村“龙脉”的“风水奥秘”；村口一棵普通的楸树，恰恰寄予着崂山人“千难万难，不离崂山”“维桑与梓，必恭敬止”的乡愁情感。在这里，“地方”拥有了特殊的符号意义，时间和空间通过“这里”连接起来。

在“文化记忆在地化”的叙述实践中，我们把文化、历史看作是书写在大地上的遗产，落在村落，场所、景观、遗迹乃至一石一木中，赋予其精神灵韵；然后把文化还原在青山村具体的胡同景观和生活场景中，用一种生活化的、不断生成的视角，从各种实物、图片、记忆、文字、声音等“文本碎片”中，用“地景”的方式把它们叙述出来，

① 〔德〕阿莱达·阿斯曼：《回忆空间——文化记忆的形式和变迁》，潘璐译，北京大学出版社，2016年。

从中勾勒生成一套可反复使用的“青山胡同”文化本底、意象符号和仪式空间；最后期望通过胡同的修复，创造性地塑造一种鲜明的在地形象、乡土情结、乡风民俗、乡村景观，这就是本书期待的，作为乡村振兴的文化资源和创意灵感。

探微取义：触摸青山胡同的文化肌理

青岛崂山处于外来海洋文化与原即墨为中心的华夏莱夷文明的碰撞地带，青山胡同周边山水、宫观、洞窟蕴含着天道时序之道德文章。其山水景观、村落空间里沉淀着历史悠久、文化多元、道义深刻的历史遗迹、文化景观和生活记忆。但它们在城市化的融合转型之中，也和全国许多地区一样，不可避免地面临快速消失的危险。而这种危险或许在很大程度上源于我们对文化遗产意义的认知。按照现行西方文化标准下建立起来的文化遗产认识框架，古建筑、文物等看得见摸得着的有形物质是文化遗产，而其背后的无形的遗产和记忆，却容易被忽视。一旦我们面对的记忆场所作为有形物质的原真性和历史性得不到确认，就会简单地被认为不具有保留价值，从而遭到日积月累的侵蚀，或者在一个个新规划实施中拆除殆尽。

反之，从中国传统对古迹与遗产的关注来看，往往重视背后的文化意义、精神存在等（我们称之为“文化肌理”）。Pierre Ryckmans 在其《中国人对过去的看法》一文中概括中国人对过去的态度是：物质缺失但精神存在，或者说当下看到的中国过去，是一种“精神的活跃，物质的无形”①。以这种眼光看来，除了刻有文字的石碑，其他物质实体都可以代替和更新，有形物质的重建本身也可以是一种遗产保护的手段，甚至生长在遗址上的一草一木都可以被看作是珍贵的遗产。《战国策》记载：“有敢去柳下季垄五十步而樵采者，死不赦。”这里说明柳下季的墓墟

① Pierre Ryckmans: Chinese attitude towards the past[J]. China Heritage Quarterly, 2008: 14.

边的草木也具有重要的文物价值，也被看作是珍贵的遗产。因此，在古人那里，月榭风亭不在其艺术之美，荒祠古墓不在其文物之珍，关键是有可以让当世仰慕和追忆的精神遗产。

本书在写作方法上，是对物质载体的文化迷思的打破，也是对中国传统的回归之遵循。在挖掘青山胡同的遗产价值和文化意义时，我们把物质和非物质、细节和整体、当下和过去融合在一起，通过运用包括《史记》《春秋》在内的历史书写方式，以"微言大义"和"行事深切著明"来彰显青山胡同的深层价值，把错综复杂的文化线索编织成"以人为本"的胡同文化叙事。在看似就事论事的故事叙事里，蕴含着对文化大义的探究，对当代乡村文化振兴以及历史记忆和遗迹的活化和利用的深层思考。具体来说，本书的形成经过了如下研究序列：

第一，问题导入。在进入"青山胡同"的研究之前，首先是对中央到地方等各级政府在乡村振兴中的困惑、问题、瓶颈、愿景有一个清晰的把握，同时对青山村民众的诉求、现状充分了解。以此形成调研工作的具体问题导向。

第二，采访与考察。对青山村不同年龄的居民及熟知该地区的各界人士进行口述记忆采访，请老人们一起走访胡同现场，对遗址、文物、居民、景观，乃至消失了的东西进行考察和文化记忆采集。

第三，文献考证。收集与青山胡同有关的文字资料，包括地方志（不同时期的版本）、地方文献、家谱、档案、老照片、图纸、碑文、各种发表或未发表的论文、网络资源等，利用这些资料对这个村落的场所，每个片段的历史变迁进行梳理。文献梳理注重历史脉络的演变，与现实的互征。

第四，文化解读、叙述与辑录。对上述方法收集到的有关青山胡同的各种文化碎片，进行考辨与解读，发现与当下问题有关的意义。解读以文化叙述形式出现而不是一种理论解释；描述强调尊重原始文本的言说方式，尽量保持口述、古语、方言的风格；对史料的剪辑性实录、转述与描述不是为了简单地复原过去，而是探究过去对现在的意义。文化叙事在利用经文典籍、山水史实故事、诗文时不是将其当作文学，或者历史史料，而是看作遗产“画面”的一种认识与展陈；使记忆讲述，不是简单地欣赏故事和了解历史，而是要直接引发物化的改变；叙述配合相关的图片资料，图片本身也是一种叙述，而不是简单的现场对证。

第五，文化项目规划。根据文化叙述的精神内涵，结合政府与市民区域发展、对相关场所的利用诉求，探讨如何规划、利用和传承青山胡同的文化资源。比如“军港记忆”篇，就是为青山村具有标志性的文化项目开发提供一种策划思路。

第六，文化愿景描绘。文化愿景的描绘融于地域的文化记忆讲述中。它具有文化志特点，与古代地方志对接，在行事叙述的描写中，在地域景观的展示中出现。文化愿景描绘渗透着从这块土地上挖掘出来的道义、理想与场所精神。

乡村实践共同体：以记忆书写推进人文之治

扬·阿斯曼认为，文化在社会和时间层面上起到连接和联系的作用，并通过凝聚共识、价值原则和实践进而形成特定群体的文化认同。“文化记忆”既区别于历史书写，又不同于我们通常所理解的“传统”。记忆不同于历史，是因为它是以群体的身份认同为核心，即以生活在这块土地上的人，作为其记忆或遗忘的价值取向，并以他们的诉求和自我实现为目标。[①] 而文化记忆的这种历史属性需要“场所”为载体，也就是通过地景的书写来物化。正如凯文·林奇说的，在流动的时代，“亲属关系可以延续，但地点无法延续。我们对父亲生活成长的那条街道感兴趣，它能够帮助我们理解父亲，强化我们的自身身份认知”[②]。地点是

① 李丰：《记忆与遗忘——我们该有的反思》，《新京报》，2015 年 12 月 12 日。
② 〔美〕凯文·林奇：《此地何时：城市与变化的时代》，赵祖华译，北京时代华文书局，2016 年。

文化流动中的永恒支点。

在我们看来，记忆的这种连接、凝聚和认同功能，正是培育乡村共同体、实现“乡风文明”的动力源泉和根本。今天的乡村振兴实践，一方面“对乡村文化价值认识的偏差，导致了乡村文化的空心化、虚无感和缺少与现代文化的对接能力”[①]；另一方面，把文化复兴简单地理解为搞点娱乐活动，带着村民唱唱跳跳，存在着文化内涵浮浅化、文化活动娱乐化的倾向。而文化自信、价值传承、心灵安顿和共同体的凝聚等乡村文化复兴的核心事业无论是从认识上还是实践中，都需要得到足够的理解和呈现。在我们看来文化记忆正是打开它的一把钥匙，一个看似“貌不惊人”的乡村可以通过记忆的在地化，激活被尘封的广阔而深邃的文化意义空间，让过去成为现实，接续现代生活方式，释放传统文化价值要义。

文化记忆的挖掘和再书写过程，就是记忆的激活过程，是人文价值的传播过程。作为一种涉及历史、文化遗产和乡村景观的研究，我们始终以习近平总书记提出的文化理念为指导方针，重点放在遗产活化这一关键点上，这就是“要系统梳理传统文化资源，让收藏在禁宫里的文物、陈列在广阔大地上的遗产、书写在古籍里的文字都活起来”。

“文化身份上的认同的先决条件就是那种鲜活的文化记忆。”随着胡同记忆激活，村民们也不断地在审视自己的家乡，从日常而不自知的生活环境和地方景观中，重新了解自己的过去，理解当下的生活，构筑未来的愿景；青山村年轻一代也在触摸鲜活的文化记忆中，重建个人的记忆、价值，并与青山的文脉源流产生情感意义上的互动，加深了年轻人对青山村的依恋和自我的身份认同。“因为这种回忆风景的文本只有那些已经了解其内容的人才能够读懂，这是一种追念的阅读，而不是信息性的阅读。”[②]

① 刘忱：《乡村振兴战略与乡村文化复兴》，《中国领导科学》，2018 年 04 月 20 日。

② 〔德〕阿莱达·阿斯曼：《回忆空间——文化记忆的形式与变迁》，潘璐译，北京大学出版社，2016 年。

基于上述认识与实践，我们把青山胡同的文化书写看作是一次青山村民的集体创作，把记忆文本的价值导向构建成乡村文化共同体的一种实践努力。两年来，青山村的男女老少，包括外来创业者、游客等，都成为我们挖掘胡同文化记忆的对象，而那些德高望重的乡贤则直接参与到书写过程中，他们以口述或文字留下了“青山胡同”第一份“初稿”。胡同记忆展现出了强大的文化黏性和价值吸引力：几乎每位青山人都乐于向我们分享青山的故事传说、乡情乡愿；部分村民甚至成为研究向导，全程陪同课题组穿街走巷，登山涉水，把青山村的来龙去脉、民情风俗、生活轶事，把青山胡同的地景文化全景呈现，生怕有一丝一毫的疏漏。在胡同记忆的在地化过程中，我们努力打通青山村历史传统与现代生活时尚之间的通道，尤其重视对青山传统价值要素与礼仪规范的梳理和现代表述，并把它作为一种文化治理的方式，实现乡村振兴战略中提出的法治、德治和自治“三治统一”的价值和内涵创新，以此推动村民个体对自身群体身份的认同和“地方感”的塑造，以及乡村共同体的构建。为此，我们通过民族志的整体描述研究方式，在想象之中重构过去的价值场景：从胡同宅里门庭的旌表所寓含的道德风尚，到孔子“乘桴浮于海”的追求；从青山胡同的人物故事中对传统忠、孝、贞、节、义、艺等的梳理，到青山五大姓众户集聚、朝夕相亲、守望相助而形成的“里仁为美”。由此描述出青山胡同以“人”为中心的善治思想，旨在为打造一个有温度和有情怀的青山乡村共同体提供丰富的文化资源。

西村幸夫曾指出：地方的魅力，事实上是由居住在这片土地上的人的魅力而产生出来的。地方培育出当地居民个性的同时，地方特色也会借由当地居民而展现出来。[①] 青山胡同记忆的“书写”，也是各类青山村新乡贤群体的培育和实践过程，并由此呈现出了一种新的乡村文化风

---

① 〔日〕西村幸夫：《再造魅力故乡——日本传统街区重生故事》，王惠君译，清华大学出版社，2007 年。

貌和地方特色。青山村民、创业者、游客、大学生、崂山风景区、太清宫、崂山电视台、高校学者等等，以文化记忆中的伦理和礼仪理念为经脉和纽带，以地景空间为依托，围绕青山社区居民服务、社区事务处理、社区文化保护等，构建了道德引导团、青山文化记忆守护会、大学生书画教育服务站、文明守护团、青山乡贤参事会、渔家宴议事会、法律顾问团等系列乡村治理共同体。尤其要指出的是，由青山村的姜岐先、林玉水、刘振居、温志敏、温志团等五位文化乡贤构成的"青山文化记忆守护会"，他们不仅针对胡同各个区块、家族或文化主题采集各种故事线索、家族变迁，寻找故事讲述人，收集各家收藏的资料，而且还引导村民共同保护胡同记忆，激发村民守望乡村传统价值的志向。

文化资本实践：青山胡同的价值提升和创新

怎么看待"青山胡同"对于青山村、崂山区，乃至整个青岛的意义？在研究的阶段性成果即将推出的时候，似乎有必要对这一问题给出答案。借助法国社会学家布迪厄的"文化资本"视角，我们认为"青山胡同"文化的阅读和书写，实际上是一种文化资本的运营和累积。从"文化资源"转向"文化资本"，是从生产流通和价值增值的视角来考察青山胡同对于推动区域文化经济社会发展的意义。同时我们也期望为青山村，乃至崂山、青岛留下一笔可继承的文化财富，亦如西湖之于杭州，让生活在这块土地上的人们世世代代可以享用这种资本。

布迪厄认为，"文化资本"有三种存在形式：一是身体化的形态，体现在人们身心中根深蒂固的那些性情倾向中；二是客体化形态，体现在那些文化物品之中（例如书籍、词典、机器等）；三是制度化形态，体现在那些特定的制度安排上（诸如教育的资格认定方面的规定）。"文化资本"也并非抽象之物，总是和特定的场域联系在一起，"每一种形态的'资本'只有在创造出这一'资本'的特定场域内才能够最大限度地发挥其固有效用”[1]。可以说，本书基于文化空间的“地景”书写方式高度贴合“文化资本”的概念内涵和本质规定。根据布迪厄对“资本形式”的划分，青山村的一系列文化符号和文化象征，包括历史遗存、故事传说、知名历史人物、村民素质品性、社会治理方式等，都具有鲜明的资本属性和资本意义，都可以直接转化为区域的经济、社会和文化资本。

而本书对“青山胡同”的文化叙述、对胡同记忆的挖掘与创新，就是对青山村“文化资本”价值增值的一种尝试。其方式主要有三方面内容：一是从文化记忆的挖掘、讲述、传播，到记忆场所和景观的艺术化修复；二是从培育村落人文空间，到使其成为文化创新、文化治理的平台；三是走上以文化记忆支撑城乡发展、创新产业、自治化社区建设的乡村振兴之路。具体来说：

一、完成对“胡同印象”的共享认同。通过对青山胡同的遗址、文物、居民、景观，乃至消失了的东西进行考察和文化记忆采集，深入到乡村生活中、具体文化场景中，脚踩大地，聆听百姓人家，打通文化传承脉络，形成具有引领乡村振兴意义的文化讲述和文化愿景绘描。这不完全是对过去的某个生活场景和记忆的复原，而是一种新型的乡村文化的塑造，是新型乡村符号的构筑。这既是历史的经验，也是个人的记忆，由此找到青山村一种共性认同的语言，构建新型乡村文化价值认同体系，生成乡村“集体记忆”。

二、推进对胡同记忆的多媒体传播。将“青山胡同”的文化叙述，结合当下区域的发展特色、生活方式、未来愿景，进行创新性转变、创造性发展，把“青山胡同”作为“可被参观的历史”（history made visible）和可触摸的生活，形成一个个生动鲜活的“青山故事”，有趣味、可体验、可沟通，利用电视报纸、微博微信、抖音等进行传播，推动乡

① 杨善华主编：《当代西方社会学理论》，北京大学出版社，2004 年。

村文化精神的培育和发展。

三、开展青山胡同“文化场景”营造。周志远《崂山志》有芮玉庐诗曰：“土坡齐栽药，茅屋半栽花。”青山村历来有家家户户种花植草的审美传统，也是今天青山村的重要生活场景。芝加哥大学终身教授Terry Niochols Clark 的团队提出的“场景理论”[①]认为，不同的娱乐休闲设施和不同的市民组织的组合，会形成蕴含特定文化价值取向的不同的“场景”，吸引着不同的文化群体来文化实践，推动区域经济社会发展。基于此，他提出文化场景的社区、建筑、人群、文化活动、公共空间五大构成要素，最终把文化作为一个区域发展的具有决定性的驱动力量。我们认为，“场景理论”对于青山胡同文化记忆的“在地化”具有重要借鉴意义。我们通过记忆激活村民的文化价值追求和审美追求，把青山胡同的乡里道义和美学追求渗透在青山胡同的“场景”营造中，使之成为驱动崂山“美丽乡村”全域发展的重要支点。

四、推进青山胡同文化IP开发。文化IP，是乡村特定价值提升的创意，以及在实现创意过程中的资源整合，是对乡村精气神特色凝练而创造出的符号化、个性化的具体形象，是具有人格化的可传递的精神的产品。我们可以把“青山胡同”，以及诸如“崂山桲椤”这些文化意象构建成一个崂山的文化IP库，从价值观、辨识度、趣味性等角度，立足于胡同传说故事、胡同特色产品、胡同文化形象等，整体设计开发出青山胡同IP，推出系列“青山胡同”logo、开发文化创意产品、进行青山胡同IP产权交易，进行青山胡同文化产业链开发，让青山胡同IP成为彰显崂山文化形象、带动青山文创产业、提升居民生活内涵的重要符号。

青山胡同，蜿蜒通幽，道法自然，意韵绵长。胡同中蕴含着优秀思想观念、人文精神、道德规范，是“记得住乡愁”“留得住乡情”的价

① 〔加〕丹尼尔·亚伦·西尔、〔美〕特里·尼科尔斯·克拉克：《场景——空间品质如何塑造社会生活》，祁述裕、吴军等译，社会科学文献出版社，2019年。

值依托，是青山村创业创新永续发展的动力源泉。在今天乡村振兴战略和文旅融合发展的大背景下，青山胡同中的一石一木、背后的“片言只语”都将熠熠闪光，散发出历史浓郁的陈香。我们相信，青山村的未来，会从这胡同出发，首尾相接，再回归到胡同人家。

目录

序 / 1

街邻道里

引言 / 10
温家街 / 18
林家街 / 48
唐家街 / 76
刘家街 / 96
姜家街 / 123
三姓庄 / 137
深山八哨所 / 143
青山涧 / 152
乡公所 / 162
岔路口 / 165
青山三井 / 168
碾旮旯 / 169
结语 / 180

围祠而居

引言 / 182
刘氏祠墓 / 186
林家祠墓 / 200
唐氏族 / 212
接祖地 / 219
社稷诸庙 / 224
土地庙 / 226
关帝庙 / 230
龙王庙 / 232
井泉龙王庙 / 240
西京胡仙洞 / 242
五姓闹春 / 249
结语 / 256

青山道中

引言 / 260
巨峰沉海 / 262
神仙窟宅 / 268
卧佛龙虎 / 280
桃花源里 / 283
青山龙脉 / 288
三亩顶览胜 / 290
松石之折 / 294
青山道中 / 296
游憩之所 / 309
青山恨 / 314

层楼复阁 / 317
宛如画图 / 320
垭口影事 / 323
民国记忆 / 329
乱石人家 / 340
青山乔木 / 343
绣球花冠道 / 350
耐冬嬉牡丹 / 352
蒲松龄宿青山 / 359
浪漫青山 / 362
青山黄山 / 364
青山云雾 / 368
篮子地 / 370
小花园 / 372
小影壁 / 375
军港记忆 / 377

尾声
乘桴浮于海 / 380
致谢 / 395

序

青山村位于崂山最南端，山海相依，奇峰林立，仙雾缥缈。（同治）《即墨县志》记载属即墨县海润乡肖旺社。1935 年划归青岛市，属崂东区。1956 年建立崂山郊区下的山海乡，由青山、黄山和黄山口三村组成。1961 年属于崂山县王哥庄人民公社青山大队。今为青岛市崂山区王哥庄街道下的青山社区，是崂山太清宫风景区里历史根基最深的村落。《太清宫志》称此地为钟灵毓秀之仙乡，山崇海阔，霞蔚云蒸，朝晖夕除，具天造地设之胜状。[①]

戊戌年春夏之交，在村民带领下，我们步入青山村那弯弯曲曲、高高低低、全无方向感的狭窄小弄里，举目所及无非是石墙、石路、石桥、石瓦、石碾、石盘、石盆，透过这石头勾勒出来的框架远望，又见石崮、石峰、石岩、石松，不经意间村民提到“胡同”两字，追问“是何胡同？”告曰：“无名也，这里统称这些小弄为胡同，走进青山村，便是步入胡同。”当我们在胡同里穿行，就好像在花岗岩迷宫里探索，瞻前忽后，全无首尾之感。当偶然来到一岔路口，村民又说：“此地温家街、唐家街，或林家街也。”这街既非一条直道，两旁更无商铺排列。这街、这胡同完全打破了我们在北京、苏州或其他城乡形成的胡同印象。为究其玄妙，我们开始了两年之久的青山胡同探索，这就是本书之缘起。

“胡同”两字在中国古文献里出现比较晚，在未简化前原词为“衚衕”。最早对其考证的是明代谢肇淛撰的《五杂俎》：

---

① 见《崂山太清宫志·校注》卷十，周宗颐编撰，寿扬宾校注，中国海洋大学出版社，2017 年。

闽中方言家中小巷谓之弄。《南史》东昏侯遇弑于西弄，弄即巷也。元《经世大典》谓之火弄，今京师讹为胡同。

后来人们认为“胡同”的叫法是从元朝开始，属于胡语，或者是不上经传的俗字。但诸多文献深入考证认为“衚衕”是源于中华经典，具有深厚的文化土壤。清朱一新《京师坊巷志稿》曰：“今南方呼巷曰衖，北方呼巷曰衚衕。衚衕合音为衖，衖见《尔雅》，衕见《说文》，皆古训也。”这是说“衚衕”其实是“衖”这个字缓读形成，而“衖”古时同“巷”，可在《诗经》《离骚》《玉篇》等经典中见到。（光绪）《顺天府志》（卷三十二）释疑何为“京师人呼巷为衚衕”，曰：

巷古同衖。《唐韵》《集韵》衖并同巷。《玉篇》衖亦作巷。《韵会》引《三苍》云：衖官中别道也。《离骚》：五子用失乎家衖。《广雅》：阎谓之衖。《广韵》亦作。《韵会》《篇海》又作哄。《诗·郑风》：俟我乎巷兮，悔予不送兮。巷古音胡贡切。今衚衕字即巷字双声疾读为巷，缓读为衚衕。〇又按衚衕为衙衕之声转，《说文》：衙，行皃，从行，吾声。然则衙衚声近。杨慎曰：今之巷道名为衙衕，又作𢓜㣚。《南斋书》西弄。注弄，巷也。南方曰弄，北曰𢓜㣚。

“衕”是见于经传的文字，《山海经》里就有此字。《说文解字》解释衕，通街也，从行，同声。“衚衕”二字到元代成为文人写诗的词，也就成为雅言了。青山民国游记中还能看到庄子笔下那个抱瓮灌园的情景，简言之，是安于淳朴的远古生活。既然胡同一词的来源是衖（古同巷），考察青山胡同对这个村落的意义，就可以从衖或巷的训诂深入，以溯其正。《说文解字》：衖，里中道，从邑从共，皆在邑中所共也。《增韵》：直曰街，曲曰巷。《毛诗补疏》（卷三）：众户集聚，则两畔皆屋，门东西相向或南北，其间通行之路为巷道。众户集聚成里，故胡同便又是“里中道”。这个“里”就是青山作为村落的意义。对于这个“里”，《食货志》有“五家为邻，五邻为里，四里为族”的说法，这是基于《周礼》制度而言。而在更远的古制中，“里中道”的“里”是“一里八十户，八家共一巷”。（《周易像象述》卷五）《韩诗外传》云：八家为邻，则以邻即井。里是中国制度文化最基础的单位。故《公羊义疏》（卷四十八）发挥说：“八十户为里，正合十井之数，或当时十井之家聚集一区，因而成里，与此与里仁为美之里同。”“里仁为美”是孔子对胡同文化理想的刻画。有仁德之风的胡同，才是美好的地方。青山村限于地势，无井可依，但其碾以及“街”的概念，均起到井的作用，即同井（街、碾）相依。古制有八家同井，后来又有“八家共一巷”。青山作为一个村落，相当于古时的一个里，胡同将各家凝聚在一起，手足相应，衣食相资，父母相接，子孙相亲。古时候，他们“则治兵振旅，朝夕相亲，可守可战，众寡得其中，远近适其平，古圣所为寓兵于农焉”。《公羊义疏》（卷四十八）因此《三苍》云：衖，里中别道也，此云八家一巷，盖一井之夫所共。但是，在青山，分不清每条胡同的起始与结尾。这倒不是人们不愿意分出一条条胡同并给它命名，而是人家乱石中，自然环境不允许形成一条条清晰的胡同始终。整个村落可以说只有一条胡同，名曰青山胡同。胡同肌理无始无终，无头无尾，浑然一体，形似一张大网。要辨别古制“八家共一巷”，是用“街”的概念，此街又非通常理解的直道，而是一个胡同的节点，即岔路口。这似乎就是清代进士江如瑛在青山道中看到的“人家乱石中，居民浑太古”的意蕴。直到民国青山通公路之前，出入胡同的居民还过着极为拙陋的淳朴生活，似乎与“文明”世界很远。苏雪林在其民国游记里比青山居民的生活有如《庄子》中“抱瓮灌园”，绝机心，安于现状。

山中居民吃的是包谷山芋，烧的是松枝，住的是石屋。营养不足，生活是如此简陋，体格都异常瘦小。那些石屋都用天然石块垒

青山胡同肌理图

成，屋顶则铺以树枝茅草，既无梁栋之属，所以屋子也只好砌得鸡棚似的一间一间。山中有的是树木，他们为什么不知利用呢？想一则木头质料不如石头坚牢；二则以木制物，须借助于斧斤锯凿之属，而这类东西，山中似不多见。山民担水用的，也非水桶而是两个粗陶制的大瓮，古人“抱瓮灌园”之说，今乃实见之。陶器笨重易碎，万不如木制的便利，他们狃于数千年习惯而不改，又是铁器稀少之证。我国虽周宋已入铁器时代，而本山居民的生活却还是石器时代的。劳山与青岛相去不过百余里，文化程度竟相差五六十个世纪，又不能不使我暗暗称奇。[1]

---

① 苏雪林：《劳山二日游》，见韦志芳《名家笔下的崂山》。

苏雪林显然是从在现代人的眼光看这种近乎原始的生活，但也是民国人的周宗颐——太清宫道士——却赞美曰：“抱瓮灌园听海涛，闲同逸老种碧桃。”

《老子》曰：“迎之不见其首，随之不见其后。”这正是青山胡同的写照。胡同因其恍惚无序而不可名，迎之于前，随之于后而皆不可见其始终。“道无所不在，故无前后可见。”胡同也无所不在，故无首尾可见，“迎而求之莫知其所自来也，随而究之莫知其所自终也”。

山势形胜确立村落的方位，巨石叠垒营造了胡同的走向。但胡同毕竟是人为所筑，在顺势而为的演变过程中，青山人约定，建房子的时候前边不能高于后边，东边不能高于西边，任何情况下，都不可以压路，不管自家院子有多么狭小。他们把胡同称为公路，是各家共享的空间，私人不得侵占。大自然蕴含的大道塑造了青山胡同不可捉摸，形似迷宫的玄妙肌理。老百姓代代相传，日用而不知的里巷文化就渗透在其间。五大姓众户集聚，朝夕相亲，守望相助。古制“八家一巷”在这里是以模糊的胡同区块“街”的形式存在，街与街，众寡得其中，远近适其平，江如瑛笔下的太古之道似尤在胡同里。

“结庐倚岩峦”，“斗室却嫌宽”。青山胡同本是在乱石大崮中依石而成，因地势而制，庐舍隘陋，插竹为篱，破石为屋。走进 20 世纪，青山村的民居发生了很大变化，茅屋已换成红瓦，很多简易庐舍改成了小洋楼。但那曲径通幽、蜿蜒崎岖、鳞次栉比、形似迷宫的胡同肌理仍然保持不变。1935 年，《青岛画报》刊登了一张青山胡同南口的照片，标题是“青山黄山二村为崂山渔民集居之所。两村位于太清宫与华严寺之间，右图为青山村之外景”。民国散文家芮麟（1909—1965）在游崂山时，当年也站在这石桥边，感叹他看到的山村胜景，并赋诗一首，他在《惊风骇浪上前崂》的游记中记述：

苍松绿树，碧海青天的大绒幕上，再零零星星、错错落落地点缀下不少红的花、白的花，更显得风光娇丽，柔媚有致！我们在石桥边，照了好几张相片。我并有一首五律，记其胜概：

青山村

寻春不辞远，胜日此登攀。
村罨高低树，花连远近山。
柴门常寂寂，青鸟自关关。
独立斜阳里，长歌未忍还。

今天这个地方依然是最吸引摄影爱好者和写生者的山村景观。路旁的两幢小屋形貌如初。小屋上下有两个大石磅似钉子一样把岁月留住，石磅上面明代的石刻字迹清晰可辨：

青山村南河桥头胡同，赵鑫兮摄，《青岛画报》1935 年第 11—12 期

老照片所示的南河桥头胡同入口今日景观

太清宫此河界

明万历三十一年三月立

莱州府知府龙，同知署县事谈

小屋今天的主人是林还成，《太清宫志》记述他的祖先是明万历初由福建台湾遁于此，居于分水大河北岸，依山为村，即住在照片所示的地方。[①]400年里青山胡同在林氏以及同时落户的刘、唐、姜、温等家族的经营下慢慢形成。此时正是明万历十一年（1583）至二十三年（1595），时值太清宫因庙产引发佛道之争。道士耿义兰等与佛教僧人憨山之间进行了一场长达十三年的官司，上达天听，惊动朝野。而佛道之争的背后其实又与万历皇帝和李太后之间的帝后之争相关。黄仁宇在《万历十五年》中称这一年一些表面看来似末端小节的事件，将在以后掀起波澜。

① 见《崂山太清宫志·校注》卷七，周宗颐编撰，寿扬宾校注，中国海洋大学出版社，2017年。

这一年，也是青山村那几个先祖与太清宫道士合力在中国掀起波澜的时候。村民说，打官司那 13 年，青山五大家族为庙里也是出了不少的力。青山胡同那时候还没形成，或者只是围绕许多无序的石磅在转。然“夫风生于地，起于青蘋之末”，也许青山胡同正是这青蘋之末。作为历史事件它可以完全忽略不计，但作为文化现象仍然可以给人以许多遐想。

不过太清宫虽近在咫尺，青山村的世俗生活在文化上却与道士们相隔甚远。青山村民更多的是过着儒家传统影响下，围着先祖灵魂和社稷神的生活。胡三太爷要远比太上老君值得拜托。民道之间虽然相互依靠，但冲突和矛盾时有出现。这可以从《太清宫志》记载的从八水河到青山湾南河入海口的八块界石证明。解放后，太清宫的山峦土地划归青山所有。在拜祖宗和拜道君之间还有一批称隐君子者出没。他们常常来去无踪，隐姓埋名，栖于大石间的庐舍或洞穴里，过着“晦朔潮为历，寒暄草记晨”的生活。康熙年间即墨文人纪润就曾记述道，昔年青山有一奇人隐于村，数年后不知去向，只留下几副对联，让人刮目相看，“真高人也”！他们把青山比作汉宫秦阙，拥有很高的志向，但内心却只惦记花开花落。

在本书的四个篇章里，我们将呈现青山胡同迷宫里的生活故事、人物活动、精神文脉及地景记忆。“街邻道里”篇主要围绕街（邻、生产队、居民组）的概念，分区块展示该区域内的胡同肌理及其古迹、民居、地标、景观和背后的故事，由此形成分区块的胡同文化肌理表述，体现邻里精神。“围祠而居”篇以精神场所为线索，如宗祠、庙宇、墓地等，分祖、社两个系列展示宗族文化和社稷文化。“青山道中”篇是以与青山相关的历史文献、游记、口述记忆等为对象，以文化碎片的形式将其在地化，使地景和场所获得历史记忆赋予的灵韵，使文献碎片通过地景得以物化。最后以孔子“乘桴浮于海”为线索，探究崂山这块土地的文脉源流和精神诉求，赋予青山胡同稽古揆今的文化愿景。

街邻道里

引言

本章主要围绕街（邻、生产队、居民组）的概念，分区块展示该区域内的胡同及其古迹、民居、地标，景观和背后的故事，由此形成以特定区域内的胡同文化肌理表述，反映胡同容民畜众的邻里文化。

青山胡同狭小，不规则，无首尾，无名称，更谈不上有什么商铺。这给胡同的罗列和展示提出了难题。但胡同里却分布着很多村民称之为“街”的地方。《新华字典》解释“街”称“两边有房屋的、比较宽阔的道路，通常指开设商店的地方”，而且一般是直道。但在青山，“街”完全是不同的概念，它指的是邻里的一个聚集点，通常是在相对开阔一点的胡同十字路口上。由于胡同是不规则的网状形态，狭小，穿行在石屋间，这个“街”的含义与汉字古意更接近。《说文解字》注释“街”曰：“四通道也。从行圭声。古膎切。”其《说文解字》篆文字形如下图，父癸鼎篆书则更加形象。

青山村大致根据族系邻里关系分为五大区，每个区有一处街，并根据区内居民主要家族的姓氏形成习惯称呼，故有“温家街”“唐家街”“林家街”“王家街”“姜家街”和“刘家街”等。青山胡同的内在细胞，其实是由这几个邻里聚落组成的村落。“街”这一邻里细胞是凝聚人气和邻里关系，孕育风尚的空间节点。以“街”为单位就可以把迷宫一样的胡同，以网格方式逐块展示出来。

村书记姜兆节告诉我们，村里虽有胡同之说，但没有名字，就是一个笼统的概念。具体叫起来就是林家街、姜家街、刘家街。一个街就是分布的一片居住区，刘家分布在北头一块儿，姜家分布一块儿，每片的胡同都是相互能对上，走不错，基本上都串在一起了，没太有死胡同。就是人口居住太密集，胡同很小。（20180619 村书记姜兆节访谈）

在青山，街里，又称“隅首”，指村子中间东西走向与南北走向道路的交会点。《孟子》“引而置之庄岳之间”。注云“庄岳，齐街里名”。又顾炎武云：“庄是街名，岳是里名。”唐诗李商隐《对雪》有诗句：“柳絮章台街里飞。”

青山胡同“街”的邻里聚落分布是以家族为基础逐渐形成的，其历史渊源可追溯到明代。看似杂乱无章的胡同肌理，在村民心中有章可依。今天村的中心是岔路口，历史上村落的最初聚落是高家洼，在岔路口以东，今三姓庄到龙王庙之间地带，南北各有一条河。最早的占山户是高氏家族，据《青山村志》（27 页）记载，此域内的地片都是由高家拓荒成田的。林玉水说，高家要比别姓来早百年有余。在明朝永乐之前，高氏家族人财兴旺，直到清末因抽鸦片，高家败落。林玉水说，高家把好地都卖给林丰（逢）秀家，最后儿孙搬到王哥庄西山桑园落户，把茔地托林礼秀老人照看。

以岔路口、高家洼为中心，村民大致以东南西北四个方向确立各聚落的分布称呼。唐家在西面的山根，故称“西山”，以唐家街为中心。林家在南面，称“南头”，因林家又分上林和下林，上林叫“上头”。东面温家称“东头”。北面刘家称“北头”。在东南西北之间的中间地带，就以姓氏称呼，有“姜家”“王家”“朱家”“张家”“黄家”“高家”等。而各聚落的中心，站在胡同的角度来看就是“街”。林、刘、姜、温、唐五大姓的胡同分布大致如下图。

站在历史角度看，除了占山户高家，林、姜、温、唐都是在同一时间搬入青山村内，即明永乐年间。《青山村志》记载，这四姓最初都是在试金湾附近落地，并就近找一合适的地方住下，逐渐形成村落。各个家族还都有自己的落地称呼。林氏由台湾迁

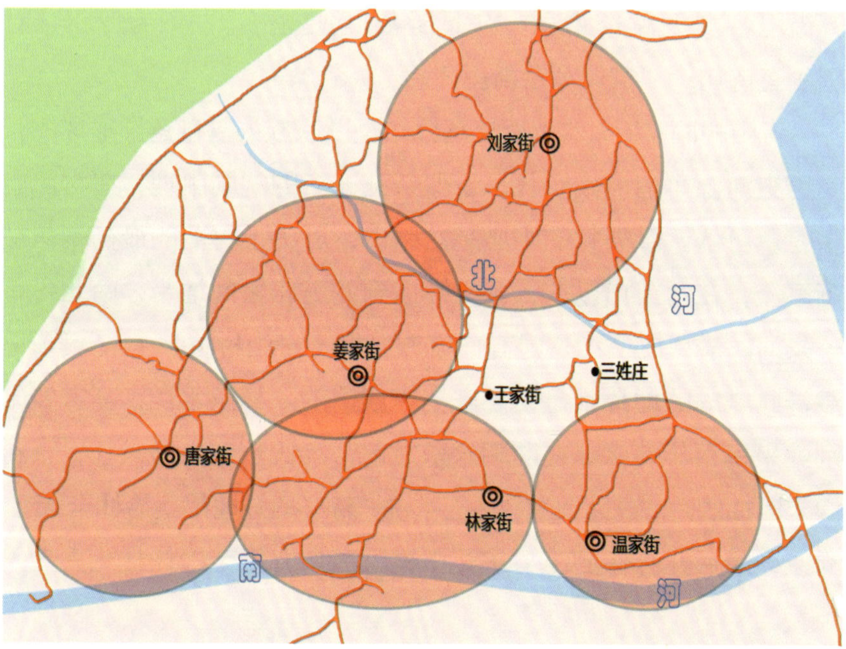

五大姓在青山胡同的分布

来山东，经即墨，坐船到试金湾滩西，此地称“林家台子”；姜家由山西云州移民至山东，在试金湾北山根一平坦处居住，定名“姜家宅科”；唐氏也从山西云州迁出，在崂山头西登陆，于“大地铺子”落脚，称“唐家铺子”；温家在崂山头后，居住地叫“温家庵子”（东头庵子）。这四姓在试金湾附近居住互隔有十余里山路，从中可以看到今天青山胡同的影子。不过也有记载认为，这四大姓是明末清初郑成功抗清的残部。由林本成及其儿子林香庭在试金湾登陆，潜伏并安定下来。[①] 虽然这些说法还没有原始史料支撑，不过青山村一直有闽南风俗。民国时期，曾任北京大学、青岛大学、山东大学的文科教授，闽南人黄孝纾到访青山，在其游记中记述说“山中渔户相传俱闽籍，而以林姓为多。闽俗祀天后，沿海各地凡建有天后祠，均乡人贾舶所至”。周至元《游崂指南》记曰：“居民多林姓，相传其先为闵人，明季避乱而来。”《崂山志》载：“青黄林姓为多，相传其先为闽人浮海而来者。”今天村民是基于移民的传说记述青山胡同的起源，刘振居说：

传说或记忆中，俺这些姓儿坐着官船来的时候，到崂山头下的船。他为什么不到青山来呢？这边树木老林不见天，不敢下来，他们害怕。但是一下地人家官方就给三个月的口粮、一年的种子，小船摆渡下来，一上陆，人家官船就走了。自备粮食就在这住，带着孩子们住了多年后，逐渐人口繁衍多了，没水吃。他这个四大姓找水找到一起，要不咱去看看那个大湾里能不能水多？一个家他不敢来，怕狼虫虎豹，那个时候人烟少，野兽多。他几家爬山过来一看，哎哟，这么好的地方，树高不见天，能有树木，可能就有水。他没发现北河，就发现南边这条河了，比原来列坡那

① 此说法见《崂山村落》一书，崂山区政协编，中国文史出版社，2007 年。

边好多了。所以他就过来住了。谁来占着就是谁的场儿，老刘家来得晚，就占的北边，就是这么回事儿。（20180620 刘振居访谈）

不管怎么说，数代人后，林家台子、姜家宅科、唐家铺子、温家庵子因原地水源不足，便外出择地。《青山村志》称，他们发现试金湾以北，隔两道山梁的海湾里，三面环山，东朝大海，古木参天，溪水长流，四姓先祖便与高家协商搬来同村。他们还商定，将村命名为青山。刘家最迟来到青山，最初是居住在村西南垭口后称“刘家窑疆”的石洞里，后搬到村的北头。

青山街的聚落，既是胡同的区块，也是《周礼》所定义的邻。虽然大部分以本族人为主，但也偶然有其他姓氏杂居。但不管单姓还是多姓，其本质是围绕一个中心点形成守望相助的邻里关系。在周代这个中心点是井，八家围着一口井就成为一个邻。但青山的地理复杂，井不成为中心，取而代之的是相对开阔，能聚人气的“街”，还有就是碾。每一个街推举闾邻长，负责邻里间事务。民国《青岛时报》刊登有一则“劳东区工作报告摘要”，其中要求青山闾邻长监督，按邻分段打扫卫生，每日一次，如监督不周，闾邻长连带处分。而“闾”这一概念出现在周代，意为里门。《周礼》：“五家为比，五比为闾。”闾，侣也，二十五家相群侣也。

在周代，既以井为中心居住，也以“井”字形态分割土地，把一方土地分为九块，每块百亩。中间一块是公田，其余八块是私田。公田一起种，然后各家耕作自家的私田，故有：

方里而井，井九百亩，其中为公田。八家皆私百亩，同养公田；公事毕，然后敢治私事。（《孟子·滕文公上》）

周代的井田制度很早就消失了，但其蕴含的邻里文化以不同

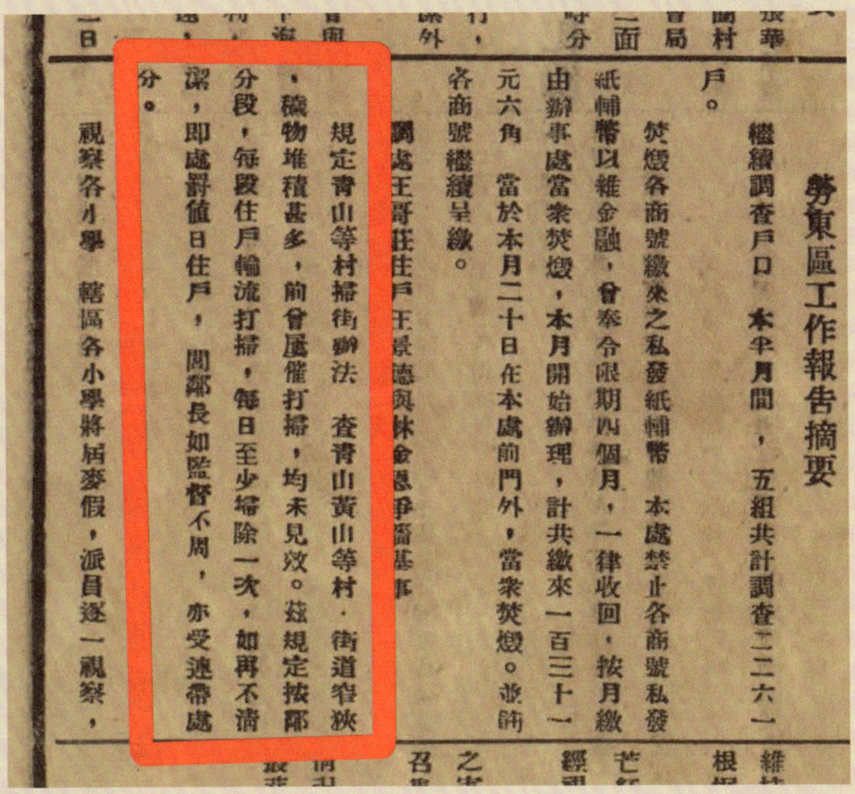

勞東區工作報告摘要

繼續調查戶口　本半月間，五組共計調查二二六一戶。

焚燬各商號繳來之私發紙幣　本處禁止各商號私發紙輔幣以維金融，曾奉令限期四個月，一律收回，按月繳由辦事處當衆焚燬，本月開始辦理，計共繳來一百三十一元六角　當於本月二十日在本處前門外，當衆焚燬。並飭各商號繼續呈繳。

調處王哥莊住戶王景德與林金恩爭奪墓事

規定青山等村掃街辦法　查青山黃山等村，街道窄狹，穢物堆積甚多，前曾屢催打掃，均未見效。茲規定按鄰分段，每段住戶輪流打掃，每日至少掃除一次，如再不清潔，即處罰值日住戶，閭鄰長如監督不周，亦受連帶處分。

視察各小學　轄區各小學將屆麥假，派員逐一視察，

民国二十五年《青岛时报·青岛自治周刊》

形式代代相传，这就是“死徙无出乡，乡田同井，出入相友，守望相助，疾病相扶持，则百姓亲睦”。清道光以来，青山治理完全以街的聚落为基础，五大姓推举会首，村中大事均由五大会首商议决定，村长由会首们轮流担任，历代相袭。北洋海军驻太清宫时，曾与会首建立密切关系。人民公社时期形成的生产队，多少也是这种关系的深化，只是田地既不是公有也不是私有，而是集体所有。各家的关系被紧紧绑在一起。故青山“街”的概念，可以从生产队的分布情况看出来。当时居民小组的构成是：

1、2 组	唐姓为主
3、4 组	上林为主 少量唐姓和下林
5、6 组	姜姓为主
7 组	下林
8、9 组	温姓为主
10 组	下林
11 组	王姓
12 组	三姓庄温姓、林姓、刘姓等多姓混合
13 组	林姓 刘姓
14、15 组	刘姓
16 组	八哨所

八哨所早期是十五支生产队，后来分为十六组，因为原先温姓都在 8 组，后因人口太多，为便于管理分为了 8、9 两个组，因为温家一组一分为二，所以后边的组排序依次加一。

当年的生产队由于继承了邻文化，即便今天，仍然在居民组织上起作用。

人民公社时期开拓的大寨田（姜兆阳摄）

温家街

在青山胡同的东南角，居住着温氏为主的邻里聚落，其中也有唐姓、黄姓各一户。这一聚落的中心是“温家街”。其区域范围南襟南河崖，东通过上山下海的主干道连接龙王庙与大海。西北为下林街聚落，北侧与三姓庄比邻。关于温家街这一地标，紧靠温家街居住的温志团先生这样描述：“温家街也叫

温家街在青山胡同的位置

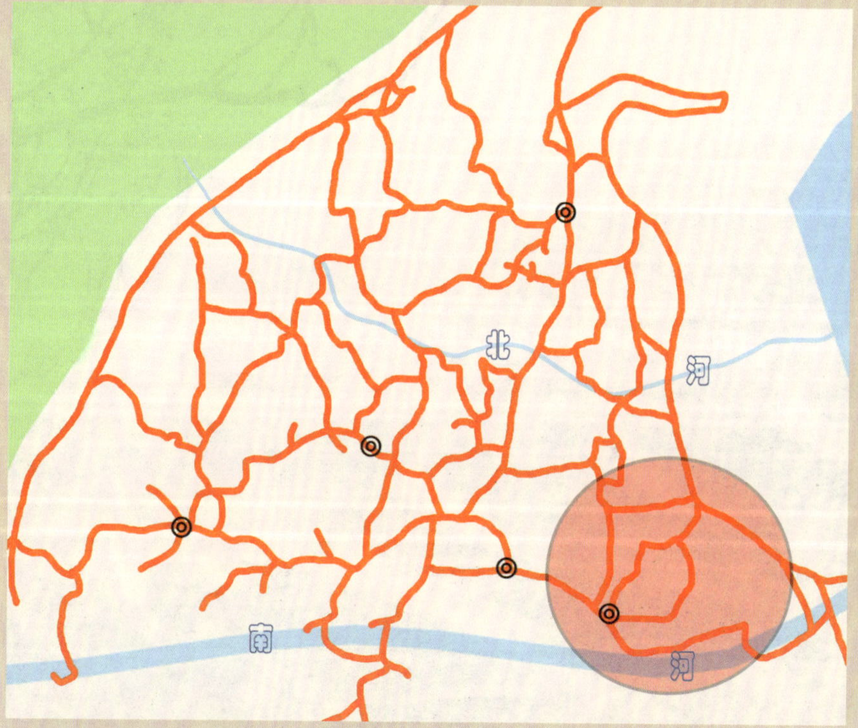

胡同地景

温家街
温家碾
东胡同
后胡同
西胡同
东南磅
南河崖
趴趴树
后崖子
家槐
乡贤温成俊宅
大力士宅
船匠温可伦宅
林秀英宅
温可青故居

温家，因地理位置在青山村的东边偏南，因此也叫东头街或者东头。温姓家族居此比较集中，围绕街分西胡同、后胡同、东胡同和东南磅。……此四处的交会点正好形成了温家街的中心点。”[①] 由此看来，温家街并非是一条长长的道路，而是这数条胡同汇聚的一个节点，相对宽敞。其含义如《说文解字》对街的解释，“四通道也”。住在这里的村民就以这一中心为参照，习惯性地命名周边的胡同。其东侧称之“东胡同”，西北侧为“西胡同”，东西胡同之间称之“后胡同”。但有意思的是，通向龙王庙的东西向胡同却不以温家街为参照，而是叫“东南磅”。此处因为东南这条路是青山村大多数人上山下海的必经之路，因此不能称之为胡同而以路南一个大石磅命名为“东南磅”。这几条胡同外侧分别对接的是林家聚落、高家聚落和海岸。这些胡同的称呼也仅仅适用于围绕温家街的居民，其他区域的村民就不会称其东胡同或后胡同。这就是说，温家街及其周边胡同构成了一个邻里关系。据说这里居住的唐家和黄家也是围绕温家街活动，不会跑到唐家街或黄家街去。《文献通考》说，

① 《青山胡同地景记忆——崂山青山村文化守护会手稿》，姜岐先、林玉水、刘振居、温志敏、温志团撰文，吴宗杰、张旭采集并编辑。后文简称《守护会手稿》。

温家街地图

黄帝为了建立“存亡更守，出入相司”的邻里关系，以八家为单位，中间挖一口井，以井为中心，开四条道，每条道安置二户人家，一共八家围着一口井居住，这就是“邻”这个概念的由来。昔黄帝使“八家为井，井开四道，而分八宅，凿井于中”，邻也引申为亲密的意思，《说文解字注》“引申为凡亲密之称”。这一源于洪荒时代的概念几千年来一直是中国城市和乡村的基本单位。《说文解字》称“邻”“从邑”，就是这个意思。温家街实际上也是四条胡同的聚集点，可以看作是古时的井。大家围井而居，守望相助。

据温志团说，平时晚饭以后，以及不出工的日子里，家家户户的男丁与小孩一定都要到温家街来，“一天不过来就会难受”。

每天在这里聚集的人有五六十人。平日里有什么喜事、难事、烦恼事也会到这里找人倾诉。大家三五成群的聊天常会围绕行业话题展开，如石匠、打鱼、种地等。他说“以前温家街可热闹了。每天傍晚吃完饭后，街上就开始热闹起来，大人们坐在一起，拉着家常，叙着各自的所见所闻，而孩子们满街跑来跑去，或者躲在大人身后藏猫猫，呈现一派其乐盈盈的热闹场面”。在人民公社大集体时代，温家街是生产队的活动中心。“每天早饭后，男女劳力都到街中心集合，听生产队长给大家安排当天的农活，男劳力干什么，女劳力干什么，半劳力干什么，分派完后，大家各自回家带上不同的工具到相应的地点劳作。”过年的时候，温家街又是另一番景象。“上世纪七八十年代，每到春节来临之际，年除夕早晨，孩子迫不及待地将家长准备好的新衣、新鞋、新帽

温家街

穿戴整齐，纷纷从家里跑到街中心，一边燃放鞭炮，一边嘻嘻哈哈地做着各种游戏，在尽情嬉戏玩耍的同时，还要注意别把新衣服弄脏了，否则回家后要挨家长的责骂。那时，街上那欢天喜地的场面，给节日增添了浓厚的喜庆气氛。”一直到电视和手机进入家家户户，温家街才慢慢地冷却下来，不过今天还是有一些老人常在此聚集闲聊。

温家街的中心标志是道路两旁小石磅上用凿子凿的两处五

温家碾与西胡同

福棋盘。老人小孩常在这里玩五福棋、三六九等棋类游戏。两人用不同的棋子在此进行对弈，周边围着大人或孩子观看，也算是温家街的一道风景线。在其西面视目可及 20 米外有温家碾。经常是妇女们围绕着碾劳作，小孩围绕着“温家街”嬉戏，男孩打把棍，女孩跳房子、跳绳、踢毽子。温志团感叹道：“现在，生活好了，但以前那热闹的场面一去不复返了。”

趴趴树

整个温家街聚落处在南河边，河道两边称“南河崖（当地读 ái）”的地方有许多温家居民的山地、菜园，包括温家的祖茔地“趴趴树”。我们走访了东胡同对侧的小弄堂里的温志团家。他向我们展示了 1952 年颁发的土地房产所有证，上面列有“南河崖”“南崖”和“温家茔”。其中温立成等拥有的两小块墓地拥有 13 座坟。据说这里曾经安葬着温家始祖温本贤。那棵遮天蔽日的古松“趴趴树”下曾有 36 座温家坟墓。今天这些坟已不在，但所在地立有一块墓碑，上刻“中华处士温门先祖”，立碑时间 2011 年。据温志敏介绍，温氏始祖温本贤也在其中。始祖墓原位于温志波屋东，2011 年由温姓商议迁之原温家茔，109 家温姓族人集资为其立碑一处。说起

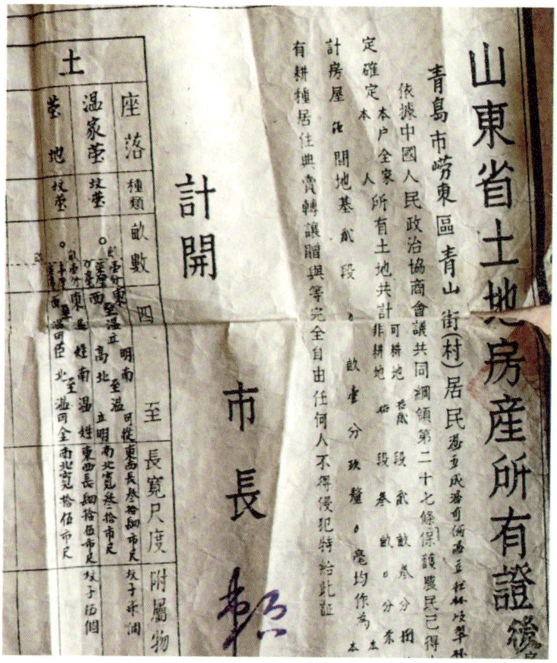
山東省土地房産所有證

青島市崂東區青山街(村)居民

依據中國人民政治協商會議共同綱領第二十七條保護農民已得

確定本户全家 人所有土地共計可耕地 段 畝 分，非耕地 段 畝 分

計房屋 間地基貳段 畝壹分玖釐，毫均作為本

有耕種居住典賣轉讓贈與等完全自由任何人不得侵犯特給此証

計開

土					
座落	種類	畝數	四至	長寬尺度	附屬物
温家茔	坟茔				
茔地	坟茔				

市長

1952 年土地房产证上的温家茔

温家茔中心的趴趴树，温志团说，这是一株红松树，树高五六米，树干有成人一抱粗，树木枝叶茂密，生长旺盛，但树枝和松针的生长方式却很奇特。别的松树的树枝和松针都是向上或向四边延伸生长，而该树的树枝和松针却耷拉着向下长，整个树冠像一柄巨大的伞一样扣在地上，遮盖了三十六座坟墓。人们要想进入，须扒开树枝才能进去，里面遮天蔽日，不见阳光，由于其奇特的形状因而得名为趴趴树。不幸此树于上世纪 50 年代初死亡。

古松如伞，遮盖着一个姓氏的坟茔，

也荫庇着一个宗族的繁盛。花无常开，树无常青，那些陪伴了祖辈生活的古松虽已不在，但在村民的记忆中，它们肃穆的身影仍占据着一席之地。

沿西胡同往北与高家相邻的地方，有一片高崖，称后崖（当地读 ái）子。温志敏描述，后崖子位于温家西胡同后头，现温德刚、温建家旧房子处，因地势高昂，从高家向南看呈高崖而得其名。从前这里有三处房屋，作为学校教室用过。后崖子上有一棵上百年的家槐树。由于这一带居民的很多祖先都是带着山西大槐树移民到山东，因此对这个家槐抱有特殊的感情。刘振居与林玉水说，据老辈传说，这个就是山西大槐树的品种，叫“家槐”（从

一河之隔，温家茔（左树丛后）与温家

后崖子与家槐

老家带过来的槐树种子）。槐树有刺槐、棉槐、山槐、豆槐、白槐，还有其他各种各样的。而这个就是家槐，家乡的家。“这个槐树很有纪念意义，是老祖宗从山西过来的时候带的种子，一代一代到现在。人们都说哪个地方有家槐，就是那个村子有山西大槐树底下过来的人，带过来一代一代传到现在，子子孙孙。”

元末明初，首先是在红巾军抗元时，朱元璋借机率师北伐，平定山东、河北。战乱造成“白骨露于野，千里无鸡鸣”，“春燕归来无栖处，赤地千里无人烟”的凄惨景象。再是燕王“靖难之变”遭到了地方官民的顽强抵抗。燕王每收一地，便屠其城，赤其地，导致“燕京以南，所过为墟，屠戮无遗”。明王朝后来从河北枣强、山西洪洞向山东迁来大量移民。山西洪洞大槐树是当时官方设置的分丁局，或称移民集散地。于是这些移民后代，慢慢就把这棵大槐树看作故土，有民谣称：“问我祖先来何处，山西洪洞大槐树。祖先故居叫什么，大槐树下老鹳窝。”青山村，除了林家，大部分也是从这次移民中辗转而来。

东南磅

从温家街中心通往海边的路上南侧，有一大石磅，呈东西走向，长 10 余米，南北宽约 6 米，东高西低，中间有一凹槽，其形状像一艘船。这块石磅也是温家街居民的活动场所。温志团回忆，每到夏天，除了温家人在街中心乘凉，磅周边的老人和孩子也到此磅上乘凉。孩子们躺在大石磅上仰望天空，数着满天星星，一边听老人们讲述牛郎织女天河相遇等各种民间故事。

树之风声

“树之风声”语出《尚书·周书·毕命》，原句为“旌别淑慝，表厥宅里，彰善瘅恶，树之风声”。用今天的话来说就是要通过胡同宅里门庭的旌表，树立忠孝节义之道德风尚。历代都沿袭这一做法。《明会典》云："凡有孝行节义，为乡里所推重者，据各地方申报，风宪官核实，奏闻即与旌表。"从《尚书》记载时代至近代，一直延续这样的传统。旌表的建筑形式为"垩白其门而高其闾，刊石表闾，立碑立坊，匾表门庭，题名立言，树旗挂榜，雕饰梁壁"等。胡同里的这些建筑在历史上曾经起到教化的作用。今天旌表的形式自然要跟随时代变化，但胡同仍然是重要载体。我们搜集了青山胡同为老百姓称道的一些人物故事，确立可以寄托的场所，以传统忠、孝、贞、节、义、艺等文化内涵加以梳理。希望这些胡同里的人物故事能为青山胡同的修复和改造提供文化意象，从而起到旌表宅院、树之风声的作用。

乡贤温成俊

温家大槐树对面的小院是曾任青山村书记温成俊（1944—1986）故居。他从 1976 年开始至去世，一直担任民兵连长、村主任、书记等职，在老百姓中留下极好的口碑。他去世已经 33 年，时至今日，村民谈起他仍然称道不已。据说在他葬礼那天，一位已经不能走动的老爷爷，爬着过来给他磕头，感人至深。可谓遗爱在民，历久不忘，树德建功，光昭竹帛也。《青山村志》（366 页）记载："温成俊同志是青山村党支部的优秀书记，在任职期间尽职

温成俊照片

尽责，严以自律，任劳任怨，为群众服务。”刘振居当年曾经与他共事，主持村里青年工作，他说：“老书记干活总爱挽起袖子和裤管，村里有活需要干，二话不说就冲在最前边。”（20190427刘振居访谈）在80年代，刚刚改革开放的年代，温成俊勇于开拓，励志改革，带领村民在崂山区创出无数第一。刘振居说，80年代他组建青山建筑队到城里做工程，由于能吃苦，干劲足，别人30天的活，我们青山建筑队25天就能干完，因此为青山建筑队在外面积累下了很好的口碑。《青山村志》记载，他为青山建立了第一代村办企业，建有青山鞋帮厂、鞋底厂、被服厂、纸箱厂等。他组织村民走出大山，进城创业，从此青山经济翻了身。最可贵的是，他让每个村民实实在在享受到经济繁荣带来的好处，青山成为当年全崂山第一个给村民发福利的村。刘振居老人回忆当时的喜庆场面说：“过年发福利，有冻鱼、猪肉，还有扇贝之类的东西，按人头分，有的家庭五六口人，领完福利拎回家像赶完大集一样，欢天喜地。可惜他积劳成疾，年仅四十二岁就英年早逝，出殡的时候，村里很多人都哭着自发送行，甚至有行动不便的老爷爷老奶奶，爬着也要爬到门口看最后一眼。”“追悼大会上，大家泣不成声，场面极为感人。他为青山村民做的好事，数不胜数。”（温志敏）

时至今日，当刘振居谈起这位老书记时，仍止不住哽咽，眼眶里饱含泪水。时隔30多年，因为产业结构的变化，温成俊奠定的基业已经不在，但青山村至今还保留了他的一个遗产，继续传承。《青山村志》说：“他离开青山的最后一步，留下遗言，把尸体火化，给群众留下了深刻印象，带了个好头，直到现在‘火化’已成全村的文明传统。”今温成俊的妻子还在，还有两个孩子，一儿一女都已成家。温成俊去世前住的还是破房子，他去世后，村里人出力为他家重建了房子，可见他为青山谋利益，却不顾自

青山村民过年发福利

己。据说他去世之前，曾请来规划师，给整个村的胡同做发展规划，但终究没有成为现实。老百姓都说：“青山没有福气，留不住这位好领导。”

《即墨县志》云，亲民之官“远者奢为美谈，近者至于感泣不成，夫民者弱而不可胜，愚而不可欺也”。温成俊治行卓卓，口碑在人心，今也应有没世之荣，其宅可表而彰也。

大力士传奇

在温家街的尽东头，居住着被村民传为大力士的兄弟俩，大哥温立平、弟弟温立方。林玉水说，村里当年有句老话叫“穷下南，富进京，死逼梁山闯关东”。（20180827 下午）就在伪满时期，兄弟俩在家活不下去了，就搿着伙儿闯关东去了。两人到大连下了港。在码头上，当地的渔霸让他两人试试力气，叫他们与大连的一个大力士比比扛麻散，就是榨油剩下的豆饼、花生饼，一个麻散十几斤。温立方摞了 32 个麻散，还走几步拾个钱，据说是大铜钱。最后那个大力士比他少扛了十几斤。兄弟俩本打算上东北下煤窑，比赛出了名，他们就留在了大连港，还当了把头。刘振居说，后来他们把头不干了，为了混口饭吃，就再往北走下煤窑。结果到了煤矿以后，给日本人抓去扛铁轨。日本人就舞乍（折腾、耍弄）他，看看他有多大力气，让他扛钢轨。据说在黑龙江穆陵煤矿挖煤期间，温立方单肩扛起 720 斤钢轨，紧接着又用脚挑起了一根小号钢轨，100 斤左右，作为肩着。当时在东北轰动一时，消息传回家乡，全村老少皆知。

自从德国人来青岛以后，由于西方人喜欢喝牛奶、食乳制品，就在青岛发展了奶牛业。青山村当年就有大批村民为牧场提供冬季牧草。《申报》1923 年 2 月 22 日对此有如下报道：

山东东南部及胶东一带俱为理想上最良之牧场，每年放饲牛只约在一百万头左右。然畜牧一业在该省犹未盛行，各种家畜通常皆任其就食于天然草地而已。牛肉出口以青岛及烟台为二大集中地。自德人占据青岛经营斯业以后，出口日众，日人继之。据一九二一年统计，该业所获纯利不下日金十七万五千元，其销路以日本及满洲之大连，俄沿海省之海参崴为最旺，而运往菲列滨者初亦不少，嗣因菲岛有澳洲牛肉输入竞争过烈旋即停运。

林玉水说，村里当时卖的是青草，白露前后把它割下来，放在山上晒干后打成捆，一捆有百十斤，扛到海边垛起来存放好，到了晚秋以后就用筏子将准备好的干草运到麦岛或汇泉的牧场去出售。到了腊月过年的时候，村民就集中结算，向青岛那边要钱。

大槐树边的温成俊宅

（20180829 上午）温氏兄弟从东北回家后，就给青岛那边打草。有一次温立方到青岛要了村里人十个筏子的草钱，回来路上遇到了劫匪。村里至今流传着温立方与劫匪交手的故事。

林玉水说，走到梯子石时天就黑了。就在共青团林往上，西南最高峰就是梯子石，从底到顶一共有 194 步台阶，人要过去都得爬着走，像踩梯子一样，所以叫梯子石。这个断道的拄着一根棍，手上还有一把刀，而温立方空着手，背着钱褡子。温立方说："先生，这个钱不是我的，我是青山人，俺这十个筏子的草钱都在这里，钱是有，不是我自己的。咱商议商议，你叫我能交待过去，我也叫你拿点回家好过年。"他说的也有道理嘛，这个断道的贪心，说："不行，你都得给我！"

温立方就说，我要把钱都给你留下，我回家也不用过年了，十个筏子的钱你看我也还不起。就这样双方僵持了十多分钟，天越来越黑，傍晚了。温立方又说："你有家带口的，我家里也有老人和孩子，咱俩商议一下，你高抬贵手，这钱褡子有两个头，我给你一个头，我拿一个头，我回去该分五块的就给他两块五，该分三块的我给他一块五，咱两个都能过去。"劫匪说："不行，你就得都给我留下！"温立方一听怒火填胸，心生了一计，又对劫匪说："这样吧，我把钱褡子放在咱俩的中间，你能抢去就是你的，你抢不去就是我的。"劫匪同意了，因为劫匪手中拿着棍子和刀，他不怕温立方，可温立方想："好歹就这么一招了。"抢着抢不着就听天由命吧，就这样温立方从肩上取下钱褡子放在离两人各两步远的中间，各自都做好准备动手抢钱褡子。劫匪抢钱心切，开始他不敢动手去抢，用棍子挑，试了试挑不动。就在这时温立方看了看周边的环境，心想只要我抓住机会就送他去东海喂王八（因为梯子石顶东山底就是大海），正在温立方思考的时候，劫匪出于贪心一步上前去抢那钱褡子，可早已做好准备的温立方过去一锤一脚将劫匪打倒，紧接着把劫匪抓起来又是一锤一脚，将劫匪踢入东山下，不知掉到哪里去了。这时温立方背起钱褡子就跑，他害怕劫匪追来，一口气跑到太清宫海边的看海屋子，见里面有人，他才放心，大胆地回到了青山的家中，第二天他就把钱分给了十个筏子的伙家们。劫匪抢钱的事，因为他不知死活，也没敢跟别人讲。事过到了第二年伏天，人们从梯子石路过时就闻到了一股很浓的臭味，人们传说着，都不知是什么味，只有温立方一人知晓。因为他怕跟别人说了，自己吃官司，偿命。

其实臭味就是当时那劫匪被踢到山东面，没落实到山底，被树挡在半山坡的二行台子上，那尸体腐烂后发出的臭味。也不知过了多少年，温立方已经老了，他才讲出了这个故事，村里人说，他也是为民除了一害。青山一带过去一直盗匪猖獗，有言“群盗方如麻”。直到北洋舰队驻扎进太清宫海湾，此山才复归太平。1933年《铁路协会月刊》曾刊登笔名“颖人”的诗称“旧闻此地盗满山，独客常歌行路难。自从犀军靖伏莽，月明不复扃云开”。

青山当年有许多大力士的人物传说，如林家的林占、王家的王懒汉。1924年《益世报》刊登的《劳山游记》中提到青山人“体格强健”，长寿老人多。直到今天，仍然如此，刘振居编顺口溜，称青山“山高石头多，出门就爬坡。水土空气好，长寿老人多”。

山中人民以久居山野，熟履险阻，故登山越涧，异常健捷。不徒男子为然，妇女亦复如是。余曾见一年逾半百之老妪，负重行山石间，速度不减于余，其壮夫可知。又人民多寿考，如明霞洞之老道士，年八十九，犹矍铄如少年，据云山中人寿至八十九者，系常事，不足奇。固由其能保全天真，无人欲之扰搅，而山中清新高爽之空气，亦与之有极大关系也。（划澜《劳山游记》，见《益世报》1924年4月27日）

船匠温可伦

温可伦，生于1928年，毕生精力用在了造木船事业上，是青山村第一个会造船，也是唯一一个能造船的木匠。今天青山已经不再造木船，刘作法带我们到海阳邵家码头造船厂观看他们定制的木船建造过程。

木匠生涯

1950年，温可伦拜住在青山的长岭人刘士功门下为弟子。二三年后师满出徒，出徒后在村里给群众做门窗家具等活，没活时参加农业生产劳动。1954年前后，去青岛房管局工作，因有扎实的技术底子，很快被任命担任房管局木工组组长，定级为八级，工作任务主要是每天到各施工点巡视、指导。

海阳邵家码头为青山造木船

到1956年，当时全家七口人，上有老，下有小，温可伦不得已从青岛回家参加集体劳动，以干木工活和务农为主，养家糊口。在回家劳动的时间里，房管局先后数次登门让其回单位，但当时农村已经实行农业合作化，村里的木匠实行统一管理，不准外出，而村书记也不放，让其留在村里跟外地木匠学习修船、造船技术。那个年代，青山虽然是一个有几百年历史的传统渔村，但出海打鱼用的大多是筏子，渔船很少，就是这为数不多的渔船，青山人也不会维修。每当渔船上坞维修的时候，都要从诸城聘请渔工师傅前来。由于当时温可伦正值年轻力壮，且有一身过硬的木工技术，所以青山村林学好书记有意培养其跟外地木匠学习修造船技术。

青山造船第一只

1957年，诸城董士良、肖永胜等木匠来村里给渔民造新船，村里就安排温可伦一人跟着董、肖等干活，从中学习造船技术。温可伦也决心将造船这门技术学到手，所以在干活的时候格外留心，把师傅们在造船过程中的每一道工序都暗暗地记在心里，晚上就在煤油灯下把白天看到的东西照葫芦画瓢般地记下来。由于文化水平低，无法用文字记录，就绘成图样，标上尺寸。等新船造好后，整套造船的程序完全记在脑子里，为温可伦后来的修船、造船打下了坚实基础。

1958年，青山第十二生产队要造船，本来要请诸城木匠，温可伦主动请缨，要自己造，不用外来木匠，生产队完全同意。于是温可伦便带领青山木匠开始造青山村历史上第一只由青山人自己建造的木船。造船过程中，温可伦凭着自己积累的经验，从下料、划线、铺底等工序有条不紊地进行。当时没有机械，一切全部人工操作，在温可伦的指导下，参加造船的木匠和生产队的帮工人员都干得热火朝天。经一个多月的奋战，一只崭新的船造好了，从外形到坚固程度，与诸城人造的船比起来都毫不逊色，同时也

青山港渔船（姜兆阳摄）

得到了村领导和渔民们的共同认可。由于第一只船建造成功，当年又对第九生产队的一只旧船进行了翻新，使之变成了一只坚固耐用的新船。期间，市房管局多次催让温可伦回青岛，一是村里不放，二是温可伦也情愿留在村里继续这项工作，所以就没有走。从此便在村里开始了他修船造船的一生。

青山造船业

到 1963 年，全村大多数生产队都用上了由青山人自己造的渔船。1964 年，温可伦为了使自己的修船、造船技术后继有人，将年满十五岁的大儿子温志芳带在身边跟自己学手艺。1965 年，村里开始发展海带养殖业，已是村木工组长的温可伦带领村里的木匠开始造养殖用的小木船。随着海带养殖业的逐年扩大、发展，所需的专用小船需求量也越来越大，到 1977 年的十几年间，温可伦共造养殖船近六十只。

从 1975 年开始，因木帆船已不适应海上捕捞的需要，开始发展机动船。温可伦又带领木匠开始造机动船。通过十几年的实践，温志芳也从父亲那学到了修船造船技术，挑起了大梁。当年，村里先把第十三生产队的木帆船改造成了 12 马力的机动船，接着又给第四生产队新造了一艘 20 马力的机船。到 1978 年前后，全村 14 个生产队除十队外，通过改造和新造都有了 12 马力或 20 马力的机动船。古谚有“四大直”，即“先生的笔，木匠的线，放花的柱子，吊令箭”，其中就有木匠的线。改造或新造机动船最大难度是吊线，就是船只龙骨的中心线必须与机器的动力轴在一条线上，否则会给机器造成损害，缩短机器的使用年限，还会影响渔船的航速。这些难题都被温可伦一一克服了，儿子温志芳在父亲的言传身教下，通过不断实践，也掌握了这项技术。

到 1984 年前后，因海上渔货越来越少，因此以放流网打鲅鱼为主的捕捞船逐年减少，渔民纷纷改行开始了打甏网。随着打甏

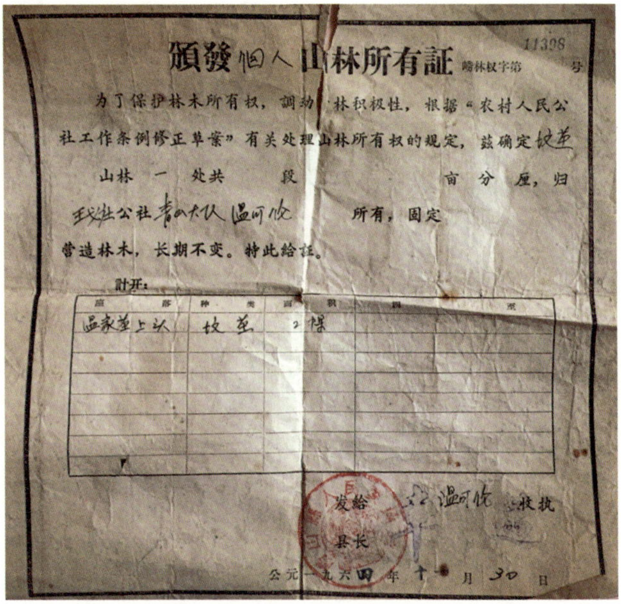

颁發個人山林所有証 11398 峰林权字第 号

为了保护林木所有权，調动林积极性，根据《农村人民公社工作条例修正草案》有关处理山林所有权的规定，兹确定坟茔山林 一 处共 段 亩 分 厘，归王戈庄公社青山大队温可伦所有，固定营造林木，长期不变。特此給証。

計开：

座落	种类	面积	四至
温家茔上头	坟茔	2棵	

发給 温可伦 收执

县长

公元一九六四年十一月30日

温可伦所执 1964 年地契

网的发展，渔船的需求量逐年递增。从 1984 年到 1987 年短短的四年间，由开始的两只船发展到 45 只船。温可伦和他的木匠团队又投入到了紧张的造船中。

从 1990 年开始，村里又兴起了扇贝养殖业，以打鬃网为主的渔民又改行开始养殖扇贝。由于鬃网船不适于扇贝养殖，温可伦又和他的团队着手造扇贝养殖船。这时已经有了电锯、电钻、电刨子等电器设备，造船的速度大大提高。但由于新船需求量大，依靠本村木匠造船满足不了养殖户的急需，有的聘请外村木匠前来造船，还有的直接去造船厂订购。温可伦的长子温志芳由于技术娴熟，在造船过程中发挥了重要作用。

一只新船造好后，只要维修及时，按时紧缝，刷桐油和防污漆，用上二三十年没问题。而渔民们在船只上坞维修时，也熟练地掌握了维修技术。一般维修都是自己干，只有大修才找木匠帮忙。

青山过去流行一首关于拉大锯的儿歌：

扯大锯，割大板，
割了大板钉大船，
钉了大船跑江南，
跑到江南装米面。

随着时间的推移，拉大锯已经是一种记忆，温可伦等一批老木匠年龄已大，也不再修船了。只有温志芳还经常被渔民请去继续这一工作，一直到现在。

每年春季是渔民维修船只最忙的时候，已七十多岁的温可伦还经常到海边去看上一眼，有时还给渔民出出主意，指导指导，因为修造船毕竟倾注了他一生的心血啊！

崂山拉大锯

尊老亲穆典范

在温家街后胡同有一户人家，户主是100岁的林秀英。这是一个三代人几经坎坷、几经重组的苦难家庭，但一家五口，祖孙三代,尊老爱幼,亲穆同心,共克时艰,已成为远近闻名的家庭典范。温志团先生是其邻居，在其《守护会手稿》中，充满感情地为这一家写了长长的故事。

林秀英，生于1920年，丈夫温可运是青山第二任村长，1950年2月任职，年轻时在生产队的渔船上出海打鱼，后来由于上了年纪，一直在生产队务农，1995年去世。温可运去世后，林秀英与儿子温志因、儿媳刘世美和孙女温柳柳、孙子温成学一起生活。

当时全家的生活还算过得去。温志因在崂山林场下宫（太清宫）管区的渔船上打鱼，1992年后在太清湾养殖扇贝，妻子刘世美帮助丈夫，在岸上干一些分苗、出扇贝、修补网笼等力所能及的活。女儿温柳柳在青山小学上学，林秀英老人除了照料全家的日常生活外，还要照顾幼小的孙子。

2000年儿子温志因由于常年劳累，罹患脑疾住进了医院。经住院治疗，病情有了好转，但由于那个年代住院报销比例较小，昂贵的住院费给这本来生活就不宽裕的家庭又蒙上了一层阴影。儿子出院后本应长期休息，康复治疗，但迫于家庭生活困难，只好边治疗边出海养殖扇贝。后来，由于劳累，病再次复发，虽经治疗，但无力回天，2005年温志因撇下年迈的老母亲、同甘共苦的妻子和一双可爱的儿女撒手人寰。

儿子去世时，林秀英老人已85岁，不但失去了劳动能力，而且生活基本不能自理，还要靠别人服侍。而孙女温柳柳已上初中，孙子还在青山小学上学，一家人的重担全部落在了儿媳刘世美身上。

刘世美没有被家庭的巨变击倒，强忍着悲痛，为了年迈的婆婆和一双没成器的儿女，没有考虑改嫁，而是选择了既当媳妇，又当女儿这条路，勇敢地挑起了家庭生活的重担。平日里除要照顾儿女和卧床的婆婆外，还坚持给人打工，维持全家生计。这期间，政府、村里和学校虽给予一定帮助，但杯水车薪，不能从根本上解决困难。经过苦苦两年挣扎，2007年经人介绍，刘世美结识了在太清宫庙上干活的外地人周现明，经一年时间接触和了解，2008年两人正式结为夫妻。

好媳妇刘世美

周现明为人敦厚、朴实，乐于助人。他进了这个家门后，既当儿子，又当女婿，与妻子互敬互爱，共同担起家庭重担，使这个支离破碎、处于崩溃边缘的家庭重现生机。婚后第二年，女儿温柳柳初中毕业，儿子温成学小学毕业，孩子们开始分担家庭困难。

女儿放弃继续上学的机会，找了一个长年临时工的工作。而夫妻二人除继续打工挣钱外，剩余时间全都用在了照顾与他们没有血缘关系的老人身上。平日，一日三餐按时将热饭菜端到老人眼前。老人大小便不便，夫妻二人及时将便盆拿到老人跟前，不嫌脏、不嫌臭，日复一日，年复一年，全身心照顾老人家。

周现明进到这个家，完全将老人当成自己的亲生母亲，嘘寒问暖，伺候老人服服帖帖。而老人也把周现明当成自己的亲生儿子，对周现明端屎端尿，欣然接受。

在炎热的夏季里，为了让老人过得更舒服些，夫妻二人就经常给老人擦身，一个人侍弄不了，两口子就相互合作，洗擦、翻身、洗头洗脚、剪指甲，周现明无任何男女顾忌，视同自己母亲。俗语说“久病床前无孝子”，周现明既不是儿子，也不是女婿，长年累月坚持下来，邻里看了都伸出大拇指称赞。而老人更觉得自己老来得福，摊上这么好的儿子加女婿。

两口子都要外出打工，有时因事主活急，中午不能回家，就在出门前将食物和水放在老人能够着的地方。平日里有好吃的，首先给老人奉上，然后才是孩子和自己。在夫妻二人的感召下，两个孩子对奶奶也非常孝顺，每次回家都给奶奶带上点好东西。

在周现明夫妻二人精心照料下，林秀英老人今年已100岁高龄，身板硬朗，精神也非常好。其孙子温成学在继父和母亲精心培养下，2014年考取了湖北民族大学文学与传媒学院，2018年毕业后，又考取了研究生。

林秀英宅

如今，林秀英一家虽然生活还不富裕，但全家五口人你敬我爱，互相关心，已成为青山村令人称道、远近闻名的温馨家庭。

大脚百岁翁

温家街西胡同，离大槐树十来米的地方有一户居民，户主温可青，生于1905年，2007年去世，享年102岁，是青山村近代唯一一位年过百岁的老人。

温志团介绍说（《守护会手稿》），老翁育有一儿一女，在女儿十一岁、儿子三岁时，妻子因病去世，老人就没有再续，含辛茹苦将一双儿女抚养成人。由于生活艰辛，没有鞋穿，就用猪皮做成鞋状，钻上眼，用麻绳或布带子绑在脚上当鞋穿，被百姓称作“猪皮绑”；有的用废旧轮胎做成鞋状，成为“胶皮绑”。上山割草或下地干活时就穿上。后来就连这样的“鞋”也穿不上，因此，老人每当干活回来，就将“鞋”脱下来。由于长年赤脚，其双脚又长又宽又厚，脚底磨出了一层厚厚的老茧，到了冬天，脚后跟开裂的口子达半厘米多宽，能看到血淋淋的肉。由于疼痛难忍，就自己用针线将开裂的口子缝起来。后来，儿女也想给父亲买双鞋，但由于脚又大又宽，根本就没有那么大的鞋码，直到50年代末，一在青岛房管局工作的温姓居民看到国货商店的橱窗里摆着一双四十八号的万里鞋。但人家摆的是样品鞋，根本就不卖，后经协商，才将鞋买了下来。

温可青故居

当老人接到鞋后，其心情不言而喻。平时根本舍不得穿，只有过年或走亲访友时才穿。

用老人自己的话说，一辈子就穿过唯一一双合脚的鞋。温可青的儿子也已去世，其故宅现由孙子温成兵居住。

林家街

林家街，又称南头街，处在青山村的南头中部。东面紧靠温家街，北面过岔路口与王家街和北河连接，西上与唐家连，西北是姜家。村里人认为林家区域是全村最好的地方，地势相对开阔平坦，居中，面向南河，朝阳。其间也是巨石林立，被称为“大石蹦”的地方就是大石群地貌，今边上还留着青山胡同内最大的石头张家磅。传说五大姓初到青山，温家来得早，紧挨高家首先占了东南地盘，但根据地势，刘振居推测，当时林家应该是最有势力的家族，所以占了这最好的地方。林氏分上下林，《青山村

林家街胡同肌理

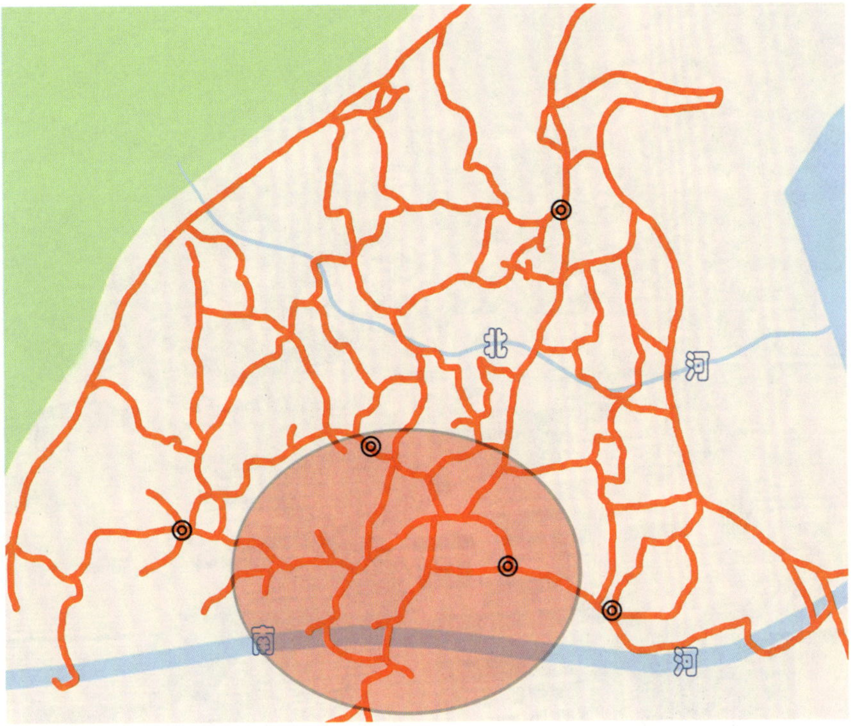

林家街在青山胡同的位置

胡同地景

林家街
上林碾
下林碾
林家祠堂
老林家祖屋
东大门里
西大门里
南馆
臭杞里头
狐仙屋
大石蹦
张家磅
紫荆花
曲家宅
功臣林学业宅

志》记载 1953 年下林人口有 442 人，上林有 106 人。据说上下林不属于同一宗族，但从其迁徙路线追溯来看，应该有某种紧密的关系，都是从台湾到山东，经即墨，再到青山。下林是永乐年间迁来，上林是万历年间，前者为朱棣年号，始于 1403 年，后者是朱翊钧年号，始于 1573 年，相差一百多年。上下林的界线是林家祠堂与上林碾之间的胡同。下林又分东、西大门里两支。

据林玉水回忆，林氏东西二支，每支各养了一头公牛，名秦琼、罗成，都非常厉害。每年放牧时它两个是头牛，到晚间用它们放哨，一般动物不敢靠近放牧棚。

幸福之家

南河崖子桥头上林入口

上林碾胡同，上林与下林的分界线

林家街南河有个大湾还住着一条大白鳝，道光十七年（1837）天降特大暴雨影响了河底生态环境，鳝鱼不知去了哪里。

老林家祖屋

沿着南头上山主干道，从温家街往上接近林家碾的地方，有三间石屋，隔着胡同就是南馆。现在住南馆胡同的林学肖就是这间老屋现在的主人。据他介绍说，这是林家第一代到青山的落地屋。“林家最早到青山村，这一带都是乱石和大树。最早第一代就在这乱石中找到一块空间，用鹅卵石和黄泥垒起了一栋简陋屋子。大概二三代人以后，造了这处三间石屋。下林人把这房子看作是老林家祖屋，是林家祖先留下来的最古老的房子。房子前面这条路称‘林家街’，也叫南头。”（20190320 林学肖访谈）《青山村志》记载，林学肖，1978 年始任青山大队主任，1986 年—1989 年任青山村党支部书记。林学肖说，他们从 60 年代末就不住这房子，一直将其作为堆东西的库房。为了留下老祖宗的遗物，在村里资助下还对房子进行了修缮。作为历史的文化产物，内部陈列着过去用过的各种器物。如今看上去，古朴而有品位，成了胡同的一道景观。

林家到青山六百余年时间，刘振居认为这房子至少也有四百多年了。屋顶盖公鸡头，山草披顶，后来又盖上瓦，屋子内部墙面用泥糊，室内摆设一如古老方式。进门左右为灶炕、锅台，边上有风箱，四周放着瓢、篮子、坛子、刮子板、茶壶、筐子、泥饭罩、木勺子等，还有一个小小的石臼——称蒜臼，这都是屋主

老林家祖屋

泥饭罩，婆婆眼，写字石板，蒜臼

人原来使用的。其中还有一块四周包着木头，一尺见方的青石板。刘振居介绍说，这是以前青山小孩的练字板，拿石笔在上面可反复写字、验算题。一个泥盆儿叫砚台，因为用它加上水以后，可以研墨写毛笔字。（20180617 刘振居带访胡同）

老屋正中为明间，面朝门里其右为东炕，其左为西炕，东炕一般为长辈居住。东西两间与灶房都隔着一道墙，内部有烟道相通。在东炕墙靠门的地方，一人高处有一长方形小洞，洞内放着一盏油灯。大家开始以为是安放灶神的地方，刘振居说，村里叫这个为“婆婆眼”，在旧社会就是婆婆监视着媳妇干活，看看有没有偷懒、偷吃，婆婆坐在炕上可以看着外面动静。不过在这把油灯点亮，里外就都通明。

卧室很小，大部分空间为一炕所占。据说这是为了聚气、聚热。灶一烧，整个屋子都很热。明间与卧室的门很矮，一不小心就会碰头。刘振居说，这叫“低头进，低头出”，门头矮就是教人出入有礼。

东西大门里

过去常见青山村的民居建于石磅缝隙之间，谈不上有规整的大门。今天在下林地段，还有两个过去留下来的地名，叫“东大门里”和“西大门里”。两个大门的样貌已不可考，然具体地点仍有村民记得，通常会把住在这两处的人家也称为“东大门里”或“西大门里”。刘振居说西大门朝东，关上大门以后这里边就封闭了。东边东大门朝南。81 岁的林玉水老人说：“西大门里那个大门我还记得，现在里头住着林长青、林玉排、林明一等五家，别的没有。东大门就指的林明运那片。西大门是西一支，东大门是东一支子。”（20181015 守护会访谈）《青山村志》（293 页）记载，旧时门内居住有一大力士叫林占，“身体魁梧高大，力大无穷，饭量很大”。某日下雪天，林占从大泥旺往村内扛松木，扛了七段大圆木，行至林家碾西，不慎滑倒被圆木压死。青山村下林属于同宗，《青山村志》记载明朝永乐年间，即 1405 年从台湾移民到崂山试金滩，经六世单传，第七世有兄弟两人，即林福春、林福夏。自此以后分两支瓜蔓繁衍，至今已传承 18 世。林玉水说：“春为兄长占西，夏为弟弟占东。下一辈是永字辈，各一个儿子，永发和永进，两家又各生 5 个儿子，10 个孙子，从此下林开始分了 8 支。”今天这八支属于五服以内，红白喜事都是

西大门里

互相帮忙，相互拜年。青山林氏分三大宗，来自不同地方，故有“老林家一木分三宗”之说。而下林乃是村内第一大宗，1953 年有人口 442 口，第二为刘氏 370 口（见《青山村志》）。由此看来东、西两大门象征的是下林家族的中兴之祖，由福春、福夏之下分东西两支。其实林福夏没有儿子，过继的是哥哥的儿子。对这一重要的节点，林家人赋予了许多传说。《青山村志》记录了福夏及其继子的传说，称“老道士敷汤祛麻风，南长岭十字北塞指崮点阴穴”。

中兴祖传奇

林福夏娃娃亲的妻子，结婚当日即死，两年后又娶一妻。夫妻俩多年没有生育，很苦恼。福夏与其兄福春，一年四季都在列坡垦荒造田，大哥福春已生二子，长子永发，次子永进。经兄弟俩多次协商，次子永进过继给福夏为子，此时还不足十岁。几年后，永进得上了麻风病，浑身破皮烂肉，痛苦度日。福夏夫妇为此也心酸万分。转眼过了 10 年，有一天一位道士化缘来到福夏家，女主人对道士说：“师傅化缘要米还是要面？”道人说：“老安主，我不要米，也不要面，只需与你儿见一面。”女主人说：“师傅俺那儿你见不得。”道士问：“为什么？”女主人说：“因我那儿得了怪病无法见人。”道士马上转了话题说：“老安主你好福气。”女主人答曰：“师傅此话差也，我夫妇没孩子，过继了个孩子又得病，命苦。过来时好好的，到俺家后就得了这种怪病，整日卧炕不起，还有什么福气。”道士说：“你的福气就是我能扎箍好你儿子的病，你说是福不是福？”女主人听后高兴万分，忙把道人请进屋内喝水，讲述儿子得病的全过程。福夏垦荒回家来听后也百般高兴。道人吩咐他俩，去南河挑两担水，放锅里加温，再找一个大瓮。老道就用火镰打火，等锅内的水加温适当，全部倒进大瓮。道人取出一包药倒入，然后用木棍搅动，接着到西炕掀了被子，拎着孩子扔进瓮里。只听到“唉哟”叫了一声，道人把瓮盖盖上，只留有一点缝隙怕憋着。过了一个时辰，女主人有担心之意，说：“师傅时候差不多了吧？”道人好像没听见一样，又过了一个多时辰，夫妻二人都有些着急，怕出意外事，俩人齐说师傅好了吧。道人说还差点时候，你二人如果实在担心就勉强好了吧。道人来到缸前叫了一声：“小徒弟你怎样？”永进在瓮内回答：“真舒服，谢师傅救命之恩。”道人说：“如果好了就出来吧。”永进从瓮中冒出来，浑身白光光的，原来生病的皮肤全部脱掉，只有脚拇

东大门里

指上还留有一小点痕迹。传说因没达到时间，急于出来，没有彻底治好，留下了后遗症，这一小点后遗症一直传了几代人。第二天道人上路，福夏感激不尽，陪送道人到泉心河，当行至十字北塞，道人手指村北的崮石，对福夏说："你以后一定设法把崮东这片地方买下来。"同时手指平地说："这是一穴'凤凰气'，买下后作为你族的阴宅茔地。"后来福夏按道人的指意把这块地域买下作为茔地。九世启玉第一个葬于此。

老容像

福夏至晚年，一天突然双腿盘坐，上身直立，从两鼻孔内流出两条鼻液柱，至腿上，形似龙须，坐立而死。他生前有一干儿子会绘画，来给干父送终，睹其遗容，在家人恳请下，为他画了一幅双腿盘坐像，上身直立，两鼻孔流长液似白龙须，后人称为“老容像”。后来族人商讨决定，老容像由林田准（林学荣的爷爷）供奉，后来族人又一致同意将老容像放在祠堂内供奉，挂在祠堂西山墙。因福夏生前不动荤，所以安排在正西，供奉程序与族谱一样。直到“文化大革命”初期“破四旧”时老容像与族谱一块被毁。

这些故事听起来似蒲松龄在下清宫写的《聊斋志异》，然真真假假、似仙似人都是林家人给东、西大门里的中兴祖挂上的一种让人敬畏的光环，也算是一种应天敬祖。

南馆

南馆是民国初年青山村的一处酒坊，位于南头下林地段，有南北屋两楹，北屋卖酒，南屋喝酒。林玉水说，房子石头都拉的条儿，做工考究，与林家祠堂一样，出自同一石匠之手。酒馆出售黄酒、地瓜酒，为林先成祖上所开。也有说酒馆曾为林明琚家所有，他是林学孟之父，林玉彬、林玉本之祖父。据《青山村志》“林

南馆

明琚行伍纪事”所记，林明琚是民国初期军人，家人称在南地（今江苏省内）当头头（驻防）。村里人当年看到过他的照片，身着军官服装，腰挎指挥刀，官职级别应该不小，行伍从军二十余载，因受惊吓得病故于20世纪20年代末，年仅50余岁。1939年，族人林明海任环海乡乡长时，建立自卫团，驻地南馆。

街坊常有嗜酒者来酒馆赊酒喝。据说有一位叫“唐浪子”的人，常上南馆去，他好酒，却没有钱买，就经常来赊酒喝，时间长了人家就不愿意了。有一次他看着酒馋得要命，想喝又没钱，又不好意思再要，口馋间与酒馆老板用崂山土语感叹道：“恁拜——恁家卖酒拜——”（20181015守护会访谈），意思是羡慕他开酒馆，有喝不完的酒。

当年青山村地处偏僻，谈不上有什么真正的商业，但小山村在邻里间却形成了自己的通财关系。林玉水老人说，黄酒馆可以自己“使钱”，就像银行一样在街坊邻里间印票子，各家通用。他说：“看着我这个票子来买，等以后一起结账，就跟咱打个条子一样，但是他使钱。你拿出票子来能使用。”温志团先生也说，掌柜的自己印票子，村里几家可以互相流通，别人家弄出这东西不好使，他的就好使，这说明他这个买卖大，有信誉。南馆弄出来的票子，就等于他这个买卖的作价，这就如同今天人民币，以前到世界上不好使，现在都能流通。林玉水还说，在民国时期青山开商铺的老板使用自己的票子（钱）买卖物资，把票盖上有关印章和自己商铺户头名称，要时来兑换现金，10元票子给十分之九的钱，从中发票商铺得十分之一利。

太古时代，黄帝经土设井，因井田以为市，八家之内，同风俗，通财货，守望相助，是为邻。青山当年地处偏僻，以自己的方式通财货。

臭杞里头

臭杞里头在上林碾边，林家祠堂西南侧。这里过去曾经有一株很大的臭杞树，树东南侧沿河一带为下林西大门族支居住。由于这一支过去曾共享一个大门，故又叫西大门里。刘振居老村长说这个地名说明此地曾有一棵大臭杞，而树下住的几户人家就叫臭杞里头。臭杞，学名枳，别名枳实、臭橘、枸橘、臭杞、沉蛋等（土名楸楸）。刘振居介绍说，过去这棵臭杞是村民嫁接南方橘子树的母树，浑身长着刺。（20181015 南馆）《周礼》曰“橘逾淮而北为枳，……此地气然也”，是也。家住臭杞里头的林先波先生说，他家房子原来胡同边没有通道，都是从西大门进出（20181015 南馆）。林先波家已经在这里住了十几代人，他向我们展示了他姥爷家温氏祖上温田庆在光绪十五年立的契约，是有关南北胡同进出的约定。其中有一句“温田庆向南小道一条出

臭杞里头

路不许挡乎”。林先波还保留了建国初期多份土地证。

狐仙屋

从南河老桥进入青山胡同，左侧有两排小屋，面河墙上爬满藤，是青山胡同最好的景观地段之一。民国《青岛画报》即刊登此处一照片，基本保持原来样貌。姜岐先描述这处房子说，刻字石磅东靠北处有一大石磅立站，高高耸起来，东西两向皆用石块垒起形成一个高高的平台，台上有房，住3户，他们是林尚训及儿子林还廷、林还迎，林尚宝，林尚有及儿子林还成、孙子林长信等。因此地地势高昂，又处在下河河边北处，村人称此处为“下河崖”。

青山村以前草木繁茂，洞穴比比皆是，是狐狸栖息繁殖的理想之处，因此青山村民普遍存在着对狐仙的崇拜。唐初以来，百

林尚有、林还成老屋

姓多事狐神，房祭祀以乞恩，食饮与人同之。事者非一主。当时有谚曰：无狐魅不成村。狐狸通过修炼或者经高人指点后便可吸纳天地精华幻化成人形。住在胡同东侧的林先波说，他家上几代有一个老人，救过一个狐狸。有一个冬天晚上，他喝酒回来的时候，碰见这狐狸冻得不能动了，

林先波

他就把皮袄给它披上了。此次以后，这个狐狸报了他三年恩。林先波说：

林还成家以前有个小磨屋，据说他每天到磨屋的石磨上拾起一吊钱，具体是多少咱不清楚，是一千还是一百文铜钱。在咱崂山，狐狸都是有神通的，能治病，有这种信仰。（20181015走访林先波）

刘振居说，这位老人可能是林还成他爹或者他爷爷。《崂山故事选名景篇》一书还记载着林家另外一个神仙故事。早年间，青山村有个姓林的大财主，爱财如命，人们叫他“钱蝎子”。这年六月六，“钱蝎子”早起去钓鱼，半天工夫一无所获。他站起身来准备回家，谁知刚走了几步，只听身后“哗啦啦”一阵响声，回头一望，见刚才钓鱼时站的那块大石头台上摆满了金钱、银钱、大元宝。“钱蝎子”又惊又喜，想方设法拼命装钱，他把鱼篓装满，把身上能装钱的都全装满。他刚要走，一想，看这些金银还有点不舍得，后来又一想，他把裤子脱下来，又装了满满的两裤腿挎在脖子上，一直装到再也装不下，才恋恋不舍往家走。谁知

刚走了十步，海中突然卷起大浪，大浪窜上海岸，一下子连人带钱都卷进了大海。一袋烟的工夫，又一个大浪将浑身剥得精光的“钱蝎子”冲回了刚才晒钱的石头上。只见这“钱蝎子”人都死了，手里还攥着一把铜钱。打这以后，人们称这石头台为“晒钱石”。据说：每年六月六，东海龙王都要将龙宫的金银珠宝拿到这石头上晒，祛潮气，然后把完整的收走，缺损的丢在这石台上，让人捡拾。①

林还成的父亲林尚有是青山有名的渔民。据说他曾带船上诸城打鱼，带着伙计一网打了五六千斤加吉鱼，发了财，一直留名到现在。刘振居解释说：“加吉鱼是海中最高档的鱼，有句老话说得好：‘加吉头，鲭鲭嘴，鳞鲨（刀鱼）肚皮，鲅鱼尾。’这都是鱼中最高档、营养价值最好的部位。加吉鱼成群游动，下网去以后正及时，一网统统打尽。”林玉水说：“这五六千斤加吉鱼，每斤要比刀鱼贵两三倍的钱。筏主发了财，伙计们也发财了，大家都发财了，此事让他远近出了名了。”（20180829 上午）

林尚有老屋今天由村里保护，房子处在南河入口处，以前是去下清宫、上清宫的必经之路，如能修复磨屋，讲述青山村的狐仙文化，当是游人观瞻的一大景点。

上林胡同

本村人称之为“上林碾”“上头碾”或“南边碾”，这便是上林、下林的分界点。村里人称上林人家旧时有三位秀才，说的是几个兄弟文化都很高。按照老辈儿人说的，那是因为他们家族的祖坟埋得好。

---

①《晒钱石》，出自《崂山故事选名景篇》，青岛市崂山风景区管委会编，山东文艺出版社，78—81 页。

上林胡同

1966 年村里曾经发现过一块碑碣，上写“上林始族林公本成之墓”。今林家台子还有其长子林香庭的墓碑。尽管有不同说法，但如果墓碑记录可信，带领林氏到青山的应是上林始祖林九成。不过据说家谱记载始祖林九成及长子林香庭属下林，也许林九成就是林明（或林本成）。上林与下林属于同族，为同时移民青山。

上林胡同旧时有一小卖部，用的是石头货架。小卖部对面就是林还经家，他是青山村早年念过私塾，很懂礼数的开明人士。其兄弟林还纬，写得一手好字，有人看到他写的地契就跟现在打印机打印的一样。林玉水回忆，他们家有文化，收藏了很多字画，“文革”时候都给烧了。（20180718 刘振居、林玉水访谈）

上林胡同旧时小卖部石头货架遗迹

林还经有三子，其三子林长学是解放后第一届小学毕业生中考出青山的三名最早的中考生之一，曾在济南市统计局工作，中共党员，现已退休。林还经长子林长隆的三个儿子都在黑龙江省双鸭山市集贤集团公司工作。长子林修义曾任集贤煤矿财务科科长、副矿长等职。次子林修悦在集贤煤矿曾任财务处处长、审计部处长、财务总监等职，职称是副厅级，目前是青山村职称最高的人士。三子林修松曾在集贤煤矿任工会主席、党总支书记、矿纪委书记，副处级，已退休。《青山村志》出版中他承担了印刷装订的全部费用，为青山人民作出了巨大的贡献。

紫荆花映曲家庭

在上林和唐家交界的地方，有一棵横跨胡同的老紫荆树，春来花满枝，春去绿成荫，成胡同一大景观。紫荆树是长在曲家门外的石缝里。

上林石屋台阶

据曲家第五代后人曲新春说，此屋现在是他母亲居住。此处为曲家祖屋，今住着两家曲家人。曲家是清代落户到青山的。曲新春现藏有晚清到民国时期的房地产和分家契约十几份。最早出现的一份是光绪十七年的分家书，时曲正魁（又称“奎”）90高龄，主持在曲元善、曲元良二子之间平分田产家器。当时作为“亲友”见证的为林家亲友等五人。

> 立分单人曲正奎因年老九旬不能料理，在子二人将一切田产家器均平分折，今同亲友言明，此子曲元良分到三门前地西一段，南港沟底下二段，南沟子底下一段，柳树涧地上一段，河北茔地一段，分到老屋三间，门窗树株各人分各管。有黄琏磅北堐山常一处无分，拈阄定分。各人质守自分，之后不许反分，如有反分争质等情治此到官。恐后无凭，立分单存照。
>
> 今同亲友：林田成、林元洪、林田文、林上福、纪平云。
>
> 借字人：李精显
>
> 光绪十七年□月初一日立

这张分家书所涉者就是曲家在青山落户的第一、二代。可能是因为与林家的亲戚关系迁居青山。在此之前曲正魁分别在咸丰八年从王明观处买下南沟三块地，以及同治八年又从王公安手上买得“香火地三叚（段），坐落在沟子南崖路东”。香火地在青山指的是祠堂公田。此地在今村南坡入口公路平坦处的西头。因此曲家来青山应不迟于1858年。这两张契约也是今天青山能看到的最早历史资料。

据说，曲家第二代老大因反对日本人贩卖文物一事犯事，老二曲元良为给哥哥打官司，最后倾家荡产，将祖屋也典押给了村里。

因为没处住，就给太清宫看山，最后在深山教子园落户。到了第三代曲元良儿子曲瑞琇（又称“秀”），他有四个儿子，起名以“松、竹、梅、兰”排序，长子曲立松念书 11 年，写一手好字，留下龙潭瀑第一处摩崖石刻。曲家在教子园看山，以山上松毛草料为报酬，将其贩往青岛，每有积钱便到青山买地买房并赎回祖产。曲新春收藏的十几份契约大都在这一时期。如民国十八年从唐元会买到“三门前北坡”地，民国二十二年从唐永德买地，民国二十九年曲瑞琇从刘悦顺买地，民国三十年从唐京开买地。此外，民国十三年曲瑞芳还从伯父曲元善手中买地买房，坐落在姜家莹沟南崖。这块地可能就是紫荆花宅院石屋祖房所在地。

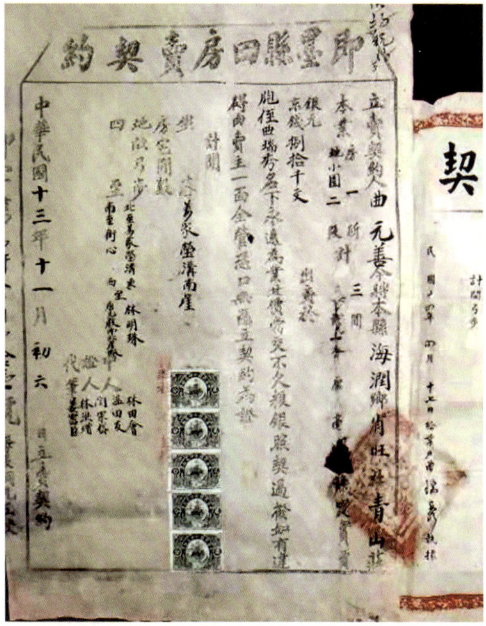
即墨縣田房賣契約
立賣契約人曲元善今將本縣海潤鄉肖旺社青山莊
中華民國十三年十一月初六

民国十三年曲元善与曲瑞芳田房契约

“松、竹、梅、兰”这一代（第四代）从 1963 年起逐渐从八哨所庐舍迁回青山，今在上林和唐家一带居住。曲立竹的儿子曲新春现任村党总支委员，据他说这棵紫荆树已有 30 多年树龄。

树之风声：功臣林学业

沿着村内通往太清宫的东西道，经过林家祠堂向西约 20 米处，就是《青山村志》记载的“战斗英雄林学业”宅。这一区域在上林碾西面，故称碾子西胡同，有四五户住家。老房子已经翻修，林学业儿子林玉亮目前住在此宅内。此处也是与上山下海的南北胡同交会处。从 1938 年德国游客在这一带胡同留下的老影片看（现藏于青岛市档案馆），该房子当时为南北屋构成的小院。

据《青山村志》记载："林学业（1921—1972），1945 年参加中国人民解放军。1947 年 6 月加入中国共产党，历任副班长、班长、副排长、排长。"林学业 20 岁与兄长一起下东北，《回乡转业建设军人登记表》显示他在东北吉林入伍，所属的部队为东北人民解放军第 38 军一一三师三八团。有证明的立大功有两次。据说，1948 年四平战役期间，为炸一个暗堡牺牲了 18 名战友，最后林学

青山崮映衬下的林学业故居

业拿起81斤重的炸药包，在负伤的情况下潜行，最终炸掉暗堡，立大功一次。林学业的后人今天还保存着其获得的许多奖状、奖章、证书等。其中一枚勋章是“东北人民解放军艰苦奋斗勋章”。同时还有一份送给其父亲林明信的喜报，称：

林明信先生：

贵子弟林学业同志自参加我军以来，一贯努力为人民服务，积极进行工作，深得全军嘉许。经评定立大功，授予艰苦奋斗勋章。

特此报喜并致贺忱。

中国人民解放军第三十八军一一三师司令政治部

四平战役后林学业随部队南征北战，参加了一系列重大战役，最后赴朝鲜参加抗美援朝战争。据林学业的女婿温志敏说：“在一次战斗中，他所在整个排全部都牺牲了，就剩他和一个卫生员坚持到底。他当场被提拔为排长，再立了大功。”据说这次战斗，他腰部负重伤，自己从山上爬到山下，被部队发现送到医院。因为伤势过重，被送回国在沈阳治疗。林学业后在山东第四革命残废军人速成中学学习，1954年以“二等乙级”伤残军人身份转业回到青山。《青山村志》记载林学业参军八年，作战十五次，负伤五次，获得了全国战斗英雄荣誉称号。1955年9月1日被崂山郊区任命为“崂山郊区山海乡人民政府委员”。1955年年底任青山信用社第一任主任，1960年元旦伤迹复发，长期养伤，60年代，豫剧艺人常香玉曾来青山慰问林学业。1972年农历二月初七在家去世。

林学业妻子王秀兰，比丈夫小十岁，她曾去东北照顾林学业养伤。1953年大儿子出生，长女和小儿子依次差三年出生。据温

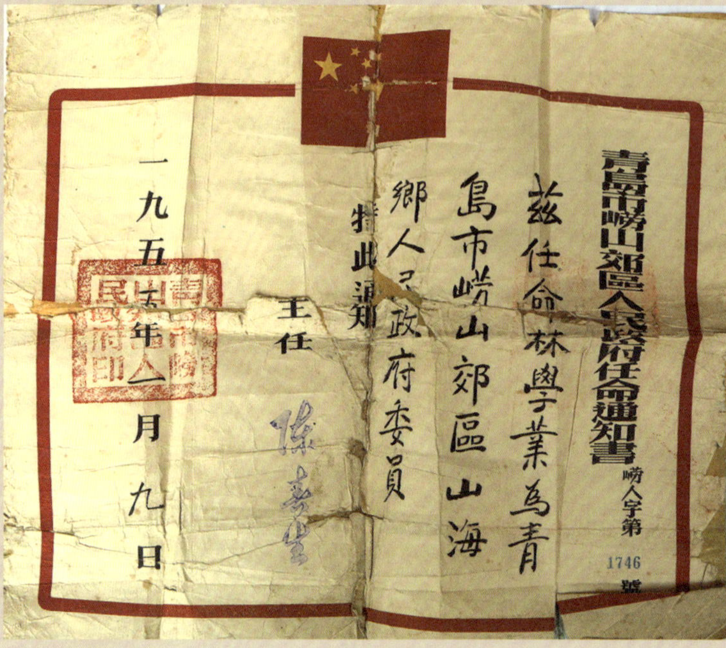
青島市嶗山郊區人民政府任命通知書
嶗人字第
1746
號
茲任命林學業為青
島市嶗山郊區山海
鄉人民政府委員
特此通知
主任
一九五五年二月九日

獎章
獎章證明書
同志
令授
獎章
中國人民解放軍東北軍區
號碼

林学业喜报与奖章

志敏介绍，在林学业服役期间，公婆身边只有王秀兰。林学业转业后，由于负伤残疾，无法干活，王秀兰一人担负起照顾公婆和丈夫，抚养三个孩子的重任。她上山扛柴男人都比不过她，把三个孩子都供上了高中，这在当时村里非常少见。

王秀兰为即墨人，在当时能远嫁到青山这一偏僻山村不多见。据温志敏说，王秀兰小时候其父母因为家穷，带着几个孩子闯关东去了，把王秀兰托付给舅舅。其舅为吹鼓手，有一次到青山给一户人家办喜事，结识了她后来的公公林明信。舅舅觉得这一家忠厚老实，就问家中可否有儿子，多大。老人回答说："家有三个儿子，老大、老三下关东，二儿子过继给了别人，一个女儿已经出嫁。"舅问："老三多大了？"答："今年 24，没有媳妇。"她舅说："我有外甥女一个，今年 14，可给你们家小三做媳妇。"

王秀兰与林学业

林学业宅胡同

老人说：“儿子不在家，我也不知道小三是否愿意。”舅说：“这样吧，下次我把外甥女带来，如果儿子能看上就当媳妇，看不上你就当个闺女养吧。”林学业回来后说好，这样王秀兰就成了林家的童养媳。那些年林明信三个儿子都不在家，她就一直和公公婆婆一起过日子，照顾家。公婆就像对待自己的亲女儿一样对待她。王秀兰24岁那年，两人结婚，婚后林学业不能干活，王秀兰就承担起照顾老人，抚养子女的任务。上山拾柴，挖野菜；下海拾海菜；下地种庄稼，种菜，一切家务活和劳作都由王秀兰一人干，她心中无怨无悔。

王秀兰善良待人。据说60年代生活困难时期，沙子口小河东村有一朱姓妇女，领着一个四岁、一个二岁的儿子到村里要饭。中午，妇女突然肚子疼得非常厉害。时值冬季，天气寒冷，没有人家愿意让她进屋。王秀兰马上让娘仨进屋到热炕上暖和，又给饭吃，还给药。晚上王秀兰要带孩子出门，就让朱姓妇女给她看门。第二天走的时候，送给他们一面袋地瓜干。从此以后两家结为亲家，逢年过节，朱姓老人必让孩子送东西来，临终前嘱咐儿子，一定不要忘记崂东（指青山）的娘。直到今天晚辈还经常来往。2012年王秀兰去世，享年83岁。

唐家街

唐家街处在青山村西山区域，是村里也是整个胡同的最高地段。唐宗春老人住在与唐家街一墙之隔的一个小院里，他说："我屋后的这一旮旮都叫它杠子街。"（20180927 唐宗春、刘振居访谈）旮旮，又称旮旯，是古语，意思是角落，偏僻、拐弯抹角的小地方。姜岐先从线路的角度描述说："唐家街西起西井、西碾，东至姜家茔上头。街南向有 3 个岔路口，街北向有 3 个岔路口，是唐姓

唐家街在青山胡同的位置

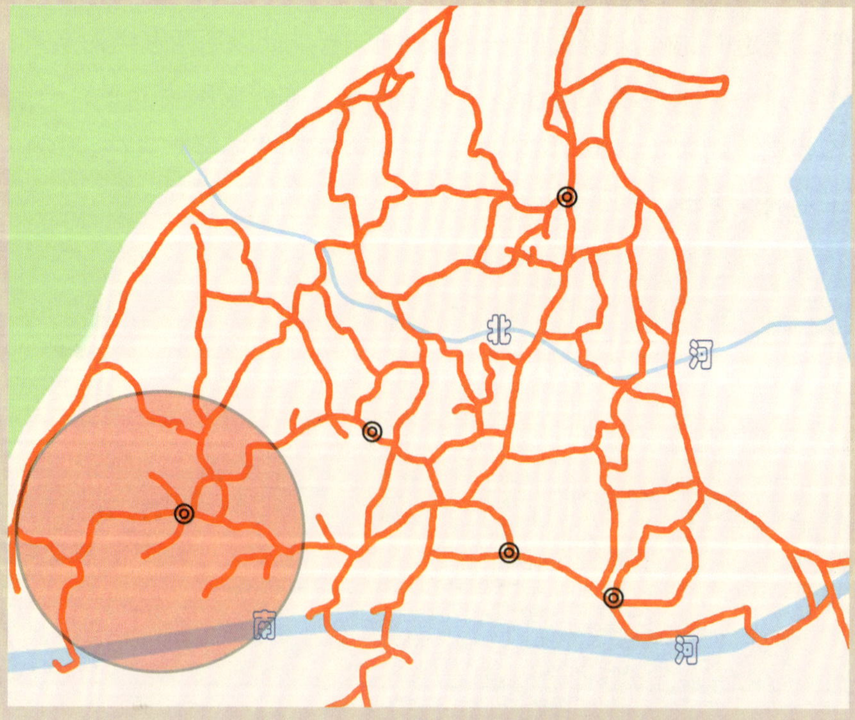

唐家街

胡同地景

杠子街
唐家祠堂
唐家井
唐家碾
燕儿石屋
上石屋
大槐树
胡同里
西南崖子
后晒石
茔上头
义士唐宗好宅
道士唐永臣屋基
族长唐元会宅

男女聚会的地方，夏、早秋族人闲时晚饭后都到此处聚坐，有讲古论今的，聊家常的、村内传闻的等，人比较多，非常热闹。”(《守护会手稿》)

唐家街口子上，以前有大槐树一棵，姜岐先回忆，此树树干极粗，一周需三人环抱。后东半树枯死，西半则茂。此树是唐家街的标记。大槐树往里（西）的小胡同里，住有多户唐姓人家。此处唐姓称“胡同里”。唐家街往南，到今唐宗书、唐京平门前的石磅下，路北有碾一盘、井一口，称唐家碾、唐家井。井和碾由来日久，无据可考，是唐姓住户生活的一部分。井、碾西有沟向下通大河。继续向南，街南有一大石磅，叫燕儿石屋。向西上山，变小路通西南崖子，崖头就是今天的公路。跨过公路就是一片乱石，石头间有一石屋，村民称之为上石屋，此地就是每年唐家人接祖过年的地方。沿去上清宫的古道往山上走，经过青山水库，就是唐家祖茔地，故上石屋是祖宗进村的地方。唐家街向北，经过唐宗好家，再往北就是唐家祠堂。祠堂东侧是后晒石，东南是姜家茔上头，到这里就与姜家地界接壤，有姜家老茔地和西疆。祠堂往山上，本是村落的尽头，一百多年前，林家因为住不开，林玉水老人的爷爷搬到这里，今天有两处百年以上的老石屋。唐家街的东南方向是与上林人家穿插。由此，唐姓人家就以唐家街为中心分布。今天沿公路有一片较新的房子，都是七八十年代以后拓展的。

问起为什么唐家街又叫杠子街，唐宗春老人说："说笑话吧，那杠子街一到了伏天，大人孩子都到这街上来凉快，大家说什么

唐家街（杠子街）

话的都有，有些说话的他不服气他，就一起斗嘴，这样就叫它杠子街了。”据说杠子街周围的人家多性格耿直火暴，人们都叫姓唐的是唐胡子。说起杠子街的杠子气，村里一直流传着清末唐永臣的人命案官司。在青山村与太清宫之间，有一条分水河，就是今天村边的南河。南河沿线的大石磅上今天仍然留有明代分水石刻，河南边是庙上的地产，老百姓不许上山打柴。《青山村志》记载：

> 清朝光绪十五年（1889），村民唐永臣、林田四两人上山砍柴拾草，被太清宫巡山道人发现抓住。巡山道士要强行没收两人打柴拾草的工具及柴草，双方发生争斗，巡山道士在双方争打时失脚摔于石磅下致死。事发后，太清宫道士不让，将唐永臣以致死人命罪告到即墨县衙，即墨县令陶大人为审此案，将公堂设在青山村南崖子，县令在审案前对案情有所了解，在开堂时为唐永臣提示，问道士之死是不是两人夺耙子时失手跌死的？永臣憨直，敢作敢当，将经过说明，县令见被告不隐瞒事实，且巡道是失脚之死，故免去死罪，发配充军新疆伊犁州。

在村民流传的故事里，审唐永臣案的公馆（临时法庭）是设在轿顶石南的南崖子。林玉水说，村长弄几个席子，搭上棚子，摆上桌子，三班督头站着，告的是唐永臣、林田四打死下清宫姓贾的道士，有巡山的看到作证。（20180827 下午刘振居、林玉水等访谈）陶大人预先了解了案情，看到青山村民确实太苦了，庙山把这个区域都划走了，县官内心也是同情青山人。但案例审理过程几乎是唐永臣与陶大人在抬杠，林玉水和刘振居刻画当时的对话：

茔上头

县官问：“下边跪的是谁？”

回答说：“我是村民，姓唐，叫唐永臣。”

“你怎么打死贾道士？”

“我们两个争执起来的。”

县官问：“是不是你们两个拖这个耙子，你劲儿大他劲儿小，把他闪到磅下边去摔死的？”

唐永臣耿直，不会说话，他说：“不是不是，是叫我打死的。”

县老太爷觉得他不明白，就让他到一边去反省反省，叫另一个过来问：“你叫什么？”

“大老爷，我姓林，叫田四。”

“你和唐永臣一块儿去拾草？”

“是，我和唐永臣一块儿去拾草。”

“你在哪儿拾草？”

“在团圆口。”

“你俩为什么打死贾道士？”

“大老爷，他不让俺拾草，俺家里一把草烧没有。”

“没有草也不能打死人家啊！”

“不是，大老爷，俺和唐永臣两个，就是他自己，他拿俺们的耙子，俺两个就往后夺，他夺不过俺们，一拖，他闪倒了，就掉到山下了。”

“哦，我说你们两个也不敢打死道士。”林田四叫县官提醒了。

县官就叫下清宫当家的听着，说道：“我预计他就不敢打死你下清宫的道士，出家人不能沾染红尘，他能打死他？把林田四无罪释放了。”

县官问唐永臣说：“你俩跟贾道士夺耙子，是不是把他闪下去的？”

唐永臣还在抬杠说：“不，大老爷，我就是打死他的，一人做事一人当。”

“你为什么打死他？”

“他拾草不让拾，把俺三爹差点打死，俺就是要替俺三爹报仇。”

县官一看，人家下清宫的人都在这儿，你口口声声说你打煞他的，非判刑不可！最后就宣布判案，这事出有因，贾道士打过他三爹。夺耙子把贾道士闪到山下，你唐永臣往自己身上揽：“你这个东西啊，死罪能饶，活罪难免，把你充军新疆吧。”

唐宗春

唐家人性格火暴，侠肝义胆。他们自家儿在街上抬起杠来，有时甚至会争吵动手。不过都是就事论事，不影响邻里关系。唐宗春说：“大家从来没有因为造房子这类事，街上打吵的，为什么？建起房子还是按老基来施行的，没有占人家地的，没有闹纠纷的。”唐宗春认为青山最好的地段是南头街，四大姓里姓林的南头街最好，那里宽敞，而唐家街窄了，是“旮沓”。

问起为什么姓唐的老祖宗当时会选在这偏僻的西山根儿落户，紧挨唐家街住的唐宗春说：俺们唐家是从山西有个称小云南的地方迁来。当时来青山的有四姓，温、林、姜、唐。开始的时候唐家住在大地铺子。“这四大姓中温家来得早，占了村下边一个平原场儿，再姓林的来得早，占一个南头的平原场儿，姓姜的来得晚，他那个地方不好，山沟陡崖。姓唐的来得最晚，只好往山上爬，到这西山来。后来村里人也抬杠，变成笑话，说那时候姓唐的怕来胡子，跑到上面来躲山贼。意思是一旦山贼来犯，可以顺着胡同迅速跑进山里。”（20180927 上午走访唐宗春）

唐家井

青山村最高水井与碾就是在唐家街。此口井目前是青山村留下的唯一还在使用的井。刘振居说，以前，整个姓唐的上百户，还包括姓姜的一部分和姓林的一部分就到这里挑水吃。此井水源很旺，但是储存不太多，水一上来就流走了，但底下水源一直不干。水井边还有石磨和石碾。

后晒石

唐家街周边胡同在青山村后头最高位置，也叫西山。其标志是后晒和后晒石，在唐家祠堂下东北处的哨头地上。此处比较偏僻，地形高，太阳出来后阳光先晒着此地，因此得名后晒。地上有一大石磅，磅体很大，东边呈黄色，磅东边离地高有 2 丈。此磅是人们晒粮、晒菜和夏季晚间乘凉的地方，故称“后晒石”。

上石屋洞

上石屋洞也叫哑巴洞，是李家李明春的山岚。洞内原有一个大水缸，缸口如同 10 印（“印”为约定俗成的计量单位，相当于

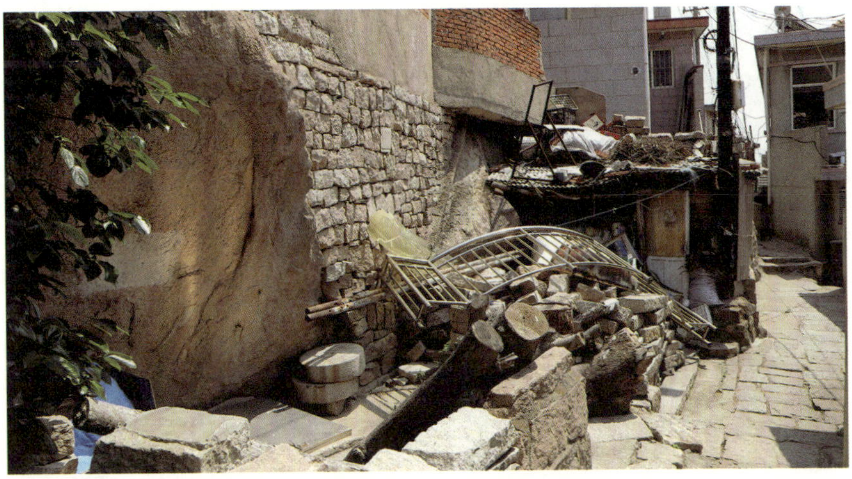

石磅下的唐家碾与唐家井

唐家后晒石地段

上石屋洞

婴儿脚印的长短）铁锅口。从外地流浪来一个哑巴，便在洞内住下，晚上天冷时用草点上火，把水缸烤热便进去过夜，久而久之李明春知道了，觉得很厌烦，便挑大粪沫到石洞各处，把哑巴撵走。哑巴又到姜家后河在河道内找一洞住下，地处姜兆群住处东北河道，此洞人们也称“哑巴洞”。

大后屋

唐家住宅最后边，北接大薄地，西临大沟，住户有唐京书、唐京川、唐京绪、唐京洪、姜田爱（女）等。因是地处唐家最后边的房屋，故唐姓人称此处为“大后屋”。

唐家东疆

唐家街中段、聚会处上下路，路东住着唐永传及 2 子唐京信、唐京义父子，还有唐京亮、唐永生两户（现唐宗敏居住处）。因此地突出，高于东、南、西三个方向，地域又在街的东边，故唐姓称此处为“东疆”。

燕儿石屋

唐家西南崖子有磅石 3 个，名曰大帽子、二帽子、橛尾巴。顺崖向下至河道峡口处立一大石磅，坐落在河道内石磅之上。磅底系洞，是燕子垒寓栖身之地，也是人们夏天中午乘凉午睡之地。人们称其“燕儿石屋”。

树之风声：义士唐宗好

唐宗好是青山村老渔民，家住唐家街通往唐家祠堂的一个小胡同里。经过其宅院，可看见一丛月季花挂出墙外。1985 年编写《崂山古今谈》的作者蓝水，曾这样评价唐宗好：

燕儿石屋

唐宗好宅

> 村民唐宗好慷慨激烈，独撑小舟出没狂涛中，时隐时现，众人咋舌，救出四人，举诧为神，非神也，凡人义侠填胸，奋发勇往，置危险生死于度外，虽天可回。

这位被广为称赞的英雄式人物，在其义举过去30多年后的2018年7月的一个晚上，独自驾小船出海，最终消失在暗流中，不再回家，时年六十七岁。当年与唐宗好一起救人立功的刘振居，评价他说："唐宗好可以说是一个很了不起的人物，在社会上的口碑很好，我村在解放前我不知道，解放后唐宗好是青山村非常典型的一个英雄。"《青山村志》对唐宗好海上救人事迹有如下记载：

1981 年 9 月 1 日，14 号台风在青岛地区登陆，海阳县辛安公社赵家庄大队 5104 号渔船见仰口码头被海啸摧毁转港避风，在距青山码头 500 米海面上被巨浪打翻，5 名渔民生命和集体财产处境十分危险。唐宗好当机立断，发动起 12 匹马力海带泼肥船，独自 1 人冒着生命危险，出海抢救。经过顽强拼搏，将落水多时的四名渔民救起。翻船内还有船长迟永伦，船被风浪推卷到岸边，民兵们又将船长从船内抢救出来，5 名渔民全部脱险。唐宗好荣立二等功一次。

在现场目睹救人过程的刘振居回忆当时的情景，仍历历在目。他说那天台风正面袭击，风浪很大，把仰口外边整个码头都摧毁了。从青山北嘴到青山岸边，一共四个大浪头，就把整个码头给漫了。部队的快艇也全部上青岛避风去了。这一天渔民怕浪头涌进码头，船相互碰撞，都在码头上固定船。当时正好是落潮，这时候就看从北嘴过来一只船，这船本来是在仰口避风浪，那边码头被摧垮了，就顺着浪漂出来，上青山来避难了，船上有 6 个人。唐宗好当时就在试金湾给村里养殖海带，他开的那个船很小，就像现在在扇贝笼子之间串的那种小船。一条船上是三个人，唐宗好是掌舵的。突然一个浪头过来把那漂船给打翻了，刘振居描述当时他看到的情形：

只看到有一个小青年，在船刚翻还没扣的时候，见一个人从船上跳下来落水了。结果可能是被船上的渔网或者绳子什么的给缠住了，他往前游了一段时间，一个浪头过来，就不见人了。剩下只见有四个人拉在一块，都抱着螺旋桨。浪来了，船与人都被没盖了，浪一过去，又都出来了，只听见在喊“救命啊”，当时离海岸估计不到五百米。

唐宗好在码头上看，说不行，得出去救人。同船的另外两人说，浪这么大怎么去呀，这时唐宗好就让这两个人赶紧上岸去，说："恁不用去，我自个儿去就行了，万一出了什么问题也就我自己，恁两个不要跟着'沾光'。"刘振居回忆说：

> 只见他驾着那只船顺着浪起伏，起来时螺旋桨都在空转。他一过去，那四个人觉得有救了，都招手。但唐宗好一看不行，他的船如果正对着那几个人，万一一个浪过来顶上去，就会把那几个人顶死的。他一看不好就转舵，转一个大圈过来，准备倒着靠过去。他船一走，那四个人看到以为不救他们了，就大喊"快来救俺！快来救俺！"，叫得好惨。唐宗好把船转过来，倒着靠过去。一手扶着舵，一手拉着绳加油门，正好一个大浪过去，他就慢慢往后倒，还不敢靠过去。船上有个抓钩，有两米多长。他一手驾船，一手拿着钩伸过去，一个一个地把人拽到船上了，最后把四个人全部救上来了。大家都在码头上看着，确实是太勇敢了，一般人干不出这个事儿来，整个过程我都看着了，当时也没相机什么的，我们看着都咬着牙使着劲儿。最后一个浪头过来，以为他的船也打翻了，结果浪一来，他的船头顶向着浪头上了浪尖，船又慢慢慢慢地落到了浪底，一个大浪过去，船一掉方向，进了码头里。

当时码头上，部队与老百姓组织了三十多个人救援。可救上来的人，手脚都僵了，被送到青山边防派出所。书记温成俊安排妇女去照顾。这时看到那只被扣着的船，顺着浪头慢慢被打到沙滩边来了。刘振居趁着一个浪头跳到船底上，结果听见船里有人敲船底的声音。上去四个民兵，用镐头把船底扎了个洞，刚抓透一点，船里的人就要把头伸上来，把他救出来后发现，那人就是船长。船长出来以后看周边没有他的船员，在人不注意时，就往海里跑，要跳海自尽。他说，船员死了他自己活着有什么意思，也得死。两个小青年过去抓住衣服，把他扶到派出所。一进门五个人抱在一起，号啕痛哭。据后来得知，那个跳船的小年轻是水性最好的，他认为跳下去没事，他想游到浮漂上抓着就死不了了，结果他一下去就再没上来。

第二天通过部队电话联系到海阳县，把这五个人带回去了。后来村里把船修好，海阳县委书记、宣传部领导们都来了，带了四五千斤苹果，还带了部《喜盈门》电影，过来慰问青山村。山东省军区去给唐宗好请了个二等功，还嘉奖一台蜜蜂牌缝纫机，一辆永久牌自行车和一台日本原装日立牌电视机，那是青山村第一台电视机。同时民兵指导员、书记温成俊，民兵连长刘振居，渔民队长刘世洪荣立了三等功，24 名民兵获了奖，青山民兵连荣获集体三等功一次。唐宗好的事迹感染了整个崂山县。崂山县县志办公室蓝水当时赋七绝四首赞美其壮举：

一叶挺身救覆船，四人脱险得安全。
自凭忠信涉波去，任使滔天亦狂然。

落水同胞实可怜，狂波何有独撑船。
终能尽使惊魂返，有志竟成岂偶然。

顾忌全无但救人，涛山起伏往来频。
能令海涛淫威失，侠气真堪泣鬼神。

眼看危亡不顾身，尽多观望事逡巡。
要知赤手回天事，出自光明磊落人。

唐宗好立功奖状

村里人说，唐宗好这个人侠气仗义，光明磊落，向他求助或借要东西，只要他有，任何人找他他都有求必应。据说返岭曾有一个会算命的盲人叫刘元寺，曾说过，唐宗好救了这么多人，但他最终还是要死在水里的。唐宗好到底是怎么在海上失踪，人们不得而知，刘振居谈了那天的情况：

> 他去世出海的小船也就和当年他救人的那只船大小差不多。他自己弄的网，弄的笼子，叫蜈蚣笼子，从下笼子到收笼子要三五天才能收回，鱼虾才能进去。那天他收获不少，回来卖了两千多块钱。本来他回来以后就没事了，但其中有一条笼子坏了，把鱼虾卖了以后，他又拿着新的笼子去换，结果第二趟出去可能遇上了一趟旋流。很可能就是他下笼子那个地方船就被下的笼子挂住了，船不走了。水流急，一个暗流过来，可能船就翻了。如果他有思想准备，船慢慢下去时他会把水裤水鞋脱掉，就没事，很可能就被扣在船里边了。

道士唐永臣

唐永臣，女姑山道士，家就住唐家街南侧，与唐宗春的房子隔着一户。过去是两间小屋，只能盘开一个灶头和小火炕。现在这里已经是一幢新房，只留下一段窄窄的小胡同。当年因为山林纠纷，与太清宫道士发生争执，打死了贾道士，他说是为三爹报仇。村里人说他的脾气像绿林好汉，爱打抱不平。村里谁和谁之间怎么地，他看见欺负老实人的，马上就上去拉一把。唐家人也有评论他是混青子，粗鲁莽撞，没有礼貌。

从相关史料来看，晚清民国时期，太清宫与青山及周边村落的关系确实非常紧张。[①] 据1990年版《崂山县志》载："同治末年，太清宫道士霸占民山，不许民众上山拾柴草，钟家沟村农民钟成聪联络午山王明光、于哥庄朱京工、马鞍子李月英等奋起抗争，道士不仅不让步，且恃强伤人，双方殴斗讼至县，农民赢，时称'伐山'，曾编成《太宫霸》剧公演。"《太清宫志·卷七》记载，青山村东头河南崖戏台东海崖顶有一太清宫山场界石。系万历三十一年刻。民国十九年，青山村首事人温立来将其打毁无存。

《青山村志》记载："光绪十五年（1889）他（唐永臣）被发配充军新疆伊犁州。在新疆伊犁劳役近十年，于宣统元年（1909）从新疆回归故里。"据村里传说，他走的时候三十岁出头，发配前有一个儿子。有的说溥仪登基以后天下大赦，死罪不死，小罪释放。唐永臣劳役近十年后从新疆回归故里，是大赦回来的。也有说"新疆那个总头上哪出巡去了，光剩一个代书在管。代书就好心，说老爷没在家你快走吧，回家吧，他就这么回的家"。（20180927 唐宗春、刘振居访谈）

① 林先建：《青岛崂山道教民间信仰状况探析——以太清宫周边地区为例》，《青岛职业技术学院学报》，2009年。

唐永臣背着一个小铺盖，走了不知道多少个月。他没钱，一路要饭回来。走的时候是大清朝，回来已经是民国。沿途他看到了飞机、火车、电灯等新鲜物。林玉水说，回来人家问他，他说：

> 哎呀我的娘，把我充军充到个什么场儿叫新疆。我看到一朵铁在天上飞，打听这是什么，说是飞船。哎呀，我看到一条百脚虫，趴在地上跑，能装一支亮子（一支亮子就是一个营的兵力）。我看见军队上了这个大厢子。我看见轱辘转得跟百脚虫一样，趴着跑，跑得快，一眨眼就没有了，趴着都跑那么快，要是站起来肯定跑得还要快！还有我看见那个灯，它的灯头朝下亮。（20180827 林玉水、刘振居访谈）

左侧原为唐永臣两间小屋

他爷爷和他爹听了这席话，就觉得是在抬杠，气得踹他说："出去这么多年也没改造好，回来还胡说八道，火头朝下油不就洒了吗？"被人们好一顿骂，说他骗人撒谎，他驳说以后你们定能见到的。

《青山村志》记载唐永臣回乡数年后，到女姑山（在今城阳区）出家入道。唐宗春说，他回来家里没地种，没有立足之地，就出家了。唐永臣没有后人，但到底是为什么出家，已经说不清楚了。村里传说，自从出了家以后，他变了个人，什么性儿都没了。一不动荤，二不杀生，活的东西都不吃了。他吃斋茹素，收敛心性，高寿活到92岁。他觉得自己该坐化了，就坐进一个缸里。唐宗春说："他不是病死的。临死前，他觉得身体不行了，就叫徒弟去买个大缸让他进去坐着，又叫徒弟买了个锅，把锅扣在缸上，埋了。"（20190529姜岐先带访唐家街）今天他的故事已成为青山村的一个传说。

族长唐元会

唐元会是唐家的老门头，就是族长。住在离唐家祠堂不远处的林玉水说，那祠堂应该是在他手里主持（20190529林玉水访谈）。姜岐先带我们走访了祠堂遗址。目前尚有残墙，一个三间屋的小院子，一条小路从南边进祠堂。关于唐元会，人们都说，因为他与沈鸿烈交好，请他帮青山村护渔。

林玉水说，青山村当时打鱼最兴的时候就是沈鸿烈主政的民国时期（20180829上午）。光绪二十四年青山湾联合黄山、长岭、雕龙嘴等开始到董家口打鱼。当地的人欺负这边过去的渔民，还有大珠山的胡子下来抢夺，要每个筏子给他们交所谓"保护费"。没办法，乡老们就找了白队长。白队长是沈鸿烈的手下，他们的舰队就驻扎在下清宫，当时有海琛号、海圻号、肇和号三条战舰[1]，沈鸿烈任舰队司令。

林玉水说，唐元会就代表老乡跟白队长说：“白队长，您快给司令说说，去保护咱打鱼的。”白队长汇报给沈鸿烈司令，说青山湾的百姓上诸城打鱼受当地的欺负，要求去保护一下。沈鸿烈当时就点头了，说：“青山的老百姓太苦了，靠打鱼为生，要去保护。”

白队长就跟唐元会说，你们今年打鱼去，要是有事，就到董家口有个叫炮台的地方，扛两捆柴火点上火。一发狼烟，艇在外面就看见了。那一天打鱼打一半，这伙人又来要钱了。唐元会让林明彩、刘正书去点火，炮舰立即就来了。舰上使小船划桨过来，能装 20 多个人，都带着枪，上岸后，一字排开都卧倒。最后舰长上岸，行军礼，询问怎么回事。听说董家口的胡子下来要钱，他们就在大珠山上，一道命令就把大炮吊起来了，朝着大珠山打了两炮，就是示威，警告他。这把胡子给惊吓

西南崖子唐家地域

① 三条战舰在中国历史上扮演过重要角色。海圻号巡洋舰是 1896 年从英国购买，曾赴英参加英王乔治五世的加冕典礼，再赴美国、古巴等地访问，开中国海军远航之先河。海琛号巡洋舰是清帝国向德国订造。1937 年江阴海战为阻止敌舰沿江而上，沉于江阴长山脚附近。肇和号巡洋舰，1909 年向荷兰订购，1924 年加入北洋渤海舰队。1937 年，在广东珠江被日本飞机炸沉。

了：崂山这些渔民怎么这么大的势力，还能惊动“国军”了。两炮把胡子打跑了，再也不敢来要钱了。唐元会招来军舰给青山村护渔的事，至今传为佳话。

刘家街

从刘氏祠堂大门前的人行路到现在的刘世正家屋西头一带叫“刘家街”。这是周边居民平时自然而然形成的聚集点，夏天在此乘凉，冬天在此晒个太阳，互相拉呱。每当有了结婚的和过年正月五姓闹春时，都要到这里压街，吹吹打打，或表演上一番。要是有两支队伍在此相遇，那就更热闹了，双方都要显示自己的强势和武艺，吹的吹，跳的跳，打的打（锣鼓），闹的闹，一直

刘家街在青山胡同的位置

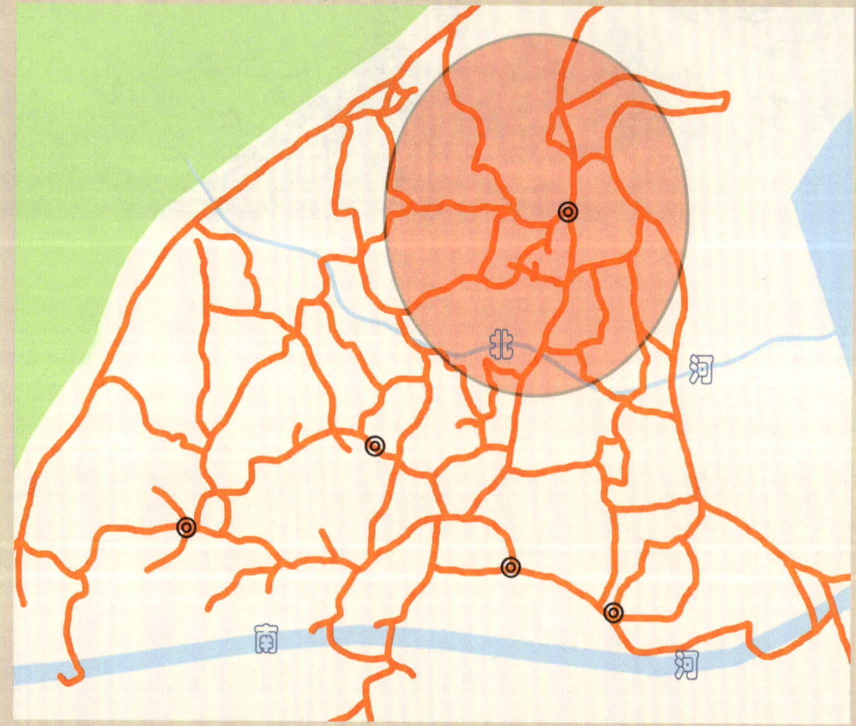

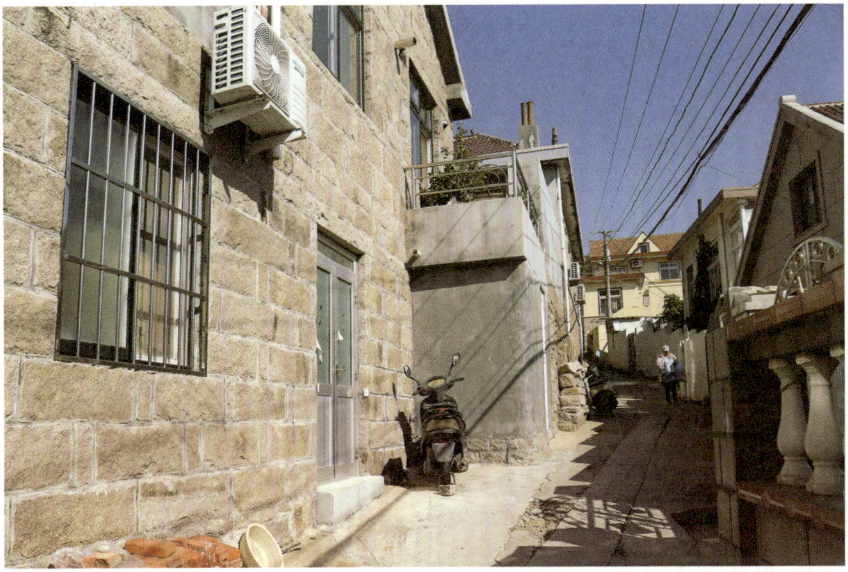

刘家街

要把对方吹到让出路来为止。老人们回忆，那个场面才真叫热闹，看光景的人山人海，街上挤得水泄不通。（刘振居，《守护会手稿》）

围绕刘家街，主要是刘氏家族居住的地域，我们也通称这里的胡同为刘家街区域，村民叫北头。这个区域有长长的穿村而过的青山主路，构成青山道中的主要特色。由主路往西有三个口子可上西山，一条从刘家祠堂下方进入，过老母堂、西竹林，弯弯曲曲直到井泉庙；中间一道过南楼到大朴树；还有一道是从杀猪房入，沿着北河向上，经老供销社，再到大朴树。这三条胡同都可以通半山腰的大马路。

胡同地景

刘家街
老母堂
西竹林
南楼
原石小院
曲奶奶老屋
供销社
杀猪房
刘墉遇翁石
井泉庙
刘家祠堂
北车场
碾子崮
关帝庙
耐冬树

老母堂

老母堂是住在青山村北头居民，主要是刘氏家族的礼乐活动中心，是为参加闹春和庙会设置锣鼓队并训练的地方。刘氏家族鼓乐队打的是天后宫老母，故堂内供奉“观音像”，称“老母堂”。刘振居整理的《守护会手稿》中称，老母堂开始设在刘振武家东屋的空房子内，也就是现在刘明功的东屋，后来又搬到“南楼”刘乐智家，现在刘明岩住的房子。

“老母堂”是春节期间最热闹的地方。堂内有吹打乐乐器笙、管、笛子等，供 10 余人的乐队使用。还有大鼓一套，两人抬的特大铜锣、大铙和大顶，小力气的人根本拿不动。四人抬大鼓，此外还有小锣鼓两套。老母堂有 10 多人的鼓乐队，还有秧歌高跷队 10 余人，旌旗队 10 余人，一共 50 多人。每年腊月十五开始，有关人员就天天白黑地到“老母堂”去演练半个月。从正月初一开始，

刘家街胡同肌理

老母堂旧址胡同

就同林、唐、姜、温五大姓凑到一起闹春。每个家族的队伍都要走遍村里的主要街道，每当走到别姓氏家族的地界时都要停下来吹打、蹦跳，热闹上一番。庞大的队伍再加上看热闹的，场面是人山人海，旌旗在前开路，锣鼓喧天，笙、管、笛子齐鸣，秧歌高跷队欢跳四起。到了比较宽敞的地方就吹打、蹦跳一番，被称做“压街”。这一风俗巧妙地与祈福、庆贺融为了一体，使整个山村有了生机。

每年的闹春和庙会活动也是调动家族，凝聚邻里关系的时机。闹春的队伍要经过村内的井泉龙王庙（石门儿）、老爷庙、土地庙、龙王庙、胡仙洞、太清宫等，庆贺拜年，一直欢庆到正月十六日结束。正月十六日早晨老母堂扎的所有的“行宫”（纸道具）都要送到王哥庄“修真庵”奉会。据说有一年因为走得晚了，还没走到王哥庄修真庵做奉会的地点，在途中老母神像轿突然起火，半路就把所有的行宫都烧了。大家说这是时间已到，老母该回天宫了。

西竹林

崂山今天已经看不到太多竹林，甚至有人认为像崂山这样地方冬季气候干冷，应不适合竹子生长。但历史上，竹子是崂山的原产地植物，也寄托着深厚的文化。民国时很多游客的游记里都提到青山村和上下宫一带有大片茂密的竹林。1935 年《柯达杂志》第 5 期刊登余则民游记称："走到海沿，雇舢板船，荡到崂山湾，就可以见到松石和密密的竹林。"1933 年《铁路月刊：津浦线》第 11 期有游客诗曰："径纡修竹密。"清末翰林傅增湘在青山去明霞洞路上"见松篁满谷"，感叹道："北地所少，唯水与竹。劳山则多瀑而盛竹。询诸朋侪曾事幽探者，谓为实然，非齐人自

上屋西竹林

夸其乡土也。”①

今天村里大片存在的竹林有两片可都叫西竹林，一片是青山村西头的，一片是刘氏家族上屋西面的。刘家这片竹林，位于上屋东磅向西胡同到上屋井边，总面积有两亩地，原来是刘乐林和刘振柱、刘振武家的，土地改革后归集体所有。整个竹林被去井泉龙王庙的路分为南北两片，南片小，北片大，上屋碾就在南片的路边上。在碾东北有一水井子，石门下来的水流到此，水质很好。碾和水井是上屋住户（原青山十四生产队）碾粮食、吃水和洗菜的地方。

《太清宫志》（卷三）记载植物时，第一项就是竹子，称“竹园之外，遍山之坂麓谷壑莫不有之，为绿竹、紫竹两种。地既沃瘠不一，故巨细不同也”。太清宫描述其环境是“杂于翠松绿竹间”。卷二描述本宫规则时曰“养谦和则虚怀若竹”。恢复一些崂山竹林有利于再现其历史自然景观。

南楼

南楼非楼，其实是从下望去，一处高高的人家。刘振居住在南楼，他解释这一地名来由说：“以前房子少，这个地方在高处，在下面一看像楼房一样很明显。以前这个路在下面，后来给拓宽了，上来的路很窄，很陡，就跟爬楼梯一样。再加上这个地方原来人家少，几间小屋依山势高高独处看似楼房，故叫南楼。”（20180718走访胡同）

南楼从前有四户人家：刘乐礼、刘乐信、刘乐金、刘乐荣（刘振居之父）。这四位都是青山打鱼的名人，熟练掌握下网、收网、扎网等技术，熟知海水流向、风向及潮起潮落，远近闻名。地以人闻，

① 清·傅增湘《劳山游记》，见蓝水《崂山古今谈》，崂山县县志办公室编，1985年。

“南楼”也随之出名。

除了南楼，往上爬还有一处叫“西楼”。上屋东磅胡同里有上屋老井，过竹园就是西楼。从竹园往西上，一路台阶很长，就像登楼。在青山，称楼非楼，地形所致。无怪乎民国倪锡英在他的《青岛·崂山胜迹》一书中描写青山“倚着山势的高下，结为住舍，远望去，竟如层楼复阁一般”。

“南楼”的胡同南头在从前有一大石磅叫“南磅”，每到夏天，吃过晚饭老少都去南磅乘凉。刘乐礼是这几家的长者，虽不识字，但很明礼，谁家有不合或矛盾，都找他调解说合。他还会说书道古。刘振居回忆小时候，每到傍晚就去占地方听大爹讲故事，至今他还记得他说的“‘一辈子’的故事”。

南楼

从前有个村，村里有个大财主，家里养了两头牛，一头大花牛，一头老黄牛。财主从村里张家雇了一个放牛童，叫张聪，放他那头大花牛；从李家雇了一个放牛童，叫李明，放他那头老黄牛。话说李明生病在床上躺了三天，老黄牛就三天没出去吃鲜草了，第四天财主告诉张聪："你今天先放下大花牛，去放那头老黄牛吧，已经三天没放它了。"张聪牵着老黄牛向村外走去，经过小河的桥头时，老黄牛突然不走了。小张聪牵也牵不动，拉也拉不动，就到牛的后面用鞭子抽。牛还是不走，气得张聪光转圈，嘴里嘟囔着说："我放了半辈子牛，没放你这么头熊牛！"正巧这时过来一个白胡子老爷爷，撅着一个大粪筐去拾大粪，看着小张聪说："孩子多大了？""老爷爷，我今年六岁了。"白胡子老爷爷一听说道："瞧你这熊孩子，我今年八十八，还不到一辈子，你才六岁怎么能说半辈子呢？"张聪回答说："老爷爷，俺哥哥十二岁就死了，我六岁你说是不是半辈子？"老爷爷听后自言自语地说道："真是'有智不在年高，无智枉长百岁'呀！"

据大爹说这句谚语就是从这个小故事引发的。刘振居说，大爹有很多故事和笑话，还有谜语，所以"南磅"就成了故事会的地方了。今天南楼还有一个大磅，石下有一丛小竹林。刘振居告诉我们，本地人乐意在家边种竹子，"宁可吃不饱，不能居无竹"，竹子有节节高的好彩头，种在家里寓意吉祥。青山此口头禅乃由苏轼之诗句变来："可使食无肉，不可居无竹。无肉令人瘦，无竹令人俗。"

曲奶奶老屋

曲奶奶今年 94 岁，身体硬朗，生活全部自理，每天都在上上

曲奶奶（94 岁）

下下的大石头缝里忙活，据说 80 多岁时还挑粪肥下地。她家四世同堂，儿子住在百米外，孙子辈有的在济南工作，最小的曾孙今年 7 岁。刘振居陪同我们去她家时，谈话间还充满幽默感。人们说，她的长寿和生活乐趣，与那落在三块巨石间的老房子有关。这个地方叫刘家上屋，曲奶奶 16 岁从深山嫁到刘家，80 年里就没有离开过。曲奶奶的爷爷辈就住在这房子里，到现在应有数百年历史了。曲奶奶女儿说，边上还有自家房子，叫母亲去住，就是不愿意。

都说青山人住在乱石丛中，这老房子整个儿就落在几块大石头上，三间石屋，坐北朝南。屋子东边一个石头洞基础上搭起来的小石屋，过去用来养猪，现在是厕所。前面是落差很大的院子，以前没有房子的时候可以远眺大海，四面一看，就是乱石。老屋的山墙就在石头上。屋子的北墙和西山墙也是在大石头间，一条小路从后墙下过，路几乎与屋檐等高，西屋、明间和大部分东屋的北墙其实是陷在“地下”，以前没有水泥，一下雨屋内都淌水。刘振居说这条路是刘家上山下地的主要道路。这处房子就是刘氏家族最西边儿。后边就是山，就是地了。

屋子前面是一狭长的由石条铺成的小院子。石缝里生长着一些看似野草的植物，曲奶奶说，那是车前子，是一味中药，可以治疗产后症，最初是家人在此撒的种子，后来就不去刻意打理，年年生发。院子东头是一米见方的菜园，曲奶奶在上面种了两棵南瓜秧苗。她女儿告诉我们，屋东的大石磅早年间是全家人乘凉玩耍的地方，夏天瓜秧就爬满大石磅，到了秋天会结出很多南瓜。

落在崮上的东山墙

后墙齐檐高小道

小院

院子西侧窗台下，挨着大石头是一株长了十几年的月季花，花株能长到房檐的高度，春天来了，月月开花。院子西侧开门，几级石条垒叠成小楼梯就可以出门到屋西侧的小道。门内侧还有几层弯弯曲曲的石头楼梯，通往南边一间高高的小石屋。现在曲奶奶每天仍然拾阶登南屋取柴火。

小屋中间的门上，贴着一副对联：天增岁月人增寿，春满乾坤福满堂，横批：居家宝地。这似乎就是这房子和其主人的写照。进门正对，靠北墙是一张 40 厘米宽，1.5 米长的长条形矮桌。桌子虽小且简陋，但却是这一家最重要的礼仪场所。以前几代人住一起，兄弟、姐妹、媳妇、孩子，能上桌的只有几个长辈。按照规矩，东方为上，家中长辈要坐在桌子东侧第一上位，此后是西侧第一位，东侧第二位，依次排序，长者为上晚辈为下，男丁为上女眷为下，女儿出嫁前嫂子为上小姑为下，出嫁后女儿回来是客为上，嫂子弟妹为下。在我们走访那一天，一家大小十几口人在一起，老人女儿说："有俺姊妹两个，俺哥哥嫂嫂，再俺叔姊妹，还有孩子们都过来一块玩。"老人坐在桌子东头做主。刘振居介绍说：

> 一般家庭以前都有这个长桌，以前的家庭都在一块儿，有的兄弟两个、兄弟三个，又是媳妇、孩子，一家一大窝子，为什么弄个长桌子，就是为了人坐得多点儿。一般的座位就是老人坐东边儿，东为大，年纪大的在上边儿，再以此往下类推。这家有长子，长子就得坐西边第一位。要是没有父母了，长子就得坐东边去了，奶奶现在就坐这个地方。今天来了外孙女婿，他是个男的，为大，就坐在和他姥姥对面的地方。这一个是奶奶的外孙，叫他姐夫了，他就在他姐夫的下边儿（西二）。这个东二的位置，她的嫂子就可以坐，嫂子靠着她婆婆坐这个地方，大女儿可以坐这东三。（20190426 曲奶奶老屋刘振居访谈）

当问到为什么不是大女儿而是嫂子坐东二，刘振居解释说：

嫂子大！妹妹、小姑小，就往下挨着。但如果现在嫂子做菜掌厨，闺女回家来，那是大的。不管年龄大小，闺女回娘家是为客人，嫂子或者弟妹就做菜做饭伺候这个闺女。今天闺女是替母亲来掌厨招待一家。嫂子就可以靠着她母亲，大闺女就靠着她嫂子，二闺女靠着她姐姐，以此类推，就按这么个坐法。所以说民风它有讲究。

摆桌子这一间村里叫“明间”，两边为东间和西间。明间右侧为大灶（锅头），锅头的火道与东西间的炕相连。曲奶奶就住在这里，西间现在用来堆放杂物。同样，“东为上”，曲奶奶早年嫁过来的时候住西间。东间是长辈公婆住的地方，子女媳妇则要住在西间。在东间炕旮旯内的墙边靠放有一张木桌子，有一些简单的装饰雕工，应是这个房子里最讲究的家具。据介绍这是曲奶奶的婆婆带来的嫁妆，距今至少已有一百多年的历史，就一直摆放在原来的位置。

曲奶奶娘家是给太清宫看山的佃户，住在深山一个叫“教子园”的地方。她三岁订婚，奶奶的父亲没答应，七岁重新订婚，十六岁结婚。结婚当天刘家上山接亲，因山势陡峭，担心新娘从花轿

东间火炕

曲奶奶婆婆的嫁妆

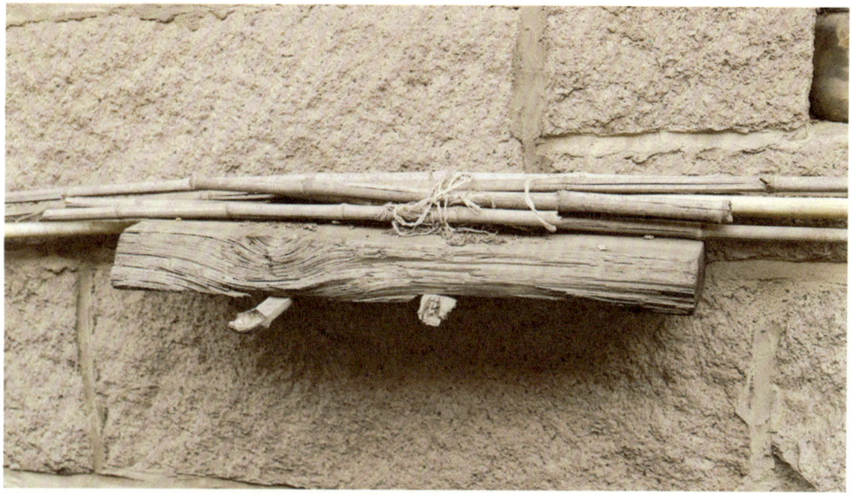

供奉天地的神龛

里掉出来，便用红布把她捆在轿子里，起到今天安全带的作用。从山上抬轿下来，新娘一路脚不能沾地，有专人负责倒席，拿两块旧毯子或者布料来回倒换，充当地毯让新娘走。曲奶奶今天梳着村里唯一的老式发髻。

在明间上方到房顶之间，有一层用木条和草帘搭成的“天花板”（棚子），覆盖了半间房的面积，这形成了一个可以储物的小阁层，用来储存粮食、地瓜和其他杂物，在木条上还挂有几个用树杈削成的钩子，可以悬挂篮子和食物，用来防止老鼠或小孩偷吃。老屋外墙以石头砌成，而内墙则由黄泥抹成，这种双层构造可以防止漏风渗水，也可以起到保温作用，冬天内墙不会结霜，夏天接地气，再由于房子小，有火炕，住在里头冬暖夏凉。

老屋门外的小院子，正对面的房子石墙上，钉有一个木头小台子。这是一家逢年过节用来烧香拜天地的地方，而供奉祖先是在屋内的长条桌上。院子既是老人的记忆，也是她的精神寄托。

刘振居说，曲奶奶一家性格好，大家都愿意过来玩，有凝聚力，也很开朗。她女儿说，母亲以前也抽烟，长长的大长烟杆，我就过来给她装烟。院子里还有一块用来捶洗衣服的石头，非常光滑，被称为“捶背石”（捶布石）。曲奶奶说这块石头在老辈人的时候就有，现在不知道几百年了。奶奶身体好，手脚利索，在我们走访的一会儿，她自己爬上柴房取松毛，用一个空心铁壶烧水泡茶招待大家。这把空心铁壶形状和大小就像常见的暖水瓶，中心是上下贯通的，壶体是一个能够倒入水的双层管道。用石头垒成底座，点燃柴火，再把铁壶放在上面，火焰可以穿过空心管道加热壶里的水，因为受热面积大，空心火道又是通风口，我们观察到，只要一点点松毛，很快就把一壶水烧开了。

都说青山长寿老人多，2019 年年底统计，青山 80 岁以上的老人有 119 人，其中男性 39 人，女性 80 人。这不是他们生活的环境与城里比起来有多么舒适、宽敞，而是他们的日常起居与石窟融为一体。在有限的乱石缝隙里，有菜园、瓜地、药圃、花园；在狭小的“洞穴”里，有长幼有序的礼仪空间；在房前屋后，有寄托天地祖宗的精神世界。

曲奶奶老屋

东磅胡同

上屋东磅位于刘氏家族上屋的东边，它是刘氏家族上屋支系的界线。刘氏家族分东西二支，上屋是西支的一个分支。据说以东磅为界，老辈兄弟们多住在下面，其中有几个弟兄住在上面，就叫上屋。

上屋东磅是个地下石磅，从北车场井上屋，再至姜氏、唐氏的路都从此石磅上经过。磅顶是平的，被人们走路踩得很光滑。石头的颜色也跟其他花岗岩不一样，是浅枣红色的。石磅是上屋人的聚集点，夏天在此乘凉，冬天老人们在此晒太阳。解放后集体化，东磅成了第十四生产队队长每天早上安排干活的集中点，有时还在此召开生产队社员大会。（刘振居，《守护会手稿》）

以东磅为中点，从南到北七八十米左右的胡同，刘家人叫东磅胡同，住的是上屋人家。旧时这里只有五六户人家。第一户就

喜字当道，上屋东磅一角

刘振俊住家

是刘振俊家，他生于 1921 年，是青山解放后第三任村长，前两任村长干了不到一年。他 1954 年加入中国共产党，同年 4 月任山海乡乡长，1955 年 5 月任青山村村长。任村长时间不长，他就带头，率领青山 50 多名群众移民黑龙江。后因生活不习惯大都又返回青山。1958 年 10 月他再次任青山大队大队长，1977 年任青山村书记。刘振俊出身贫农，是解放后青山第一批两个入党的其中一个。在任职期间，他带领全体村民搞土地改革，走农业合作化、人民公社集体化的道路。村民称赞他一生是“青山村的好带头人”。他于 2002 年 2 月病逝。

东磅胡同南头，东磅下是刘振盛住家。刘振盛生于 1925 年，1948 年年底被国民党抓去在国民党第 32 军当兵，当时叫刘茂亭。后来随 32 军去了台湾，不到十天又在福建的一场战役中被俘，参加了中国人民解放军，并改名为刘振盛。1951 年参加抗美援朝立

刘家北河上头

了功并入党，在部队任机枪班班长。在解放战争和抗美援朝战争中立小功两次。1954 年复员回乡，1955 年任山海乡党总支委员、山海乡乡长、青山村村长、党支部委员等职。1956 年任青山二社副社长并山海乡民兵队长、民兵连长。

自部队复员回乡后，他一直以军人的作风要求自己，为青山村的建设作出了很大的贡献。2004 年 2 月病逝。

刘墉遇翁石

在青山胡同的北头入口处，与刘家祠堂一路之隔的路旁，有一巨石鸿展如磐，来往行人必侧目而视。旧时大磅南侧没有房子，可以一眼看到垭口。刘振居老人向我们讲述了，发生在这块石磅边与他们刘家相关的一个故事（20180620 走访胡同）。

却说一日，清代名臣刘墉微服游崂山，日暮西斜时来到青山村。他由北边进村沿小路南行快到刘家祠堂边，此时人困马乏，发现一位老翁正坐在大石磅边闭目养神晒太阳。刘墉一看到老头，便迎上去很有礼貌地说："老人家，你好啊，请问这是什么村儿啊？离太清宫有多远？"

老头儿头没抬眼没睁，回答说："这叫青山村。"他又朝着垭口方向一指说："前二里、后三里。"他的意思就是说岭前边儿二里地，岭后边儿三里地，一共是五里到下清宫。

刘墉一听这个老人挺有意思，直接说五里地不就行了，还前二里、后三里。他于是就对这个老头儿有了好印象。

接着他就问："老人家，你在这里干什么？"

老头儿照例眼也没抬，说："我在这里晒太阳，捎带着看守祠堂。"

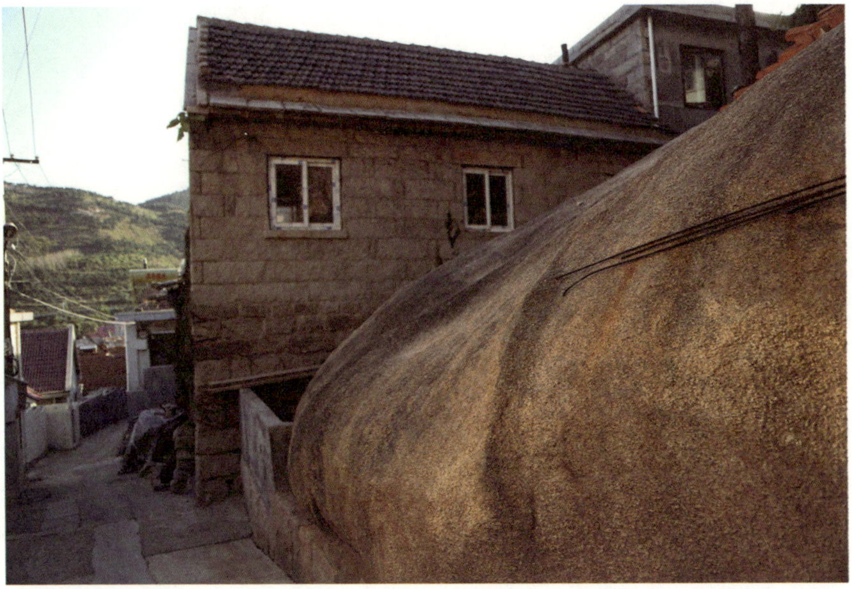

刘墉遇翁石磅

“请问这个祠堂是哪家姓氏的啊？”

“刘氏家族。”

刘墉再问：“哦，刘氏家族，请问老人家，是哪个刘？”

“卯金刀刘。”

刘墉一听是卯金刀刘上前深施一礼说：“老人家，咱们是一家人啊！”

老头一听是一家人，这时才睁开了似睁不睁的眼，看了他一眼，问道：“你家住名谁啊？从哪里来，到哪里去啊？”

刘墉答道：“我从京城来，我叫刘墉，是来太清宫玩的。”

老头这才猛地一呼，说道：“哎哟，我八十多岁没出过大山，但是我知道当今大清朝有一个大清官叫刘墉，没想到这位大人今天就站在我的身边儿，真是言之有愧，幸会幸会。”

刘墉一看这个老人知书达礼，便问：“老人家，这刘氏家族在这个地方已有多少年了？从何而来？”老翁说：“吾刘氏先祖洪武年间迁入山东，永乐迁即墨官庄，万历年间来到青山也。”老翁简单介绍刘氏历史后，对刘墉说：“既然咱们是一家人，现天色已晚，不如跟我到我家寄宿一晚，明日再去太清宫也不迟。”

刘墉一听，求之不得，一来人困马乏，二来青山道中能与本家相聚，不亦乐乎。于是没谦辞，便跟着老翁去了他家。老头在前引路，刘墉随后紧跟，绕过大石一转弯儿就到了老翁家。两人相饮甚欢，似逢知己。住了一夜后第二天老翁亲自送刘墉到太清宫。

村民传说，刘墉在太清宫小住，夜游海滨，见到一轮明月浮于海面，遂挥毫题下“太清水月”四个大字并刻在大石上，此后这里成了崂山中秋赏月的佳地。清末翰林傅增湘《游崂山记》描述“太清水月”的景观：“是日，适值佳节，月上东峰，遂同步

太清水月

海岸赏月。初行竹林中，金影布地，晶光上浮，若玉烟之笼被，清奇独绝。嗣乃登坡放瞩，海波浪碧，天宇横青，上下空明，如置身玉壶冰镜中。”也许是傅增湘发现了这一经典，后人借刘墉之名予以命名。

据说游罢崂山各处，刘墉在返回时再次到刘姓老翁家借宿。老人家用海水豆腐和炖鲅鱼热情款待。作为回礼，刘墉回府后差人为刘家祠堂送了一对灯笼和一副对联。《青山村志》中记载：清朝乾隆年间，有刘墉之后妻赠给祠堂一副对联、一对灯笼，后不幸丢失。虽真迹已失，但对联文字教族人忠孝为本，刘家人至今铭记不忘。

原石小院

每次走在青山道中穿村而过，总会被路边一处刘家的别致石头小院所吸引，成为众多来青山写生者追捧的对象。院门朝南，九行台阶上是一个小影壁，影壁下有一个花坛。台阶左侧为一大磅，正对大路。绕过影壁又是一个五行台阶，才到院门。门东侧又是一个一尺见方的篮子地。我们在走访时，见到了主人刘振生老人。他说，这座别致的老房是买来的，还保留着老屋子的结构和原貌。我们看到院门上贴着一副对联，还挂着国旗，木质院门有两道门闩，老人介绍说，一道闩可以从外面用绳子拉上，用于随手关门，另一道从屋内上闩，确保安全。院门外的篮子地有几棵豆角苗。他说，等到豆角苗长大一些，会移植到别处栽种，会留一棵任其

刘振生小院（姜兆阳作）

攀援墙壁生长。院子很小，三间屋，靠院门边还有一处小石屋，他说这本是用来养猪的。（刘振生，20190427 纪录片）刘振生现在独居此屋，屋内晾着刚从山上采来的蕨菜，待晾干后就分给孩子们。

磅上石楼

小院是建在一个大崮上，所用石料都是传统手艺打造，可以看到岁月痕迹。刘同忠在带领我们走访时说，造这房子的石头叫原石，都是最古老的石头，叫原石是因为它不加工就摞起来，石头大，原先石头打出来就这个样，再一个是它就是在原来的地方，没有动。一般咱们村里说，家里的这个石头吧不能动，它属于镇宅的。原地，原貌，地球有了就在这里。（20180619 刘同忠带访胡同）

紧挨着原石小屋的是一处特别引人瞩目的高房子。房子就造在正对大路，裸露在外的一个巨石上。房子最近已经翻修过，但外墙仍然是石头，房子的主人是刘连命。进入其屋，要经过长长的石头台阶。此处也常见写生的人就座。

供销社

供销社是计划经济时代的一个特殊产物，今天已经成为一种历史记忆，全国各地还建立了很多供销社博物馆。当年，供销社是青山村最热闹的地方，每天早八点开门，下午四点关门，人来人往，乃是村里的一道风景线。反映那个时代人们生活方式的商品，烟酒茶糖、针头线脑、化肥农药等在这里一应俱全并以特别的方式陈列和供应。青山作为渔村，也是缺粮的地方，1970 年青山被列为缺粮大队，由国家供应通销粮。这样供销社就成为老百姓每天离不开的地方了。由于这处供销社在崂山最深处，还要满足周边山上人家的商品需求，有一个时期，供销社人员挑着货物上山，到上清宫周边，八哨所的八户人家挑着油盐酱醋到山上去，为深山人家提供方便，一度在青岛市也出名。供销社在老一辈人心中已经成为青山村文化记忆的一部分。姜岐先叹曰："东崂海角有商店，利群便民大众喜。"

青山供销社是 1959 年由黄山迁入青山，地处林明海的房子里，工作人员 3 人。9 年后的 1968 年青山大队在刘振顺（刘作秋父亲）家屋西，刘作学和刘作昌家屋前，原是荒地方，遍地是小石磅，

70 年代供销社

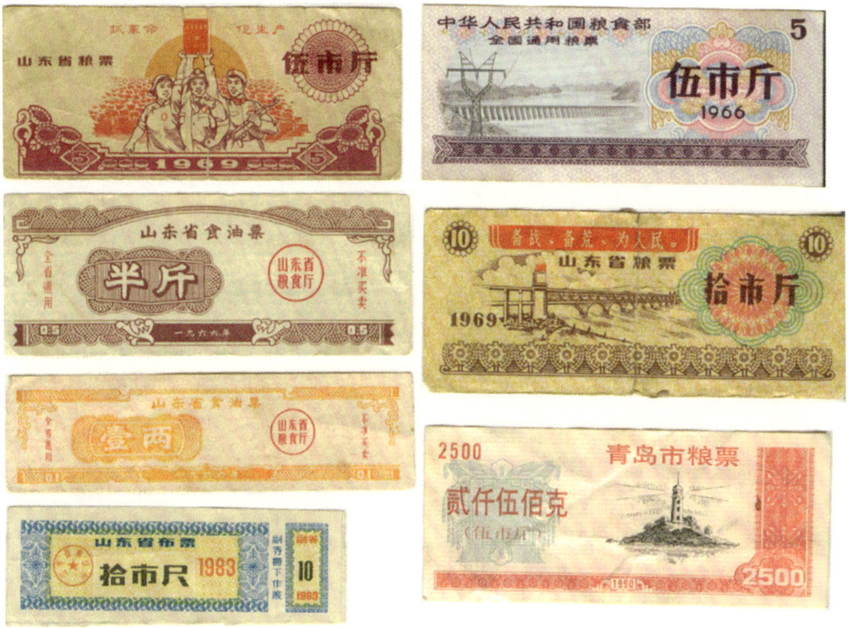

青山供销社使用过的粮油布票

经过石匠开采整平新建供销社 8 间，7 间商店、1 间库房。在院子东南靠大门处建宿舍、厨房 2 间，院子西南角建厕所 1 处。大门口外道路是一陡高斜坡向东倾斜，院子西南墙外是北河，大门口西南是水井。供销社在此处经营二十多年直至上世纪 90 年代后期搬迁废弃。（姜岐先，《守护会手稿》）但小院完整的建筑及其时代风格，以及作为村中心的地理位置和环境，可成为游客休闲的理想去处，也可是青山胡同的记忆陈列馆。

我们在走访时，碰到了刘作秋老人。他说老供销社的地原本是他家的地产，解放后归为集体，后来作为供销社用地，盖起了房子。当年供销社人来人往非常热闹。供销社最引人瞩目的是门前那个大沙石磅，磅体插入院内。今天石磅布满藤蔓，与大门和门前那棵柏树相映成景。刘作秋老人说，这棵树与他的年龄差不多，他今年八十三岁。

铁匠炉与杀猪房

离供销社不远处，在北河桥头边，刘氏地域的尽南头，也称桥北头，此处曾有一平坦处，一棵有一抱粗的大刺槐从河岸掠过，大树底下曾经安着一铁匠炉。当年青山铁器是不可或缺的生产工具，锄、镰、镢、耙、钎，还有修船用的钉帽等都需要铁匠炉制作和维修。因此铁匠是村里不可缺的行当。刘振居(《守护会手稿》)回忆，青山古时没有自己的铁匠，打铁的都是从外地来，有的按季节，有的就常年住在青山。后来青山刘氏家族第 16 代刘作平学会了这门手艺，从此村里就有了自己的铁匠炉。

到了 60 年代，铁匠炉搬到不远处今卫生室门口，腾出来的空地盖了一间小屋，在此杀猪并供应猪肉，此小屋村民叫“杀猪房”。杀猪房与供销社一样，属于计划经济的记忆。刘振居说，从前青山村养猪的很少，富裕家庭自己养头猪，有些就两三家合伙养猪。到了腊月十五才能杀猪过年，平时只有结婚这类大事才会杀猪，都是谁家养的猪谁家杀，没有固定杀猪的地方。据说杀猪房最初只是给部队供应猪肉，同时给附近几个村的老百姓供应生活猪油，村民平时吃猪肉是一种奢望。在青山湾服役的战士曾有如下回忆：

> 青山村虽环境优美，但人们却很穷。当时我曾看到一个青山农民下地，中午的一顿饭就是两个冷地瓜。其他什么也没有。当时我们舰艇兵一天伙食标准是 1 块 2 毛 5 分。这在当地老百姓眼里就是个天文数字。我们有时吃不完的饭菜炊事班就倒掉，老百姓就捡来吃掉。搞得我们领导三番两次地告诫我们一定要注意影响，绝不能浪费粮食，吃不完要少盛些。（于晋《我的军旅生涯·美丽的青山湾》）

杀猪房建立起来后，王哥庄食品公司在此供应生猪，一天杀

杀猪房

一头猪，村民排队拿号。70 年代响应“农业学大寨”提高粮食产量，号召村民大量养猪积肥。那时几乎家家养一头猪，有些养两头。一是为了积肥获得奖励工分，二是养一头猪是一笔不小的经济收入。这时的杀猪房供应的生猪包括从长岭到青山的四个村落。当兵的吃瘦肉，剩下的肥膘肉卖给村民熬大油炒菜吃。

杀猪房今天依然立在桥头，见证青山村民一个时代的生活变迁。屋边如能重新架上一座红炉铁铺还能增加胡同的怀旧气息。

烈士刘正堂故宅

《青山村志》（366 页）记载，刘正堂（1914—1947）乃是青山村在解放战争中牺牲的革命烈士。刘正堂故居原在刘家街中段路西，是现在刘作泉的住家。刘正堂是刘作泉的过房爹，青山刘氏家族第十五世子孙。其父刘宗林，家里还有长兄刘正华，小妹刘振荣。刘正堂生于 1914 年 2 月。刘振居说，他在世时有一未婚妻，是唐氏家族唐京成的大姐，因当时家境贫穷，没能结婚，无奈之下 20 岁时去东北吉林省营城煤矿挖煤。1946 年 1 月参加中国人民解放军。在四平战役中英勇抗敌，被任命为班长。1947 年 2 月在吉林省土门岭战役中，刘正堂率全班战士顽强坚守阵地，在阻击敌人的炮火中牺牲，被追认为革命烈士。

刘正堂牺牲后，1951 年妹妹将二哥遗骨带回青山。刘正堂是青山村唯一的一位革命烈士。

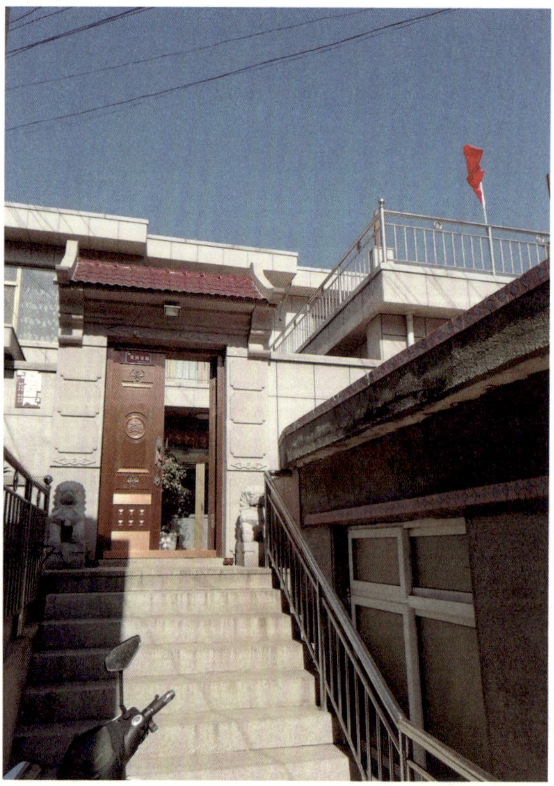

刘正堂宅旧址

姜家街

姜家居域的胡同是在北河以南，上林以北，唐家以东，以姜家街为中心。姜氏一族始祖最初是在试金湾西北的山根落地，名曰姜家宅科，周边邻居有林姓居台子，唐姓居大地铺子，温姓居温家庵子。此处三面环山，大海在东，正西离海不远有地数百亩，高高下下，草木丛茂，大树参天，人迹罕至。《青山村志》（84页）转述《姜氏族谱祖源记略》称，姜家是明永乐年间从山西云州南（俗称“小云南”）迁来即墨，后避乱到青山，至今已有五百多年之久。除了青山，其后裔还有在黄山口、桑园乃至西山、跑风子的，另

姜家街在青山胡同的位置

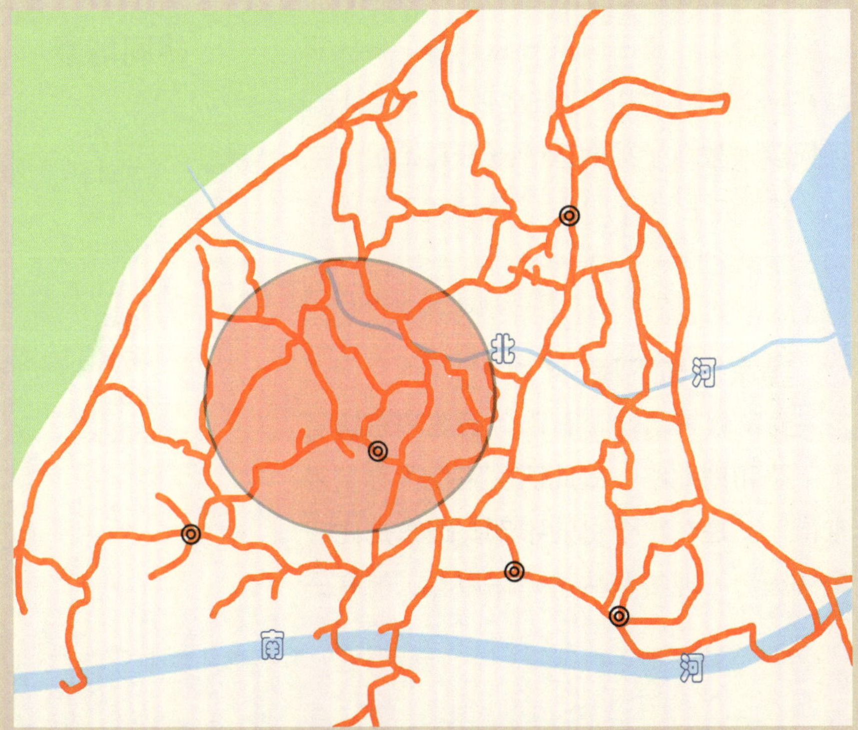

散居地有王哥庄、王山口、萧旺等，皆属一宗，青山、黄山口系一脉相传。姜氏居域在整个青山村中间陡坡地带，居高临下。姜氏族人教诲子孙要念念不忘其始祖地宅科，姜提先书写祖训曰：“继承姜氏族业，勿忘南厥宅里。”

姜家街与下磅

姜家碾东紧连一石磅，磅北和东皆是上下路和南北路，故此四岔路地段称“姜家街”，是在整个村的中部。路东是住户唐京因房（现姜兆林重建住屋），前有一

胡同地景

姜家街
姜家祠堂
姜家碾
蘑菇石
百年大朴树
后疅
西疅
老茔地
茔上头
姜提先宅

石磅，姜姓称为下磅，是姜氏男性夏季聚会乘凉之地。磅北高南低，呈倾斜形，人们在此谈今论古，家常聊天。磅北是路，东西向，到磅东折向南。此段路是姜姓少年打棒棍的地方，待到冬季挡风面阳，很是热闹。紧靠姜家碾是《青山村志》主笔姜岐先的老屋。老先生爱好文学，长于书法，常信步青山地景，考证源流，兴之所至，诗句拈手而得。此屋、此碾常被写生者临摹。

唐京因房东接壤姜举先的房子（现唐翠苹住处），院内有大洋槐树一棵，树下边是用长石铺的平台子，能坐 10 余人。夏季每天中午多有男女到此处乘凉、闲谈。（姜岐先，《守护会手稿》）

姜家街

姜家茔

姜岐先

姜家域内有一老茔地，为姜氏下支所属，是村内少有的族人围之而居的墓地。唐氏居其东，上头林居其南，姜家人在其东北围茔地而居。《青山村志》（85 页）记载，茔地四周皆为园地，茔内松树遮天，地形西高东低，四周围墙垒立，面积二亩有余。茔北有一小路，直通西山唐氏居域。“文革”时被铲平，改造成耕地，今茔地面貌仍在。姜家祖茔地是在试金湾姜家宅科偏南半里许。《青山村志》转《族谱》描述此地“树株不一，惟柏最古，高矮俱围余。嘉庆五年（1800）冬枯老风折，族人伐之，尚遗刺楸、沙槿、松树、朴树等 10 余株，亦皆合抱，明堂前岸有苔花一株，高约三尺，根盘牢围，惜年久疏理，碑残倾颓，偶游此地者，并不知为谁之茔也。吾氏闻而悲曰，茔乃根本重地，宣忍置诸度外乎。遂与阁族谋，按支敛金，重勒碑记，庶几永垂不朽云”。姜氏第十三世裔孙姜岐先（《守护会手稿》）称此茔地有葛蔓一墩，根盘牢固，繁衍极盛，每晚从茔地爬到潮头，白天则回缩原处，夜夜如此，被传为佳话。20 世纪 60 年代“文革”期间祖茔被毁，铲为平地，作为海带养殖场盖上房子。姜岐先赋诗一首感慨道：

东临大海观日显，古树参天长此间。
北望宅科祖居地，先祖长眠躺此间。
岁月流失光阴去，破旧立新景不见。
掘茔挖坟为平地，无处祭祀忘祖先。

姜氏下支老茔地

姜家祠堂

姜家祠堂曾在 20 世纪 40 年代中后期筹建，地址选在后疃蘑菇石路西，后为五队场园处。据说当时石料已备足并运至场地，正筹建中，青山村解放，建祠堂的计划搁置，1955 年族人将石料按户分掉。《青山村志》（85 页）记载姜氏有总谱和支谱。明万历四十二年，族谱曾被火毁，叙世次已失，记文、传记都湮没。乾隆四十三年、道光二十二年、咸丰四年、民国十年经历四次总谱续修。青山、黄山口姜姓为长支添福公派下，1997 年在姜提先主持下支系族谱更新增修。姜氏世序目前传至 17 世，从 45 世开始的字辈表达了家族安居文化：

进化开昌瑞，端居保泰安。
万象希东辉，百论述良善。

左为姜家祠堂选址地，右为蘑菇石原址

接祖地

姜氏除夕接祖回家过年的地方原来在东港，即现村委会大议室院子处。姜岐先称，“古往今来沿袭不断，年年如此”。这一地点选择应该是与试金湾南厥宅科的墓地呼应。70年代后，始祖墓地已经不复存在，姜氏将除夕接年地点迁到公路与北河交叉处，这里更靠近他们的居住区域。西山上还能看到青山村以前的石磅山貌和高大的乔木，先辈就是在这些乱石中慢慢开拓出青山胡同。

西山石磅丛中的梓树

茔上头

林建华住房前原是姜氏下支茔地，面积二亩有余，茔的上头（西高东低）是唐氏住户。房东有一条路是姜姓通往唐家的路，房主屋东路下是一块南北长形耕地。房前是一个小粪场，粪场边有一条从下（南）上来的路通唐家街、大后屋、后晒石。此地因在茔的上头被称为茔上头。

后礓与蘑菇石

青山有很多称“礓”的地方，如高家东礓、唐家东礓、刘家窑礓、磨石礓（大湍水南）、大礓（码头坑道口正上）、南礓（小南顶，村南公路的南侧上）等。这是青山对多石头，土壤贫瘠，地势高的山梁的描述。“礓”原指砾。砾，小石也，后指山冈高阜，地表几乎全为小石所覆盖，没有土壤，植物稀少的地区。青山村后胡同内，最高的一个礓，姜家称后礓，刘家人称之为南礓。

后疃蘑菇石喊话地

此地原来没有房子，是村的最后边界。姜岐先描述这个地方，“由哗啦磅向下生出的一道山梁，由上而下山梁脊高向两边倾斜，向北斜度较大，直至王家井西侧”。后疃有东西路与南北路两条在此交会。东西路西通住户，路北无房皆耕地。东有小路通王姓和河北。在两路交会处有一大石磅，名曰“蘑菇石”，磅石立站，磅顶东北高、西南低，倾斜很大。此磅顶是村内向村民传达通知、喊话的地方。站在这个地方观察四周，形似整个村的一个喉舌。两边山岗向青山湾张开，就像一个大喇叭。《青山村志》记载，1958 年集体吃食堂时，在磅上挂起一块钢轨，每到吃饭时，有专人敲打，全村各食堂听见声音后便开饭。蘑菇石 20 世纪 70 年代被开采。但这个地方仍然是村里的喉舌，可以看到一个大喇叭支在电线杆上，不时传来村委会发布的通知，响彻整个山村。磅西曾有一空荒地，就是民国时期姜家计划盖祠堂的地方。

后河

顺后疆向北走 30 米便到北河，此处是北河下流的中段地域。河北岸有朴树一棵，是至今村内唯一保留的百年以上的古树。北河曾楸树成林，树粗 80—90 厘米。河南的住户多为姜姓和林姓人家，此河因处村后，姜姓称为后河。今天这一带还保留许多原始石磅。

避难三洞

姜岐先回忆说，姜姓居住地域有三个洞，是清末、民国时期躲避兵乱的地方。一在姜兆先门前、姜瑛房后。二在姜作先门前西沟，此地有一磅，磅下有洞。第三个洞在姜柱先院子南边，原有一石磅，磅下有石洞。青山称神仙洞窟，石磅交错，形成许多洞穴，曾是寻仙求道者栖息之处。

国民党青山党部

在姜家地域的南北路上，靠近张家磅边的路西，民国时曾是显赫一时的姜奉先（另名姜效禹）宅。日伪时期，他参与了国民党青岛保安总队的活动（简称“青保”，也被称为“崂山抗日游击队”）。青保总部就设在太清宫。日本投降后，青保接管青岛。李先良任青岛市长，姜奉先如鱼得水，在国民党青岛市党部授权下，在青山大力发展国民党党员，在短时间内成员发展到 62 人。1946 年 2 月，姜奉先已完成青岛第十六区党部的组建任务，市党部批准青山为国民党青岛第十六区党部，任命姜奉先为书记长，并将国民党党员划为 4 个区分部，设 4 个区分部书记。姜奉先家就成为国民党第十六区党部的活动中心。《青山村志》记载，此处既是姜奉先住宅，也是当时青岛保安总队有关人员的避暑之地和商讨要事的营地。宅院环境优美，式样时尚。“在后山盖房四间，

姜效禹宅原址

玻璃门窗、粉刷墙壁，院子种花，门前大片地栽上果树种上菜。东下边沟湾内栽上荷花，环境极其优美，此处作为自己和青保有关人员的避暑之地和商讨要事的基地。”（《青山村志》136 页）

姜奉先就任第十六区党部书记长后，权势大增，青山之党、政、财、文大权归于己下，一呼百应。因有市要人和青保撑腰，村人称之“南霸天”。1946 年成立青山自卫队，配备枪支。《青山村志》记载：“解放前夕他多次与国民党市要员、青保高层秘密接触、策划。国民党从青山逃往台湾时，不知何故其没逃走而留下，1950 年去世。”另据《“崂山之狮”高芳先》一文记载，1949 年 6 月初，国民党从青岛败退，高芳先率部下从青山、黄山一带的海滩上搭乘大批渔船，然后转乘轮船撤至台湾。

关于他最后的结局，村里一直有各种传言。在青岛即将解放前，有解放军的两个侦察兵在青山一带侦察了好几个月。端午晚上，他们遇上了青保二团。这两个就被温可兴送到姜奉先家。他就把这两个解放军通过自家地道送出了村。刘振居和林玉水回忆说，临走之前，这两个人给姜奉先留了一张纸条，说以后遇到什么情况这个纸条就能保一条命。6月2号青岛解放了，大部队就南下过长江了。其中有一个回来有事，临走之前就给战士说：你回去以后去看看姜奉先，都说是个恶霸，但他没有人命案，也不欺压百姓，主要问题是给国民党效劳，发展党员。后来此人回到青山找姜奉先，结果他在头一天已经被镇压了。也有人说，他最大的错误是，党部明明只发展了20多个党员，结果他报60多个。（20180721 刘振居、林玉水访谈）姜奉先受过私塾教育6年，30年代末担任青山小学教师。1946年后，因经常在市党部和市府办事，在青岛市区又安了一个家，并再取一房夫人。

姜效禹次子姜兆和在故居

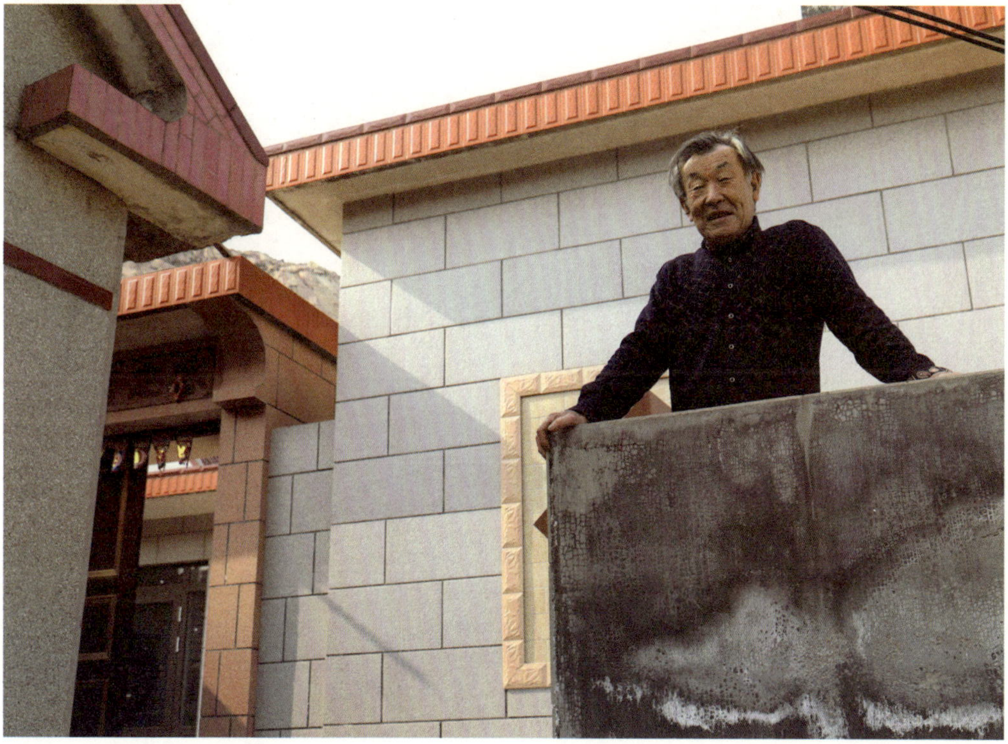

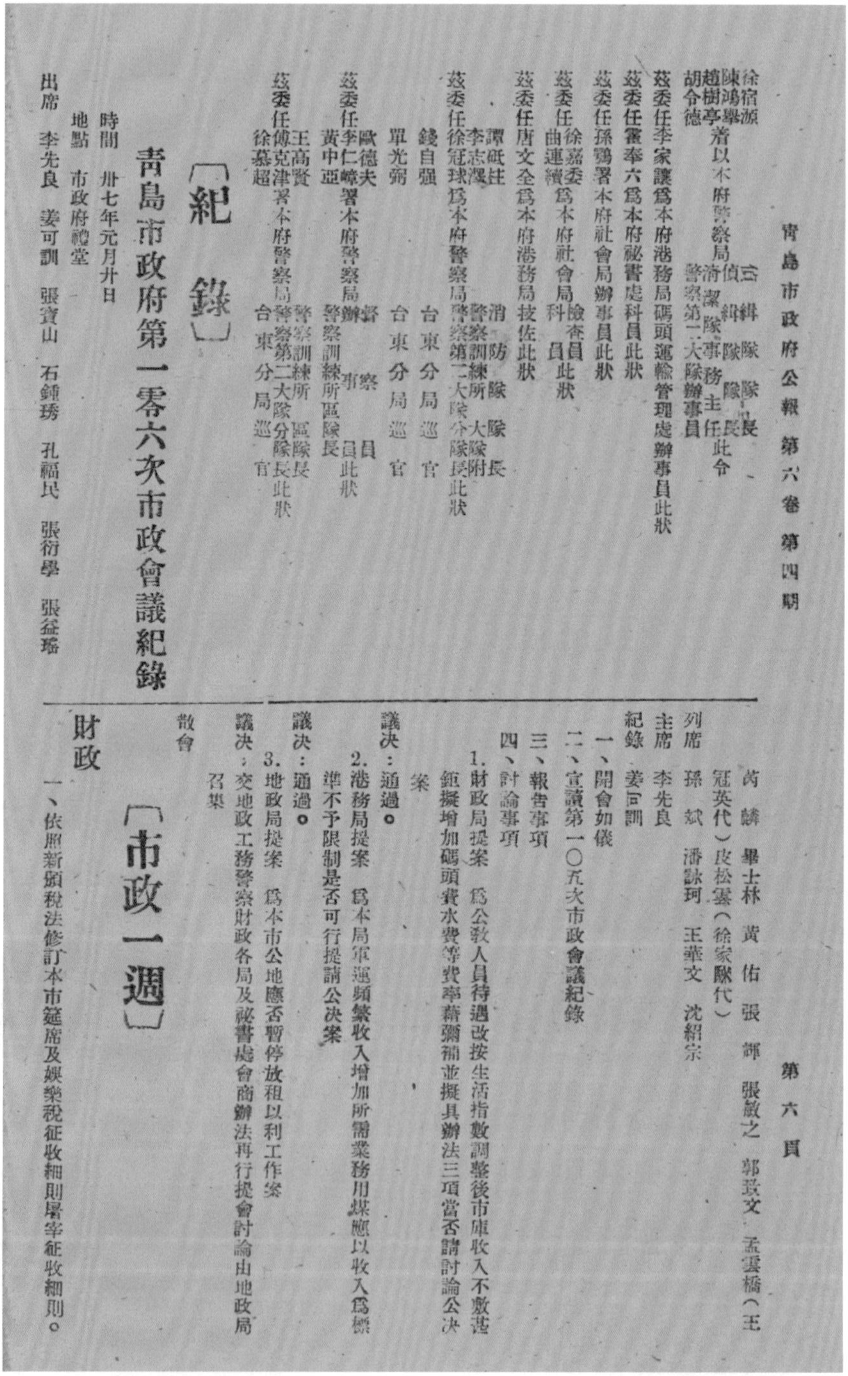
青島市政府公報 第六卷 第四期　　第六頁

徐宿源　　台緝隊隊長
陳鴻舉　　偵緝隊隊長
趙樹亭着以本府警察局清潔隊事務主任此令
胡令德　　警察第二大隊辦事員

茲委任李家讓爲本府港務局碼頭運輸管理處辦事員此狀
茲委任霍奉六爲本府祕書處科員此狀
茲委任孫鶴署本府社會局辦事員此狀
茲委任徐嘉委　曲連續爲本府社會局檢查員　科員此狀
茲委任唐文全爲本府港務局技佐此狀
茲委任譚砥柱　李志漢　徐冠球　錢自强　單光弼爲本府警察局消防隊大隊長　警察訓練所大隊附長　警察第二大隊分隊長　台東分局巡官　台東分局巡官此狀
茲委任歐德夫　李仁幢　黃中亞署本府警察局督察員　辦事員　警察訓練所區隊長此狀
茲委任王高賢　傅克津　徐慕超署本府警察局警察訓練所區隊長　警察第二大隊分隊長　台東分局巡官此狀

〔紀錄〕

青島市政府第一零六次市政會議紀錄

時間　卅七年元月廿日
地點　市政府禮堂
出席　李先良　姜可訓　張寶山　石鍾琇　孔福民　張衍學　張益瑤　芮麟　畢士林　黃佑　張評　張敏之　郭玹文　孟雲橋（王冠英代）皮松雲（徐家駢代）
列席　孫斌　潘詠珂　王華文　沈紹宗
主席　李先良
紀錄　姜可訓
一、開會如儀
二、宣讀第一〇五次市政會議紀錄
三、報告事項
四、討論事項
1. 財政局提案　爲公教人員待遇改按生活指數調整後市庫收入不敷甚鉅擬增加碼頭費水費等費率藉彌補並擬具辦法三項當否請討論公決案
議決：通過。
2. 港務局提案　爲本局軍運頻繁收入增加所需業務用煤應以收入爲標準不予限制是否可行提請公決案
議決：通過。
3. 地政局提案　爲本市公地應否暫停放租以利工作案
議決：交地政工務警察財政各局及祕書處會商辦法再行提會討論由地政局召集
散會

〔市政一週〕

財政
一、依照新頒稅法修訂本市筵席及娛樂稅征收細則屠宰征收細則。

1948 年李先良主持的《青岛市政府会议记录》

树之风声

姜家历史上以教育为本，出现许多对青山教育有贡献的人物。此外，在青山人记忆中，20 至 30 年代作为姜家会首的姜成才，在他任村长期间，克勤克俭，深得民心。当时青山村与驻太清宫的北洋海军关系密切，送戏，招待得体。据说有一次招待客人，在小铺买东西，吃完后还剩两个火烧，姜成才就让人退回去，至今传为佳话。姜春先，在参加中国人民解放军期间入党，为青山村第一个中共党员。他复员回村后建立了青山党支部。

姜提先宅

姜提先是青山姜氏族十三世裔孙，1942 年出生，2000 年去世，中专文化程度。他在青山人的口碑中，是对青山教育事业作出了突出贡献的人。其家住在姜氏家族的西北后头，在唐氏后晒石后 30 米处。1964 年至 1997 年在青山小学任教，历任教导主任、校

姜提先宅

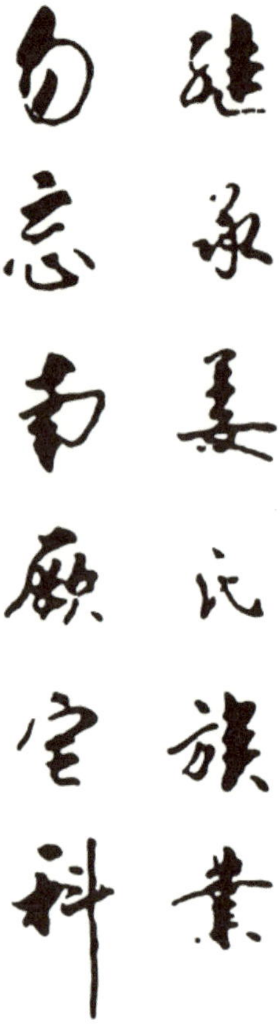

姜提先书写的族训

长等职务。1987 年获评崂山区优秀教师、区教育局先进工作者。1990 年获评青岛市教育先进工作者、王哥庄先进校长。1993 年获评王哥庄优秀校长。1996 年获王哥庄教育优秀党员称号。《青山村志》（367 页）赞誉他从教三十余载，为青山教育事业勤勤恳恳，爱岗敬业，给青山村培养出许多优秀人才。他生前把青山小学的校史较完整的传事记录下来，同时续修姜氏族谱，给青山村留下了丰富的历史资料。身前他给堂侄书写祖训，教诲族人要“继承姜氏族业，勿忘南厥宅科”。

私塾教授

《青山村志》记载，在 1928 年前，青山孩子上学均入私塾。教师是由村长或学生家长聘请而来，待遇费用由学生负担交纳。学生最多时有 20 余人，少则 10 人以下，很不稳定。教师大部分是从外地聘请，但姜家有两位担任过私塾教授，分别是姜述臣和姜官荣。私塾期间村内无专设校舍，多借用祠堂和空闲房子，上课桌凳由家长自备。1929 年沈鸿烈在太清宫设海军司令部，青山设官办小学，实行新学制，入学不收学费，但私塾仍然同时存在。官办小学设在林家祠堂，私塾学校设在刘家祠堂，塾师姜官荣，校名青山小学。与此同时，又在黄山村设黄山小学，私塾官办兼有。1930 年在垭口建太清宫二等学校，1933 年在龙王庙边建青山小学。

三姓庄

青山村各姓氏，都有自己明确的地域。温家住在东头，刘姓住在北头，唐姓就住在西边山坡上，然而唯有一块区域，由温、刘、林三姓杂居，称“三姓庄”。这块区域是本村很好的地段，也是青山村最早的发源地，地名叫“高家”。大致位置是在社区办公楼西北，公路西，南由四合院楼前东西路向西至刘作宝住处，往后沿路到北河。姜岐先说：“高家古往今来皆如此称呼。此地在南高家洼地以西，北河下游以南，王家通往海崖的路以北。此地

三姓庄

域原系高姓占据，清朝后期高姓因衰败迁走。后居住三姓。”（《守护会手稿》）

高家如今在村里已经没有人了，但村里年长的都见过高家的始祖高润发墓。高大的墓碑直到 60 年代初期还在，当年村里的孩子经常在这玩耍。刘振居老人带我们到高家祖坟所在地，就是现在养生苑的大院里，他指着地方说：

> 这里是最早家族高家的最后一个始祖墓，叫高润发。当初这个房子前面就是这个小学，这个学校附近是龙王庙。现在没有了。龙王庙前面是现在的学校，他的墓碑就在龙王庙后边。我小的时候到龙王庙来玩，爬这个墓碑爬不上去，应该有两米多高，约 50 公分宽。因为爬不上去，所以我记忆得很清楚，现在都记得“高润发”三个字，繁体字。高家老祖

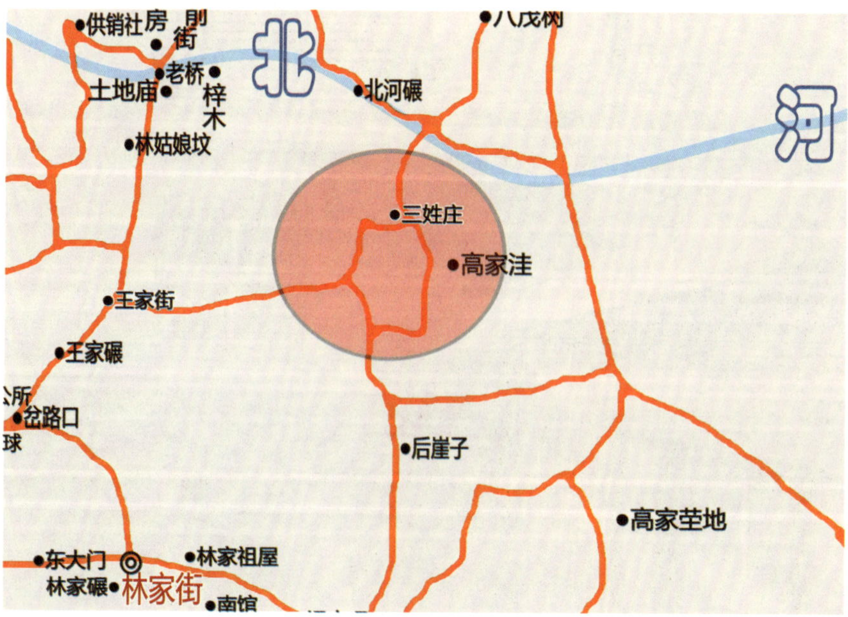

三姓庄高家

高润发墓所在地

坟就在这个墙外。高家今天村里已经没人了，据说最后委托林姓守坟，送他一些地。青山有五大家族，一共是十二个姓氏。林家不给他添坟，只给烧纸、压纸。实际这个地方就是高氏家族的原始祖坟，也是整个村的原始祖。（20180617 刘振居带访高氏祖坟）

高家茔地包括院子墙外的地方，据说那里还有高家的祖坟，但规模很小了。林玉水说，高姓是青山占山户，他有大量土地，东至大礓头，南至南礓沟，北至北顶，南北二里，都是高家的地。问起高家为什么在村里消失了，家住三姓庄的刘正强老人说：

是河北姓林的带着高家年轻人赌钱什么的，然后就把高家给败落了，败落了就搬走了，上王哥庄去了，那里现在还有姓高的后人。姓高的走了，就来了刘、温、林这三个姓，原来的高家就变成三姓庄了。现在这里住着三十几家。我还记得我那老地契，叫高家签的字。地契是上头林焕纬写的，那个小字儿写得太好了，但现在都扔了。（20180620 走访三姓庄）

刘振居说，他这个高家最后的族长高润发，抽大烟、赌钱，钱没了就卖地，他卖地，林氏家族就买地，三买两买就把高家搞败了。搞败了以后，高家在这个地方就生存不下去了，就搬走了。临走之前就吩咐林氏家族的一家修字辈儿的说："桥头这有一块地，我把这些地给你，请你帮帮忙，到了过年过节在我家祖坟上给压张纸。"据说，林氏那个人心地挺善的，一直管到解放以后"文化大革命"。编写《青山村志》期间，村里为了核实高氏家族去向，在王哥庄桑园儿找到了高家后人。后来他们来寻根，但坟已经平了，磕个头烧个纸就算了，现在已经不来了。《青山村志》追溯只写到高氏去处。

在青山村人看来，这个村的奠定者是高家。在今天各大姓来到青山之前，高家在这里应该已经有一百多年了。按照林氏始祖墓碑写的时间推算，林家到现在大约有五百多年，这样青山村可追溯的历史至少六百多年。林玉水老人讲述了当年各家初到青山的传说：

传说或记忆中，俺这些姓儿坐着官船来的时候，到崂山头下的船。这么好的地方为什么不到青山来呢？当年这边树木老林不见天，他害怕不敢下来。但是一下地人家官方就给三个月的口粮、一年的种子。一下地小船摆渡下来，人家官船就走了。带着孩子自备粮食就在周围山上住下。住了一个阶段，人繁衍多了，没洁净水吃。这个四大姓就吆喝着说，要不咱去看看那个大湾里能不能水多。一个家他不敢来，怕狼虫虎豹，那个时候这里人烟少，野兽多。几家结伴一起来一看，哎哟，这么好的地方，树高不见天，有树木就有水，他们发现南边这条河了，要比列坡、张坡那边好多了。这样几家就都搬过来住了。谁来早就是谁占的场儿，老刘家来得晚点，就占的北边。（20180620 谈各姓始祖来源）

刘振居说，当时各家是与高家商议的。那时这个海边平坦的地方是好地，都是高家挖的，当时高家这个家族也很兴旺。后来经商议，高氏族长就说："恁可以来。"因为当时整个青山村古树参天，看不见天，有诗句"叶落草桥红"。高氏家族说但是恁来不要住到村里，要住到村边上。所以围着高家，姓林的就住在现在的南头，姓温的住在东头，刘姓住在村的北头，姓唐的住在

林家闺女坟地

西山坡上。高家败走以后，村里流传着一些说法。

> 传说河北林家祖上对高氏家族产生了嫉妒心理，看中高家那块地方，就起了心思，找来风水先生，说："你们林氏要想好，就得把整个村儿盖上庙，什么土地庙、老爷庙、龙王庙。"还说："凭这个姓林的治不了姓高的，因为姓高的正住在这龙头上，整个山梁是一条龙，住在这个龙头上，你怎么能治住呢？必须有没结婚的大闺女，去世以后，埋到他那个龙尾上，压住了。"后来高家赌博抽大烟，吃喝嫖赌，把家产给败了。高家卖地，林家买回去。（20180617村办公室刘振居访谈）

今天高家这块地方，村里一些人还认为是不善的，别的姓氏也没有愿意去的。这几家就是在别的地方住不下，死逼梁山去的。另外，也许因为来自不同姓氏，住这里的人很难领导，相处起来也难。姜岐先老人有诗感叹曰：

洼西河南古地域，原本高氏占山地。
光阴流转变姓氏，客问主人何处去？

深山八哨所

青山周边的深山里，历史上是修道人家和各种游民流寓的去处。解放后，这里又时有各种可疑之人隐藏。1946 年就有从即墨逃来 200 余人，村人称“难民”。当时他们的住地已被共产党人民政府控制。这些人在青山住了两年多，有的死在青山，装棺不埋，选在海沿北头沙滩盖一小屋将棺材放在里边，准备日后还乡安葬。这批人后随国民党逃亡台湾，留下的小屋称“丘屋子”。

在深山里长期居住的散户，解放前系太清宫、上清宫、明霞洞三庙的看山佃户。60 年代是“备战备荒为人民，七亿人民七亿兵”，这些佃户便被组织起来，协助当地驻军维持海防安全和当地治安，并盘查过往可疑行人。其贡献受到上级有关单位的表扬，被青岛市授命为“深山八哨所”。后来这八户人家演变成青山村的一个居民组，1956 年组成青山村第十五生产队。八户人家的地点是柏木林、八水河、上宫南旺又名（面山）、洞西岐、教子园、碴窝子、天门后、梨庵子，今天是崂山景区的一部分。20 世纪 70 年代初，东西岐、碴窝子 2 户迁于黄山定居，余 6 户 1981 年统一迁居青山，融入到了青山村内居住。民国时期倪锡英所著《青岛》对其中的天门后就有如下记载：

> （天门后）从天门峰的左面，循着山势向下去，山路非常险峻，下面便称作天门后，从前建有庙宇，叫天先庵（应为先天庵），庵旁有贮月潭，四围崇嶂环抱因此气候最暖，

先天庵遗址，来源：《青山村志》

山林间满生着奇花异卉，到秋冬也不易凋零。相传先天庵是明朝白道人所建，现在已经毁圮，只有几户山间的人家，现在还结庐居住着。

深山八哨所应该被看作是青山胡同延伸到了崂山大山深处。就像温家街、林家街一样，这里的人家虽为杂姓，但也一样被编为青山村的一个邻里聚落，大家出入相友，守望相助。刘振居走访柏木林后在《守护会手稿》中写道，八哨所第一任民办班长、生产队队长是上宫南旺的林学暖，中共党员。1964 年林学香接替民办班长，两年后他也加入中国共产党，任第十五生产队政治队长，1970 年接任生产队队长。八哨所全班民兵白天劳动，夜间巡逻，农闲季节军事训练，还到驻军请教。1970 年八哨所被济南军区评为活学活用毛泽东思想先进民兵集体。队长林学香去

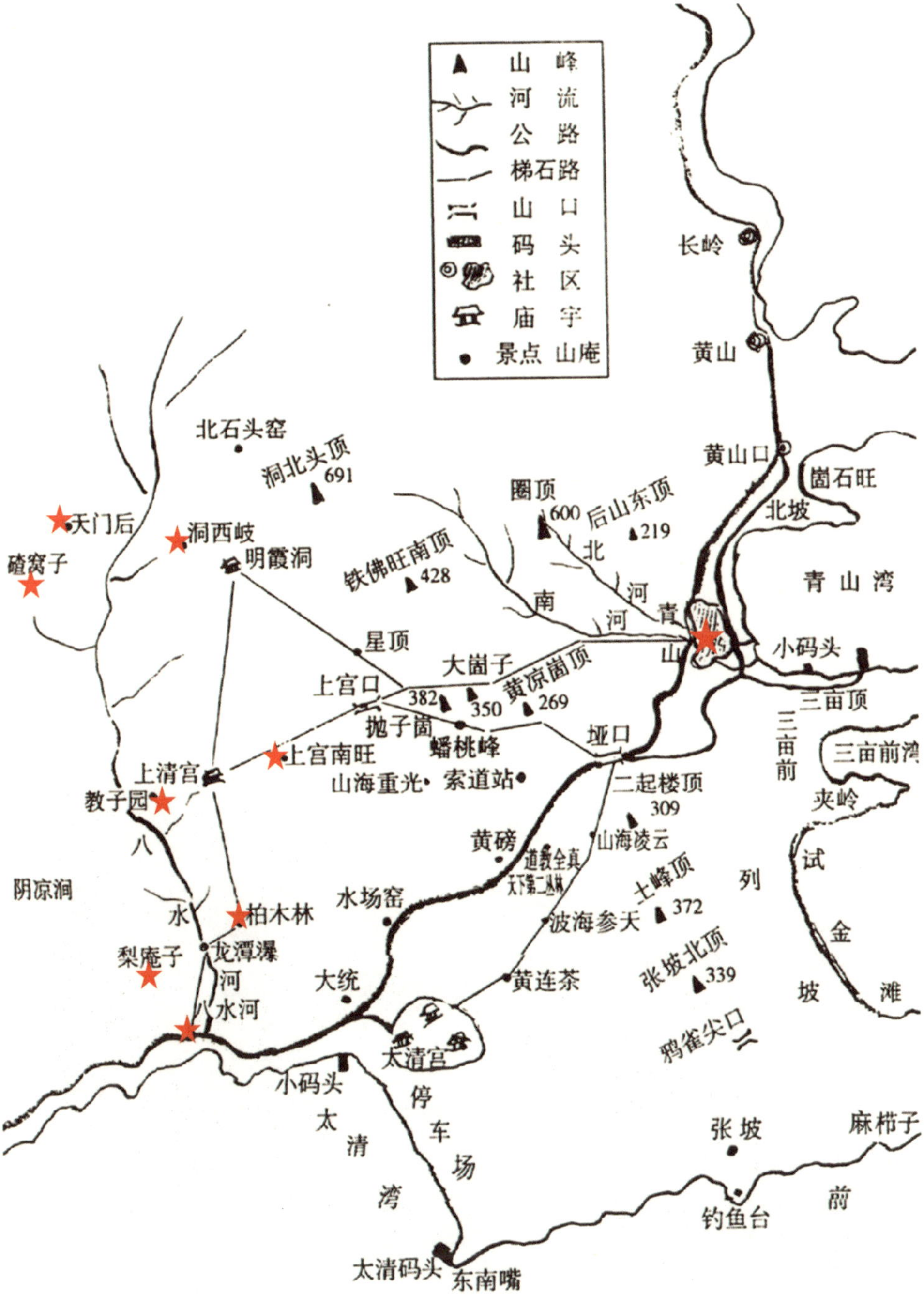
山峰
河流
公路
梯石路
山口
码头
社区
庙宇
景点 山庵
长岭
黄山
黄山口
崮石旺
北坡
青山湾
圈顶
600
后山东顶
219
北石头窑
洞北头顶
691
天门后
洞西岐
碴窝子
明霞洞
铁佛旺南顶
428
北
河
南
河
青
山
小码头
三亩顶
三
亩
前
三亩前湾
夹岭
星顶
上宫口
大崮子
黄凉崮顶
382
350
269
抛子崮
蟠桃峰
垭口
上宫南旺
上清宫
教子园
山海重光
索道站
二起楼顶
309
八
阴凉洞
黄磅
道教全真
天下第二丛林
山海凌云
土峰顶
372
列
试
金
坡
滩
水场窑
水
柏木林
波海参天
梨庵子
龙潭瀑
河
大统
黄连茶
张坡北顶
339
八水河
太清宫
鸦雀尖口
小码头
太
清
湾
停
车
场
张坡
麻栉子
钓鱼台
前
太清码头
东南嘴

“深山八哨所”位置图

济南出席了济南军区毛泽东思想先进代表会，会议结束后在全崂山县作巡回报告，一度轰动全省乃至全国。在集体生产时期，八户人家一起出工，一起秋后分粮食。但因为八户人家住得很远，人口又不一样，分粮食成为难题。到谁家收粮食都得提前预算好，把就近家的留足，余下再给离这家近的，大家再帮忙把地瓜等粮食给这家送去，分配最后再到上清宫去留一部分地瓜干作为找补粮。《青山村志》记载了各家族的谱系，八哨所人家大都是青山村五大姓之外的小姓。

柏木林

坐落在八水河上面，龙潭瀑北上 0.5 公里处。从前去柏木林多数从青山磨礓去上清宫，从上清宫南下 1 公里到柏木林，据说是因为此处有一大片柏树林而得名。更早的时候这里叫“钱金山子”。

柏木林庐舍

刘振居（《守护会手稿》）说，清朝末年林学香的爷爷林恭思，从黄山来柏木林给上清宫庙上看山，是上清宫的佃户，刚来时没有房屋住，住在一个山洞里，后来盖起了两间草屋，到1918年林恭思去世后，儿子林法坤22岁刚结婚，带着两双筷子两个碗、一个元斗一个簸箕来到柏木林承父业给上清宫当佃户。林法坤在此生有四个女儿和一个儿子——林学香。2000年林法坤去世后，林学香仍然在柏木林居住至今，今年77岁。

八哨所现在以八水河为中心，离八水河最近的梨庵子1.5公里，离柏木林1.5公里，离教子园2.5公里，离上宫南旺2.5公里，离碴窝子5公里，离天门后7公里，离洞西岐8公里。这都是单独去的路程，如果挨家走的话，算着那就更远了。这些路都是古代走出来的羊肠山路。当时没有通讯，全靠双腿来互传情报。林学香作为队长，曾每天晚上挨家挨户地走遍八哨所，风雨无阻。他还组织各家一起政治学习，带领大家走上集体化道路。

八水河

清朝末年王守船从王哥庄桑园搬到黄山定居，后搬到八水河给太清宫看山当佃户，至今已有100余年，传承五代人。

上宫南旺

民国十七年（1928），林法胜由黄山来到上宫南旺（面山）给太清宫看山当佃户。1976年后三代传人林玉昌搬到八水河居住。

教子园

清末从外地来了3个私塾先生，带来10余个学生在上清宫南口西一所草舍安教堂，在那里教学生进修学业。学期结束，先生带弟子走后，此地得名教子园。曲元良来此处给上清宫当佃户看山，曲元良去世后，子曲瑞琇仍定居此地至解放后，离世终山，共 30 余载。曲瑞琇有四个儿子，起名以“松、竹、梅、兰”排序。长子曲立松念书 11 年，写一手好字。据其侄子曲新春说，今龙潭瀑（古时也叫大湍水）留下的摩崖石刻就是他的手迹。据说当年为沈鸿烈修路时，下雨歇工，曲立松兴致中写了这三个字，他流清河的大舅就刻在石头上，此景点由此有了第一个“龙潭瀑”摩崖石刻。据说曲立松本人于国民党撤退台湾在青山湾抓壮丁时逃跑跳海不幸去世，其儿女都已下关东离开了青山。兄弟曲立竹 1963 年迁回青山居住，后人继承了在上林的祖屋。曲立梅 1964 年迁居青山，曲立兰 1976 年搬八水河住，1989 年统一迁往青山定居。

天门后

清朝咸丰年间刘守顺由流亭迁到天门后先天庵边给太清宫当佃户看山。第三代传人刘卫军迁往崂西圈子定居，第四代传人刘进本 1976 年从天门后迁往八水河住，传世六代。《即墨县志》记载：“先天庵在海门峰上，齐道人成道之所。”

梨庵子

庵子四周有很多大梨树，故名梨庵子，清代末年曲成明由石老人迁往梨庵子给太清宫当佃户看山，传世四代。

洞西岐

坐落于明霞洞西山后岐故名洞西岐。清代黄山村的林学陈在此给明霞洞看山，老了返回黄山村，1936 年由林士荣来洞西岐看山，林士荣老了后又由其儿子林学成代替父亲在洞西岐看山，一共 36 年。期间，林学成在洞西岐生有两个儿子，大儿子林玉瑞今

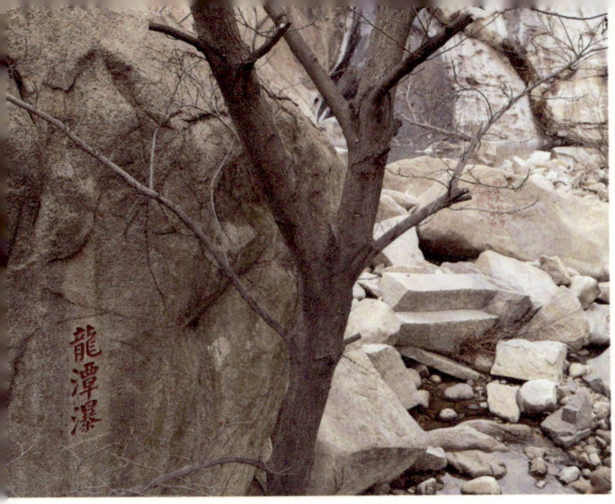

龙潭瀑（曲立松字迹）

梨庵子，来源：《青山村志》

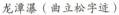

年 73 岁，小的林玉田今年 68 岁。1970 年他们全部搬回黄山村。（刘振居，《守护会手稿》）《青山村志》记载，1936 年林士荣由黄山村迁来洞西岐当佃户。

林玉瑞、林玉田听父亲说，相传洞西岐建于明末清初。一位老道在此修行建起了一个庵子叫“地先庵”，就在他们屋的西南，传说是供奉着“荷仙姑”。当时在庵前有一池荷花，后来此池荷花好多移到明霞洞东门外的荷花池中。在屋东面的一平石磅上还有一个“山神庙”。天门后有个庵子叫“先天庵”，供奉玉皇大帝。就这样一男一女，一天一地。传说那位道士在此修身养性很多年，道士去世后“地先庵”慢慢地废弃了。过了好多年，从明霞洞派一道士去洞西岐，重新在庵东又盖了草庵继续看山。

1949 年后，林学成在房子附近开荒种地时，曾挖出了一口铁铸古钟，钟身已锈得起泡，钟口有四个纱帽翅的角，直径 50 多公分。1958 年大炼钢铁的时候，队长林学暖和林学成一起把古钟砸碎，挑到青山村捐给国家炼钢铁。林玉瑞说他父亲还挖出过一口铜钟，直径 30 公分，钟声清脆。当时为了吓唬来挖地瓜吃的獾，就把铜钟挂在栗子树上，到了晚上经常敲钟吓跑獾。这口铜钟 1958 年也一块捐给了国家。

林玉田对刘振居说：“在洞西岐住屋的大门外西侧有一棵大

栗子树，粗大的主干三米多高，繁枝蔽天，占地面积一亩多，解放前伐了树，直径一米多，像个小碾台似的。”后来从栗子树的根部又发出一棵栗子树，到70年代已经长到直径三十多公分，在他们搬下山时伐了。林玉田说自己扛回家一节两米多长，因为栗子木结实，做门框时正好做门槛。树墩至今还在。青山刘世君（林学成是他大姥爷）说：“在洞西岐的屋前河里长有一棵刺楸树，一抱多粗，解放前被伐了，只剩下树根。树根在河边长年风吹雨淋，被河水冲出来。刚解放那几年，树根由刘世君的父亲扛了两次才扛回来，劈开后用筏子运到青岛劈柴院卖掉了。”

林玉瑞说：“洞西岐从来养不住狗。据说是因为在西沟有一窝狐狸，和胡仙洞、钟鼓楼的是一个家族的。”当年林学成常去给狐狸送吃的，却从不让两个儿子一起去，至今林玉瑞、林玉田也不知那窝狐狸住在哪个地方。他们以前养过数次狗都养不住，自己跑了。有一年家里养了一只狗，很凶，拴在院子里不到半年就咬断绳子跑掉了。狐狸按理说是治不住狗的，但是狐狸的臊气狗受不了，所以才跑。

碴窝子

1947年林学珍由黄山村搬到碴窝子给太清宫当佃户看山。死后其子林玉德于1962年从黄山村搬来，1968年又从此处迁回黄山村。

1949年以前，八哨所的各家看山户与太清宫通过订契约建立了佃户关系。《太清宫志》（卷七）记载，这种关系就是把看管的山分为大伙山和小伙山，其规约如下：

> 每遇砍伐劈柴树木及松毛，皆由佃户出工。劈柴松毛，与山主两家均分，各分一半，此为大伙山；小伙山者，砍劈

柴树木，与山主两家均分，各分一半。若砍松毛，归佃户自用，以作看山人之辛力，此为小伙山。历年按麦秋两季与本官交纳租粮，不许拖欠。官内若有大工作，或有急忙之事，由佃户拨工应用，不准抗违。若有刁懒不法之户，任意妄为等请，送官究办。

到了民国最后三年，国家动荡，这种契约关系也告崩溃。林玉水老人说，当时太清宫已经不敢管了，于是大批村民开始上庙山砍柴。

人们生活困苦，国民党那么乱，光这个场儿驻着二团、青保等，再加上村里有民团。这些青年到了晚上成伙地上山掘树。有专门收木头的，叫洋火料。木头放到海边，收木头的用筏子收走，把钱一结就走。当时德国、日本留下的面包房，都买去当柴火。很多人白天睡觉，晚上就去偷。很快，就这么三年就偷到太清宫屋后了。道士不敢出来管，太乱了。公山民山一扫空。一直到1949年阴历五月端午解放。（20180827下午林玉水访谈）

温志敏说，八哨所地处偏僻，生活不便，70年代提倡学雷锋期间，村里供销社人员挑着油盐酱醋到山上去，为他们提供方便。有一段时间，村里一位民办教师叫林翠兰，送教上山，八家的孩子组成复式班，集中到上清宫庙上学。人们给这位女教师编了顺口溜：不怕虎不怕狼，不怕貔子和老黄。她后来被评为青岛市劳动模范，并担任过青山小学校长。（20181017守护会访谈）八哨所庐舍现大多已废弃，有些场所纳入了崂山景区，青山村民多以景区工作人员、导游或者景区小生意者出现在八哨所。

青山涧

穿过青山胡同有两条河，当地人称之为南河和北河。据《太清宫志》，南河被各种碑刻、契约等记载为分水河，分东西两河，统称分水大河，未有“南河”之说。由于今天青山人已经根据自己的村落方位称之南河，“分水河”已经不再见于当代文献。据《青山村志》（315 页）记载，南北河道内原是磅石林立，流水潺潺，河道两旁古树成荫，修竹万竿。康熙年间，蒲松龄、唐梦赉、张绂等游崂山，曾在青山留宿，有“遇雨假宿青石涧”，“再宿青玉涧，观日出”的记载。孙克诚在其《蒲松龄游崂行迹考述》中指出，“青石（玉）涧”当为“青山涧”。1935 年余泽民在《柯达杂志》上刊登“青山涧石”照片一幅，并称涧内“云、烟、雾，都飘飘然”。这些记述说的就是村落旁依着南河、北河构成的青山涧。

青山涧

地景

界石
大泥旺
老鳖湾
黑崮
青山水库
大湍水
燕儿石屋
上头西竹林
海屋子
古河桥
东港

《青山村志》（51页）记载，南河发源于峰凉尖，流经东北头、铁佛旺北坡，经平场转弯向东，经小蓬入大泥旺（当地人叫这段河为北河），经瑰子姜地南下至大泥旺门口林家茔外转弯向东，经黑崮北流入老鳖湾，下泻入水库，出大湍水流经村南燕儿石屋，经上头西竹林，上、下南崖北，过老桥流入林家南、温家茔北、东港，流入大海，全长6公里。北河发源于圈顶，流经前怀，进小泥旺，经曲家茔，南岔河由黄凉崮流下经窑后、哗啦磅，穿公路，两水在哑巴洞合一，经后河住户西、蘑菇石北岐、王家井、土地庙北、高家北转南向东流入大海，全长2.5公里。

青山涧上曾经怪石嵌空，大磅压叠，浩浩荡荡，奔腾到海。最近几十年，河内的磅石被开采，树木被砍伐，河道内无障碍物，山洪下来，似野马一样横冲直撞。《青山村志》（315页）记载1998年7月23日，一场特大暴雨造成山洪飞泻，河水咆哮，覆盖桥梁，冲毁堤坝，河岸住户被冲被淹。于是就有今天看到的，河床上铺砌石，河道修拦河坝阻挡水流。不过两条河的上游部分地段，仍然能看到许多乱石，或孤立，或成群，依然是青山涧的一道风景线。林玉水说，在水库一带，那些石头单独都非常好看，有大字儿石、小字儿石、元宝石等，单独一个一个，孤零零的。今南河涧上，怪石、涧流、古桥、老屋、大树、篮子地相互映衬，是游客和写生者必到之处。沿南河缘涧逆流而上，是通往上清宫、明霞洞等的古道，沿途可见古物遗迹。

界石

南河曾经是太清宫和青山村的分水界河。万历三十一年三月十二日，莱州知府龙文明等，沿南河一直延伸到八水河，一共立界石八处。大部分界石至今仍然可寻，且字迹清晰。《太清宫志》（卷五）录有《重立界石碑记》，记载了这些界石的来由、作用和具体地点。

南河青石涧

重立界石碑记

敕谕劳山太清宫藏经所原有供奉香火山场地土四至，兼窑头脚庵山场地土四至。经两院及两道并本府委掖县县丞潘英、本县刘应旗，踏勘古四至，东至张仙塔海，南至海，西至八水河，北至北山后底分水河，共地一百二十七亩九分六厘，并至内山场松柏杂树，俱供香火，不许居民采樵，违者禀官究罪。众此合行致牒，栲栳岛巡检刘默，即便亲诣太清宫，查照四至分明，速立界石，以为看守藏经、供奉香火之资，毋使民间混争，永为遵守施行。

万历卅一年三月十二日，莱州知府龙文明，本府署县事海防同知谈诉，仝立界石八处。

一、八水河西崖刊立界石字据

二、上柏茂林河东河西，刊立两界石

三、面山庵子后路两旁，刊立界石字据

四、面山后大路上，东曰东坡，上下刊立两界石

五、分水大河南崖路旁，刊立大字界石字据

六、分水河底大石桥左右刊立两界石

七、分水大河东头村前，河南崖刊立界石

八、分水大河东头河南，戏台东南海崖顶，刊立界石字据

共立界石八处，永远遵守，不许损失，如有故违，损毁界石字据者，禀官究办。北至面山庵子后，东山路口顶，以东西分水大河为界；路口以东分水大河底，东流直至入海为界；路口以西分水河底，西流并八水河，南流直至入海为界；分水河以南山场地土：东至海，西至八水河上头、上清官前，南流入海，皆是本宫供奉香火之庙产，并无民居。

燕儿石屋对岸的界石

东黑崮顶边的界石

目前沿青山涧有四块界石保存完好。其一是南河老桥边，为万历三十一年立（记载第五处）；其二是在燕子石屋对岸的石头上；其三是东头茔（温家茔）东，河南的“牛头石”，为万历七年十月立（记载第六处）；其四是黑崮和唐家茔不远处的一巨石上，同为万历七年立。而记载中第八块，在东南海崖边的界石，据《太清宫志》（卷七）记载，“乃于民国十九年，青山村首事人温立来打毁无存”。该大石上刊有字据曰：“太清宫东至界石，系万历三十一年，经莱州府龙知府仝立。”虽然经诉讼，责令原址重立界，但从未履行。这些界石所刊之走向，正是青山涧的历史标识。《太清宫志》记录沿途山坡地名：西北有东西分水大河、河南崖、南屏山坡、南山路口后坡、桃园口山后坡。再西曰大字界石、黑石崮、天崮山后坡等。

大湍水和青山水库

磨石疆正北，疆西山梁南头有一峡口，崮石高两丈有余，南河水从大泥旺由高流下，经峡口泻落流出，特别是雨季水势极为壮观，如水帘罩崮，落地银珠纷飞，因得名大湍水。其实就是今天所称的瀑布。1969 年，青山大队决定在“大湍水”修建水库。经过半年的时间，在当地驻军的无偿援助下，建成一个库容 3 万立方米的水库，定名“军民水库”。1990 年与 1999 年，水库又进行了两次扩容，增加到 11 万立方米，并成为青山一景观，改名“青山水库”。（姜岐先，《守护会手稿》）

上头西竹林

北河和南河都有竹林，由于在村的西头都称“西竹林”。南河这片竹林位于上头河河北，上通上南崖子路河北路西。姜岐先在其《守护会手稿》中称此地域面积数亩，全是竹林。在竹林上边有住户林长俊父子、林长德父子、林长进父子、林尚金父子。竹林产权原系林欢经（林长学的父亲）所有，也有一部分是林长进的，后归为集体。因此处在村上头西边，村人把竹林地称为“西竹林”。

青山水库

竹编艺人林玉昌

竹子在青山具有很高的地位，象征着洁净、高尚和风骨，称之为“有竹能医俗”，同时也可营造“松之月，竹之雪”的道家意境。太清宫道士王明佛描述：“山外青山村在东。梯石步云环翠竹。”《太清宫志》（卷三）记载这一带竹子：“竹园之外，遍山之坂麓谷壑莫不有之，为绿竹、紫竹两种。地既沃瘠不一，故巨细不同也。”《太清宫志》还记载，青山村各户“于每年十二月二十日，向本宫领竹子二十斤，杠子二十根，交青山村首事人收存，以备修海湾时应用”。林玉水说，以前竹园都是不准乱人进入，迷信一点说是不吉利的。“这里竹子还不能割，要用锹刨，不能刨当年两年的，要刨四年以上的。”（20180718刘振居、林玉水访谈）

竹子除了其文化意义，在青山人的日常生活里也是不可缺失的。由于青山地处山坡，无法推车，村民都是用扁担、竹篮、竹筐等搬运。到了春天，一根扁担两只筐是每个人劳作的特征，天天不离开。刘振居说，青山有一个习俗，结婚以后，从外地来的媳妇儿，首先得给她准备好一根担两只筐，好干农活儿。一根扁担两只筐，基本天天在肩上。春天一担担肥料翻山越岭挑到地里去，到了秋天，一担担的庄稼得挑回来。一年到头就这么干，面朝黄土背朝天，日出而作日落而息，一年到头离不开竹子。

今天村里还有很多人能编制竹篮、竹筐、竹篓。居住在大石蹦张家磅里的林玉昌老人就是远近闻名的竹编手艺人。这门手艺从祖辈传下来，今天他还经常编一些竹器用具，除了自用还会送一些给左邻右舍。

海屋子

龙王庙东前，青山小学校后，有草房两间，房子比较低矮，是看海人员住的地方。当时在此房看海并居住有刘乐善夫妇及子刘振运、女刘春嫚 4 口。民国初期看海主要观察台风、海啸后，船、筏子、湾子等受损情况，及时向村内传送消息。1960 年刘乐善等人离开此处迁至北车场上面居住。

东港与古河桥

东头河的下端直通大海，多少年来，由于河水的冲刷，其河床变得宽而深，当大海涨潮的时候，其潮头一直涨到温家茔的后头附近。这时，海水与河里的淡水融在一起，咸中带淡，淡中有咸，老百姓称之为两浆水，该河段也被称为港（当地读 jiāng）沟子。（温志团，《守护会手稿》）

在入海口处，北河也在此与东头河交汇。这样，两条河相交的中间地带就形成了一个三角洲（现青山村委与小广场所在地）。

海屋子原址

由于河下端涨潮时水面宽而深，其三角地带就成为一个天然的埠头（能停船的地方）。当时，由于海边没有停船的港湾，村里仅有的几条渔船和筏子就停泊在这里，因此，老百姓祖祖辈辈称该河段为东港（当地读 jiāng），用现在的话应称之为“东港”。

东港沟东外围是大沙岗（也称东沙梁），沙岗南头有一条口子，潮水涨落，水流进进出出，小船可以进来，口子东立一石磅，磅呈弓背形，名“锅腰石”。北岸东西，沙岗与东外沙岗相连，港湾形东窄西宽，港湾南岸有一东西向道路，是去湾子的路，港内水较浅，深处到大腿，浅处到膝盖，是少年们玩耍的地方，因水中有小鱼吸引儿童捕捉，所以人较多。船进来后也可在此维修。

东港还有一座古河桥，位于龙王庙前西，青山小学西。河桥两岸是耕地，桥北沿河通小学及海沿、港湾。桥南往东经戏台是通往坡外的路，去南坡、三亩前、三亩后、三亩东头、列坡等地此处是必经之路。桥与村内南、北河两桥同为清朝光绪年间建。

沿温家街经东南磅往下走，到原幼儿园西墙外，居民林修建车库门前有一平坦处。1998 年前，这里有一座连接东头河下端南北两岸的石桥，叫东港石桥。这座石桥具体建造时间不详，该桥

三孔桥，上溯 80 米为古河桥原址

南河发源地：风凉涧下大泥旺

有两个桥墩、三个桥孔，桥墩用长约两米、重约上千斤的长石条垒垛而成，每个桥洞各用三根长约三米、重达千斤的长方形石条铺在上面作为桥面，宽度接近两米，是祖辈村民到海边和上山下地劳作的一条主要通道。

1998 年农历六月初一，突降暴雨，引发山洪，河床及河道两旁受损严重，南、北两条河有三四座桥被冲毁。该石桥虽然没被洪水冲垮，但河两岸进行砌墙整修时，石桥被拆除，在原址上新建了一座三孔钢筋水泥桥。2008 年，村里建设河南岸上下车场和河北岸小广场时，将钢筋水泥桥拆除，在下游建起了现在的三孔弧形拱桥。

乡公所

乡公所在岔路口西侧，紧邻青山村五大姓居住区域的交会点。据刘振居和林玉水回忆，这里是当时的乡政府所在地，1955 年后作为初级社办公室，管辖黄山、黄山口和青山三个村。（20180718 下午走访）在青山设立乡一级政府的情况很少，《青山村志》中记载：

> 1956 年 1 月，青岛市崂山郊区人民政府改为青岛市崂山郊区人民委员会。7 月，崂山郊区人民委员会将所辖的区撤销，改建为 32 个大乡（保留崂东区作为郊区人委的派出机构），代管王哥庄、山河、台上、返岭、山海 5 个乡。山海乡管辖

乡公所

山海一社（黄山、黄山口）、山海二社（青山）。

由此看来这个乡公所就是当年山海乡的所在地，其管辖范围包括黄山、黄山口和青山三个自然村。山海乡存在时间有不同说法，《崂山县地名志》（1984 年 5 月版）：“青岛市崂山郊区政区图 1956 年 8 月至 1958 年 9 月山海乡。”从当时地图来看，泉心河以南，包括长岭也在其范围内。

山海乡全称“山海乡人民政府”，从档案来看，至少早于 1955 年。转业军人林学业后人，持有一份任命书，他在 1955 年被任命为“山海乡人民政府委员”。

《释名》曰：“乡，向也，众所向也。”《周礼·大司徒》曰：“五州为乡。”《汉书·食货志》解释为：“五家为邻，五邻为里，四里为族，五族为党，五党为州，五州为乡，是万二千五百户也。”不同历史时期，乡的人口大小，管理范围都不一样，《周礼》虽为乡的奠定者，但其范围明显要大。乡公所这一概念开始于民国。民国二十八年（1939）九月十九日公布的《县各级组织纲要》规

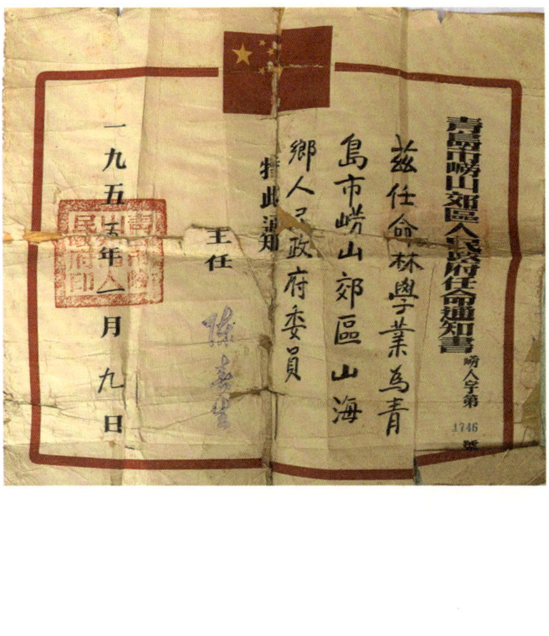
青島市嶗山郊區人民政府任命通知書
嶗人字第 1746 號
茲任命林學業為青島市嶗山郊區山海鄉人民政府委員
特此通知
主任
一九五五年八月九日

山海乡人民政府委任书

青山道中的乡公所门

定，县以下的组织为乡（镇），乡（镇）内的编制为保甲。乡指人口散居之处，镇指人口密集之处。乡（镇）的划分以十保为原则，实行“管”“教”“卫”三位一体之制。曲新春收藏的民国十三年政府颁发的土地契约显示，这里属于“即墨县海润乡肖旺社青山村”。

山海乡的乡公所，存在时间不长，人们对其记忆也不多。但“乡公所”这一俗称被村民们口口相传了下来。今天这块地段仍然是全村的中心，是各个街区的交会点。

岔路口

从乡公所往东下来便是青山村地标——岔路口，这里是全村的中心，是村内的道路枢纽，有 5 岔路口。青山的各街多是在岔路口上，是周围居民的聚集点，体现《周礼》八家为邻、出入相友、守望相助的邻里关系，而唯有岔路口不属于任何一个邻里单元。事实上它是各个族系、街坊的交会点和分界处。姜岐先描述说，往西上通上林和西山唐家，向南通林家街、水井及南崖子，向西

村落中心岔路口

岔路口

北是通向姜家，东南方向是林家、温家、海沿及坡外，向北是往王家、高家、海沿、河北、刘家及出村，因岔路在此会集得名岔路口。岔路口到哪一家的距离都很均等，人来人往很方便。

青山胡同实际上是由岔路口组成，刘振居说，别的岔路口都是局部的，都是分支岔路口，但青山人都明白，这个岔路口是整个村的纽带。当然这也是一代一代自然演变而成的。虽然这个村乱点，但只要把握住这个岔路口，迷宫似的青山胡同就有了方向。自古以来，这个三岔路口非常明白，不模糊，也没有什么干扰。这里是通往太清宫的必经之路，自古以来叫这个地名。从上下来，从下上来，从北过来，此处正在一个交叉口，同时也是各姓氏的一个交叉口：往下去，就是姓林姓温的；往上去，就是姓林姓唐姓姜的；往北过去，就是姓王姓刘的。

岔路口也是人们聚集的地方，这里有路灯，夏天晚上都是人。岔路口还是全村公共交流的小中心，是张榜告示的地方。重要公告也贴在这里，“文革”时还在这里贴大字报。

刘振居回忆，岔路口南侧老房子的外墙，在 1958 年大跃进时期用白石灰和水彩画，从右向左画的有蜗牛、老牛拉破车、火车、火箭（飞机）、卫星，表示一步比一步快、强、高。姜岐先回忆，1958 年大跃进，青岛印染厂下放干部画家张正美在林学俊的屋后墙画了一匹腾飞的骏马，在王奎山的住宅东山墙画了卫星升天等标志，自此青山农业大跃进就拉开了序幕。

岔路口北侧为王家街，由两段组成。温志团（《守护会手稿》）说，从居民刘作胜家房子西往北至二层小楼（原土地庙），该路段南北长五十余米，由于路面较宽也较平坦，被村民戏称为青山的“中山路”，路东西两侧皆住有王姓居民。另一段从刘作胜家房子南往东与“三姓庄”接壤。该条街中心有一个大平石磅，以前早饭后，三姓居民在此集合听生产队队长分配当天的活计，休闲时是居民拉呱聊天和孩子们玩耍嬉戏的重要场所。

布政之墙

青山三井

青山有老三井和新三井。古时青山全村只有三口井，唐家井、南头井和石门井泉。今天唐家井和石门井泉算是历史流传下来的井。当年整个村除了这几口井边的少数人吃井水，大部分都吃河里的山泉水。刘振居（《守护会手稿》）回忆，每到春秋干旱季节，天不亮就得起来，挑着水桶到河边有水的地方排队挑水，碰到严重干旱的季节，河水干了，就要跑二三里地去西山根找水喝。一年到头靠天喝水。解放后，陆续打出了三口井，姜岐先称之为“青山三井”，分别是：

林家（下）井：位于下河桥东约 15 米处，有大石磅 1 个，磅后有大柳树 1 棵。林家街、岔路口周围住户原在大石磅北。1958 年在吃水井湾南，地形高于河道处打井 1 口，从此林家街住户和岔路口周边住户结束在河道内吃水的历史，改吃井水。

王家井：青山北河老桥上，供销社大门口处石磅西下河道内，原系王家街住户及河北岸住户吃水的地方。此处在河内挖一水湾在里边挑水饮用。1958 年由农业社统一组织在原吃水湾南打了一口水井，原两处住户从此吃上井水。

高家井：高家小村住户和河北下部住户，原先都在河内挖一水湾在里边挑水吃，1958 年秋后，农业社组织民兵在高家洼、北洼和西头靠近路处打水井 1 口，从此这里的住户改为吃井水。

1990 年，村里利用 60 年代兴修水利时留下来的水库，第一次接上自来水。1999 年青山水库扩建，村民终于喝上稳定的自来水。

碾旮旯

石碾由碾盘、碾砣（又叫碾磙子）、碾框子、碾轴（中心轴）组成。它的主要功能是给谷类植物脱壳，如谷子、黍、稷等。青山人，将碾摆放的地方称“旮旯”，意指碾角落。虽不起眼，却是老百姓故事发生和讲述的地方。过去，碾是老百姓必用之物，碾旮旯也是孕育邻里关系，敦化民风的场所。

温志团在其《碾旮旯的亲情乡情》（《守护会手稿》）一文中说，石碾在青山村，可谓历史悠久。可以说自从青山有了居民集中居住，就有了石碾，因为它是百姓生存、生活中必不可少的重要工具。青山村现有居民是从明代移民过来的，因此石碾在青山最少也有五六百年的历史。青山当时的农作物主要是谷类和地瓜。给谷类

王家碾

碾子崮

脱壳，南方用臼，而北方没有臼或者很少，主要用的是石碾。这种情况与反映西北生活的电影电视片中一样。在西柏坡、杨家岭等处，毛泽东主席住处的院子里经常出现碾的身影。电影《地道战》中，武工队和民兵将地道口或射击孔建在石碾底下打击日寇。石碾在北方广为应用。

同里共碾

刘振居说，青山村一共十一盘碾，十二个姓，基本一个姓有一座碾。温志团登记，青山先后有十座石碾相继落成，分别是：高家碾、上屋碾、上林碾、下林碾、姜家碾、唐家碾、温家碾、刘家碾、王家碾、河北碾这十盘碾。现在除高家碾、河北碾、上屋碾、刘家碾、唐家碾已损毁或不复存在外，其他碾还保留完整

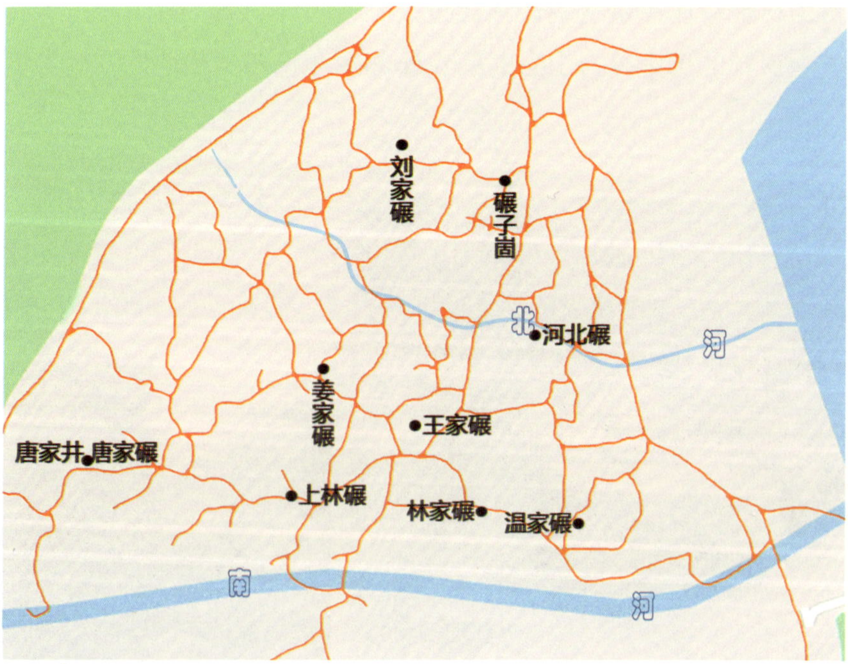

青山胡同内石碾分布图

并能正常使用。根据青山历史推断，最早的碾应为高家碾，因为高姓家族在青山建村约百年后，才有林姓、温姓、姜姓、唐姓、刘姓等家族先后从别处迁入青山村。根据现有记忆，我们在青山胡同里标出九座碾，大部分目前还在，甚至还在使用。

刘振居说，一般每个姓一盘碾，但他们刘家有两个碾。虽然林姓也有两个碾，但他们分上林和下林，所以各有一盘碾。而刘姓一直是作为一个家族整体，是唯一的一个姓有两盘碾。刘家碾一个是在西竹林里，还有一盘在碾子崮下。他说大崮下这个碾在青山很有名气，因为别的碾，遇上下雨就不能用了，但这个碾下雨正常干。刘振居认为，这个碾，自古以来，就是刘氏家族的中心，是祖宗留下来的。（20180620 走访胡同）

上林碾是划分上林和下林的界线。河北碾周边居住的主要是林姓家族，也许这里也是当年高家碾的地盘。下林碾今天还在经常使用，据说用碾压出来的饼子香，口感好。

《孟子·滕文公上》曰："乡田同井，出入相友，守望相助，疾病相扶持，则百姓亲睦。方里而井，井九百亩，其中为公田。八家皆私百亩，同养公田。"这是说井这一生活必需之物，是培育民风民德的最基本场所，正所谓"同井比屋，相忘无猜"，"八家为井，井开四道，而分八宅，井一为邻"。这就是说邻的基本概念就是从一口井开始。为不泄地气，八家只共享一井，不多置井。只有这样，邻里间才能相互守望，形成亲睦的关系。

在青山，碾扮演着与井差不多的功能，成为促进邻里和睦的基本场所。温志团这样描述他记忆中碾旮旯促进邻里纽带的作用：

> 石碾不仅是百姓生活中的重要工具，也是增强百姓间的团结、和睦和加深相互了解、相互信任的一条纽带。平日里，一旦有人在推碾，一些失去劳动能力在墙根边晒太阳或凉快

的老人便会围上来互相拉呱、唠嗑、叙家常，个别腿脚较灵便的还主动帮助推碾，其场面令人感动。当推完碾后，也不用说声感谢的话，如果说出来相互间反而觉得不自在，有一种生疏的感觉，体现了百姓间那种淳朴、信任，好似一家人的内心世界。有时当学生的节假日来临，或者学生放学后的时间段里，如果有年纪稍大点的妇女在推碾，在街上嬉戏玩耍的孩子会主动上来帮助推碾，根本用不着主人家推，只跟在孩子们的后面将碾台上的粮食进行翻动整理就行了，由于孩子们推的速度太快，还得小跑才能跟上趟。每当这时，老人们的笑声、夸奖声，加上孩子们那天真无邪的笑声，甚至歌声，在碾周边的空中回荡，那些热闹的场面，令经过的人们也忍不住驻足观望，用当今一个时髦的字眼，那就是都给一个大大的“赞”。也是那个年代孩子们善于助人为乐、为人民做好事的真实写照。

这时碾旮旯是培育出邻里互亲、长幼互爱的土壤。能起到敦亲睦族的作用，是因为碾与井一样有两大特点，一是生活之必需，

下林碾

姜家碾

二是凝聚人气的场所。关于碾的生活功能，《青山村志》（305页）记载说：

1. 带壳的谷类、麦类、高粱等，必须上碾将外壳碾去，用簸箕扇净后才能食用。

2. 煮稀饭以前农村常用粮料是把大麦、玉米、高粱、地瓜干用水泡或洗后，把它加工碎，不出面，这种制法必须用碾轧碎，别的工具治不了。

3. 将地瓜干放到碾上，碾碎后，才能拿到磨上加工成地瓜面，如压不碎，磨加工不了。

4. 将地瓜干放到碾上，用碾将地瓜干轧碎、轧细，既有碴又有面用来做窝窝头、糊地瓜干碴饼子。

5. 过年做豆包，把煮熟的地瓜干、豆角、豆搅在一起上碾卡（就是碾轧之意），能使地瓜干和豆搅拌均匀。

6. 用石花菜熬凉粉，第一道工序就是把菜泡湿，然后到碾上卡，目的就是把菜根上的贝壳、泥、沙轧碎，再用水捞洗出来，泥、沙脱菜，菜才能干净。

温志团回忆碾地瓜面说：

我们青山村自古以来以种地瓜为主食，当地瓜收获后，除洗净放大锅里煮熟直接食用外，还将地瓜用专门的工具——铡，将其切成片，晒干后称为“地瓜干”。把地瓜干用碾轧碎，称为地瓜干碴，用地瓜干碴做成的窝窝头，贴成饼子，就咸鱼下饭，真是美味可口极了。如果将地瓜干碾碎，用石磨碾成面再用箩过箩后，就是地瓜面，用来擀成面条，是人们心中的一道美食。在面粉少的年代里，用地瓜面擀成的面条来招待客人，也是难得的美味，不过现在很少能吃到这一美味了。另外，还可将收获的玉米碾碎，细的可以做玉米面窝头，贴成饼子，就咸鱼也是一道美味。如今，在农村的农家宴里和部分大的饭店餐桌上还能享受到这一美味。粗的称“玉米糙”，可用来煮大糙子饭。也将收获的大豆放到碾上轧成面，叫豆面，人们可用豆面来馇小豆腐。总之，石碾在平民百姓的生活中发挥了巨大作用。

碾旮旯周边往往是聚集人气的地方。每当做饭前，妇女们都会到碾旮旯去看看，人多了就拿一个碗放上些地瓜干儿，放到那里排号，没有插号的。在林家碾外原先用石头垒了一道墙，人们就拿碗放上面排队。到了腊月，碾边是人最多的时候，林玉水说，这时碾都忙不过来了，每家起码有两篮子粮食要碾，一篮子是地瓜干，一篮子就是豆。温志团描述碾旮旯的热闹氛围：

因前来用碾的人很多，大家都自觉地排队等候，男女老少有坐着的、站着的，相互间拉着家长里短。这当口，已放了寒假的孩子们也闲不住，在人群中跑来跑去，跳着、闹着，还有做游戏的，场景煞是热闹。其中有调皮胆大一点的，将小手伸到盛豆的盆子里抓起一把就跑，边吃边嘻嘻哈哈地跑开了。而站在一旁的大人们一点也不在意。回头往碾上望去，只见推碾的不是大人，是一拨十几岁的孩子，只有一个大人手里拿着铲子跟在孩子后面翻动碾台上的食物，由于孩子们人多推得快，还得一路小跑，否则还跟不上趟呢。这一家碾完了，下一家接上，而孩子们这一拨下来，另一拨又上来了。而对孩子来说，帮着推碾虽然有趣，是帮着做好事，但最终目的还是为了那一把煮熟的菜豆。

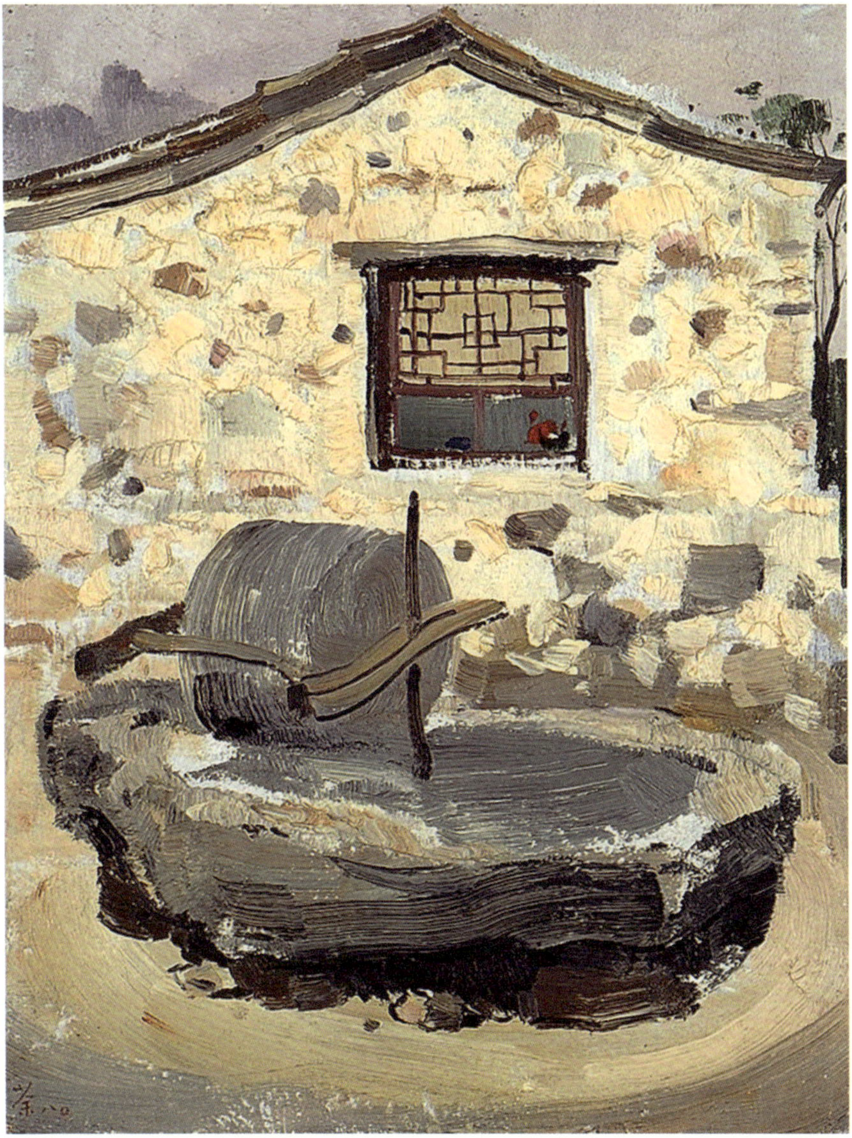

碾子木板油画，1980 年吴冠中作

守望相助

温志团回忆了很多他小时候经历的碾旮旯的场景，充满着邻里间互敬互助、长幼同乐、相亲相爱的氛围。

转碾圈

那个年代，留在家中的老人除给在生产队劳动的家人准备饭外，还要照看孙辈们。由于没有幼儿园，带孩子的任务自然而然地落在了爷爷奶奶的身上，而当爷爷的，只要身板还硬朗，都到生产队干一些适合老年人做的农活，而照看孩子就只有靠当奶奶的了。中午的时候，做奶奶的既要做饭，又要照看小孩。当做饭用的原料不够了，就要带着粮食到碾上现卡（当地读 qiā）。而孩子由于没有人看，也只有一块儿带到碾上来。身体稍健壮些的，就用带子将孩子捆在身后背着，背不动的，把孩子放在地上又怕其跑远了或者碰着磕着，实在没办法，只有将孩子放在碾框子上一起跟着转圈。由于碾磙子较重，人又上了年纪，一边推碾还要一边照料着孩子，其艰难程度可想而知。这种情形如果被邻居们看到了，根本不用打招呼，都会主动上来推碾或帮着看孩子，直到把粮食碾完为止。更让人为之动容的是，当邻居看到碾出来的是小米或玉米糙子时，立刻会想起自己中午做饭也应备这些东西，会脱口说出，我也要回家拿谷子或玉米来碾碾。已碾完的人就会说："做饭的时候快到了，等你碾完再做饭肯定来不及了，从我这拿些就是了。"这时邻居肯定不同意。但到家中拿着粮食还没出门，对方就端着碾好的粮食赶来了。邻居不但感动，还说："等我碾出来一定还你。"回答说："还什么，不就是一把小米吗（或是一把玉米面吗）？前屋后屋住着，还这么计较。"虽然过后一定会还，但这种急别人所急，帮别人所需，互相接济、帮衬的举动，完全体现了那个年代普通百姓的淳朴和敦厚。这些事绝不是随意杜撰出来的，而是那个年代普遍存在的事实，是真实的写照，是百姓生活中的一个缩影。

扬谷屑

在碾旮旯里发生的不光是助人为乐的事，还有热闹的场面。其中最热闹的莫过于碾谷子和卡（qiā）地瓜干、包豆包的场面。到了秋天庄稼收获的季节，当沉甸甸的谷穗被一麻袋一麻袋运到碾边时，队长安排的十几名青壮年妇女拿着大箩子、簸箕早已等候在这儿了。热闹的场面开始上演了。先将谷穗放在碾盘上，由三名妇女开始推碾，随碾磙子的转动，不一会儿碾好的谷子放在了早已铺好的篷布上，先由二三名妇女用大箩子过箩，将已脱掉粒的空穗放到一边，其余的妇女使用簸箕开始扇拨，刹那间，金黄色的谷屑随着簸箕扇起的风漫天飞舞，仿佛下起了金黄的小雨，一会儿，地上、墙角、石缝里，到处铺满了一层层、一簇簇、一堆堆金黄的谷屑。这时围在周边看热闹的孩子们已被吊起了胃口，立刻活跃了起来。他们有的跟着母亲围着碾台子转，有的也不怕痒（谷屑弄到衣服里浑身痒痒的），抓起谷屑，你朝我抛，我朝你扬，刹那间，金黄的谷屑、谷糠漫天飞舞，落得满身满头都是，有的落到正在干活的妇女们的头上、身上，但她们既不发火，也不责骂，仍嘻嘻哈哈地忙着手里的活计。此时此刻，碾周边喧闹声、欢笑声此起彼伏，处处洋溢着一片丰收的欢乐。一上午下来，谷子碾完了，也扇完了，当大人孩子们看着堆在一起黄灿灿的谷子时，

转碾圈卡豆包（姜兆阳摄）

温家碾

那种喜悦的心情很难用语言表达出来。现在回想起来，那些热闹的场面就像放电影一样在眼前闪过。这在经历过那个年代的人心里是永远抹不掉的，也是现在的年轻人所体会不到的。

馈邻里

温志团说，在我们青山，有包豆包的习俗，这项传统从老祖宗开始一直延续至今。进入农历腊月，过年的气氛越来越浓，过了腊月二十三（俗称小年）家家户户开始忙年，其中就有包豆包。包好豆包，还会在邻里间相互馈送。包豆包的第一道工序就是将煮熟的豆子压成豆面。这时各家小孩跟着大人都聚集到碾旮旯，充满喜庆的氛围。

把地瓜干放在铁锅里用大火煮烂乎，为了让孩子们爱吃，有的人家在煮的同时放上几粒糖精增加甜度。将地瓜干煮好后，盛在大盆里放边上凉着，再煮菜豆，有的还同时放上豌豆和红小豆。煮烂乎后，也盛到盆里，等和地瓜干都凉透后，端着来到碾上，准备加工。

当地瓜干快要碾烂乎了，接着倒上菜豆，只见一只只小手飞快地抓起一把菜豆，一边推着碾，一边往口里塞，推一圈只能抓一把豆，等第二圈转过来，菜豆已被碾黏糊，和地瓜干混在一起了。周而复始，一家接一家，一拨又一拨，看这时的孩子们，个个那小嘴周边由于吃菜豆糊得跟舞台上的小丑似的（因为煮熟的菜豆和汤的颜色是暗红色的）。而大人们却一点也不生气，只是大声吆喝着，随时提醒推碾的孩子们别只顾抓豆吃，让转动的碾磙子碾伤了小手。

温志团

料备好后各家各户回家开始包

豆包，先将碾好的成品团成一个个小圆球，大小与学生们在学校上体育课时投掷的擂（垒）球差不多，外面用擀好的面皮包住，面皮也有好几种，家庭条件好的，在地瓜面里加上白面，或者直接用白面，大多数百姓是直接用地瓜面，有的人家是白面皮、地瓜面面皮的都包。

姜家碾（姜兆阳作）

豆包包好，放到大铁锅里蒸熟后，主妇们又忙碌起来了，她们会亲自或安排孩子给左邻右舍、前屋后屋的邻居送几个尝尝。而孩子们也都欣然领受这一任务，迈开小腿走这家、进那家，进大门就爷爷奶奶、大爷大妈或叔叔婶婶地喊着："给您送豆包来喽。"而邻居们都高兴地接过去，也没有过多的客套话。当然过后邻居们自家包好也会回送。虽然几个豆包算不上什么好东西，但却饱含着一份浓厚的邻里情。在那个以地瓜、地瓜干为主食的年代里，小小的豆包也算是一种稀罕物，因为毕竟是春节前和春节后一段时间里必备的主要食品之一，至少会一直吃到正月十五。

杭州有一风俗：立夏日，以诸果品杂置茗碗，亲邻彼此馈送，名曰"七家茶"。（民国《杭州府志》卷七十六）称为七家是因为黄帝设定八家同井，七家体现了比邻相馈之义。而这一民俗也赋予了远古乡田同井的深意。青山人，碾子周边的邻里馈送豆包，也含同碾为邻、邻里相睦之意。

结语

胡同文化的挖掘就是对文化碎片的收集和识别。本章围绕青山胡同的角角落落，把一切能得到的碎片都收集起来。但更大的挑战是识别这些碎片的意义和价值，即所谓“考镜源流，辨章学术”。考证的目的并非只是说明其真实性。前人带着良好的心杜撰的一些传说同样属于胡同文化的一部分。《易经》曰：“君子以多识前言往行以畜其德。”前言往行多学而究之，论辩而拟之，以畜为德也。考青山胡同记忆，不在于说明胡同有多么久远，质地有多么怀旧，故事有多么跌宕起伏。真正的目的还是希望让胡同变得更美，所谓美就是孔子所言的“里仁为美”的境界。本章以叙事的方式将这些碎片组织起来，成为场所的故事，用意即在于此。

前人的文化碎片也可以对胡同的物质肌理产生影响，赋予胡同历史意义，观者因此而看到胡同的灵韵。它还能成为胡同保护、修理、再生的文化资产。有了它，一块石头可以成为景点，一个角落能产生稽古情怀，视觉所及都会变得具有历史厚重感。最终这些记忆碎片可以给胡同带来新的生命。不管是今后胡同的规划、改造、创新，还是当下的保护和修复，都有了文化底本。

本章在讲述胡同故事时，特别关注其中值得表彰的人物住家，挖掘人物忠、孝、贞、节、义、艺的文化大义，散落在各个胡同区块里。这些内容自成一体系，今后胡同修复时，可以传统胡同文化“树之风声、表厥宅里”的理念加以物化，使胡同肌理成为一种教化空间。

围祠而居

引言①

本章以宗祠、庙宇为文化场所，展示青山胡同内在的精神生活。全章分为两部分：家族（宗祠、茔地、接祖地、始祖民居）和社稷（土地庙、关帝庙、龙王庙、胡仙洞等），以此带出胡同里的宗族文化和社稷文化。前者包括家族史，祭祖、家族事件和人物故事，后者包括社稷民生，以及与此相关的渔、农、山事、庙会等。

《周礼》："左宗庙，右社稷。宗庙尚亲，社稷尚尊。"疏曰："左所以本仁，右所以明义。"青山胡同，由于地理之囿，不能分出左右次序，但整个祠庙体系大致也分亲尊两类。一是以宗族为中心的敬祖睦亲场所，包括宗祠、茔地、接祖地、始祖民居等；另一类是表达对社稷民生的祈福和对有功于民者的敬重，如土地庙、龙王庙、关帝庙、井泉庙，以及反映崂山地方特色的胡仙洞。本章在展示这两类场所的同时，描述与其相关的宗族文化和社稷文化。

敬祖宗是为了增进亲情，培养孝道和仁义之心，祀社稷（土地庙、龙王庙等）是为了提升对土地民生的敬重感。前者修身以达仁，后者祀神以抚民，这是中国文化大道之秩序。《庄子》曰："宗庙尚亲，朝廷尚尊，乡党尚齿（老人），行事尚贤（贤人），大道之序也，夏殷周之道也。""国有大故天灾，与宗社相关，必祷祠于此。"乡里也一样，有婚丧大事要去家庙，有御灾捍患

① 本篇由吴宗杰、张旭共同起草。

祭祖，来源：《青山村志》档案

要去土地庙、龙王庙。故本篇以家族各种精神场所，如祠堂、接祖地、茔地等辟为一系列，同时将反映社稷民生的庙宇，如龙王庙、关帝庙、土地庙等列为另一系列，两者互为支撑，相得益彰，展示青山胡同的“祭祀以驭其神”。

“祭祀以驭其神”是《周礼》确立的治理封地八则中的第一条，其他包括法则、废置、禄位、贡赋、礼俗、刑赏、田役。驭，约束，使受制也。“祭祀其先君、社稷、五祀，驭其神使之无僭祀，无淫祀也。”这是说鬼神无声无形也需要约束。祭祀合乎道理的神，否则就是淫祀，祭妖魔鬼怪，不能正民心了。由此来看，祭宗庙社稷并非迷信，恰恰是为了制约巫祝妖魔。这两者形式类似，但内涵完全不同。祭祀是礼的一部分，淫祀则是迷信活动。过去有熟读诗书、明礼达义的乡贤来把握这些场所的使用方式，以昭雍睦以儆愚顽，敦孝悌以重人伦。

《易氏》曰：“古者建国，王宫居中，左者人道所亲，故立祖庙于王宫之左；右者地道所尊，故立国社于王宫之右。”崂山的经学家郑康成说：“宗庙阳也，故居左；社稷阴也，故居右。”这也是建都城，如北京城《周礼》所依据的“左祖右社，面朝后市”之基础，目的都是为了“明祖、社，尊而亲之”。

青山五大姓都曾经或准备建家族祠堂，但普通家庭祭祖主要是在自家屋内明间。五大姓基本上都是明万历年间移民到崂山。林、姜、温、唐的先祖最初都是在试金湾附近落地，并在那里形成村落。林氏称“林家台子”，姜家为“姜家宅科”，唐氏是“大地铺子”，温家叫“东头庵子”。刘姓相对较晚一些，是在青山垭口下的“刘家窑礓”落地。他们与青山占山户高家协商后迁入青山，并围绕高家洼形成村落。这些场所今被认同为类似祠堂一样的族业，如姜提先生前告诫族人“勿忘南厥宅科”。

居民基本上是以族系围祠而居，每个家族有自己相对稳定的区域和接近居住地的茔地、接祖地、宗祠等与家族活动相关的场所。尽管以姓氏为聚落，但各族通过通婚，最终一家亲，形成了青山的一个大家族。刘同忠说：“不同姓氏之间都是互相连通的，亲戚与亲戚互相连通。比方说，我老娘家就是姓林的，我与他们亲戚关系都在一块儿了，亲戚连亲戚，最后都是一大家。母系通婚，就把这个宗族串起来了。我老婆也是本村的，唐、姜，她都有亲戚关系。”（20180619 刘同忠带访胡同）林玉水解释说，青山以前交通不便，山村相对封闭，村民一般都是在周边结亲找对象。为了怕姓氏间乱了辈分，青山村形成了各姓间统一的辈分，称街坊辈。《青山村志》对此有如下记述：

> 青山是一个多姓氏居住的村。历史以来代代相传，姓氏之间村人称呼按街坊辈称之。姓氏之间世辈也有定律，对上辈称大爷（伯）或叔，同辈称哥或弟，对下辈称侄，再下辈

称孙。村人之间结亲，不论是干亲还是儿女结亲，为的是姓氏与姓氏之间避免乱伦。

姓氏同辈一览表

姓氏	（下）林氏	刘氏	唐氏	姜氏	温氏	王氏	（上）林氏	黄	朱	李	曲
同辈	明	宗乐	永	成	立	祚克	还	德	元	时	瑞
	学	正振	京	先	可	安	长	方	信	悦	立
	玉	作	宗	兆	志	奎	秀	秀	京	日	新
	先	世明	孔	岱	成	振	宗正		念	光	智

表内所列姓氏辈，以上部分和以下部分略。（来源：《青山村志》）

据刘振居记述，街坊辈的字序是由太清宫道士所取，用的是道士百代辈分，即：

道德通玄静，真常守太清。一阳来复本，合教永圆明。至理宗诚信，崇高嗣法兴。世景荣惟懋，希微衍自宁。惟修正仁义，超升云会登。大妙中黄贵，圣体全用功。虚空乾坤秀，金木姓相逢。山海龙虎交，莲开现宝新。行满丹书诏，月盈祥光生。万古续仙号，三界都是亲。

据此推算，《青山村志》所列各家辈分的统一街坊辈应是：诚、信、崇、高。由此看来，家族并不是把人分割开来，实际上这是一种文化安排，最后大家还是一家亲。

“街邻道里”围绕胡同肌理及其场所，以《周礼》守望相助的邻里文化为主题，本章则以祠庙为场所，以宗族和社稷文化为主题，选择青山村部分氏族的文化场所进行描述，将“接年”和“五姓闹春”分别作为宗族场所和社稷场所的两个非物质文化活动加以展示。其中有重叠的场所，以《史记》互见法的书写方式，显隐相见。

刘氏祠墓

青山村以北河为界，把村分为南北两部分，河北是刘氏家族的主要聚居区，刘家祠堂就在村的北头入口不远处。民国以前，自即墨来崂山之人，若想到太清宫、上清宫、明霞洞三庙寻仙访道，祠堂门前这条“南北上下道”是必经之路。游人穿村而过时，首先要经过刘家。刘氏是青山村第二大姓，仅次于林氏。1953 年时有人口 370 人，到 2008 年已达 533 人。今天与刘氏相关的记忆场所有：刘家祠堂残迹、刘家街、刘家窑疃、刘家族茔、北顶前刘氏接年地等。刘家地段有几处大石磅：刘家碾子崮、刘家祠堂晒石和巧遇刘墉大石磅。刘家有两处碾，其一在村北头，碾子崮下，上有大石，可遮风挡雨，下雨天也能使用；其二在村西北部的西竹林内，现已没有遗迹。把刘家人凝聚在一起的，以前是祠堂，祠堂没了，就是茔地以及从茔地进入刘家的一个接祖地。每年三十，刘家人都会聚集在接祖地，放鞭炮迎接祖宗回家过年。

祠堂

刘氏祠堂建在刘氏居住地的青山村北头，其西大门外三四米就是南北进出村的路，北高南低。曾经的祠堂花岗岩垒墙，山草披顶，树木葱茏，大石相倚，是一所很古老的三间草房。《青山村志》（72—73 页）记载其环境：

院内有大柏树一棵，银杏树一棵，大门外有小柏树一棵，堂屋东侧有大石磅一个，顶平，北高南低呈倾斜形，刘氏族人常到此磅乘凉，晒粮食及其他物品。屋西侧有一暗沟穿路东下，至院墙外斜穿祠堂院子伸向大石磅南头下，水顺沟由此向东流走。石磅的北上头西侧，有笊枷豆树一棵，树桩很粗，树龄与院内的柏树、银杏相仿，应不下150年。

祠堂始建于什么年代没有记载，据《青山村志》（72—73页）描述："祠堂占地面积140平方米，建筑面积40平方米，祠堂外墙石料加工拉岗，门楼系三遍剁斧加工。大门安在院子西侧，距门三米处是南北上下通道，北高南低，堂屋房顶草披。"

刘氏族第十五裔孙刘振居在《守护会手稿》中说，祠堂在民国初期翻新过一次，族人一起到沙子口请了有名的石匠将墙面的

笊枷豆树下的刘氏祠堂残迹

石头加工拉岗加细，门面非常精细，大门是黑灰色的小片瓦盖顶，建筑风格仍保持着明朝古老式样，东西三间，明间大，东西两间小，是为挂祖谱而专门设计的。据说在翻建时，族长就按每家男丁，不管年龄大小，集资一块银元。刘振居推测，祠堂初建应该是在明代，因为根据已消失的祖传地契，刘氏祖茔建于明万历三十四年，一般情况下有了祖茔也会建祠堂。姜岐先老人记述，在盖刘氏祠堂的时候，房子的檩、梁都是圈顶上砍伐扛下来的檩树。据说有一天下着毛毛雨，族人们去圈顶前砍伐檩树，其中一个人为刘家外甥，叫王懒汉的壮汉，一失手一斧砍在腿肚子上，把腿肚子砍了一道大口子。人们用衣服给他包扎好让他赶紧回家疗伤。可他在回来的路上，顺便捎着就扛了七支明间檩，据现在算来最少也得有五六百斤重。据说这个人一人能吃 5 人的饭，也能干 5 人的活。

刘氏祠堂奉供本族宗谱，谱上记载了先祖及过世人的名字。祠堂还有族产，是一块约半亩的香火地，由老门头（族长）耕种。老门头每年过年置供品一桌，以表地值。此习俗一直往下延续，直到 20 世纪 30 年代祠堂被警察占用，变成警察局。在这期间刘家每逢过年，宗谱挂在刘宗坤家。1948 年警察撤走，1949 年春节宗谱重新挂进祠堂，全族人供之。60 年代“文革”期间“破四旧”的浪潮将族谱焚毁，结束了过年集体供祖的历史，随之祠堂变为生产队仓库。

刘振居老人在其回忆手稿中记述“后晒石坐落在刘氏祠堂的屋东头，与祠堂东屋山紧靠，为一大石磅，北高南低，面积有约五十平方米，好晒粮食、地瓜干等，取名叫‘晒石’”。因为在刘氏居住地的后面，所以叫“后晒石”。随着居住环境的改变，所剩的只有祠堂的东山墙。刘振居老人目前是刘氏家族辈分最高的长辈，在家族里德高望重，他回忆刘氏祠堂说：

我很小的时候，刘氏祠堂（还在），过春节来玩儿，老辈儿人就说当年刘家，刘墉就到这个地方来的，给祠堂送了一对大灯笼，送了一副对联，但是中途叫一个刘氏家族的族长偷着把灯笼和对联卖了。落实来落实去，以前不敢说，现在（他）家里都没有人儿了，只有一个孙子在家，留着一个根儿，他家没有人儿了才敢说，以前也不说。（20180620 刘振居讲刘墉和八仙墩诗）

在青山人看来，出卖祖产、祖宗留下的东西，是会得报应的。关于这副对联的具体内容，刘振居拜访林玉存后得知如下：

衍祖宗一脉真传，曰忠曰孝；
教子孙两条正路，惟读惟耕。

这副对联应是一副垂训联，体现刘氏家规家训，教育子孙耕读为本，忠孝传家。文字通俗易懂，但却古意深厚，起草者应是有很好的儒学教养。村里人都说这副对联是刘墉所赐。《太清水月：刘墉月夜游太清》一文记载刘墉家族与青山刘氏家族的关系，认为他们是属于同一传承支系。[①] 还说：“‘文革’前，崂山月子口、南九水、青山三处刘氏分支的祖庙里，各挂有刘墉为官时从京城派专人送来的他手书‘祭祖’两字的大型红色纱灯一对。”家庙在培育忠孝廉耻和仁义礼智信上起着修身治家的作用。推及日常行为，就会以各种孝道的故事展示出来。刘振居讲述了一个村里孝子买火烧的故事，他说：以前，有个人到集市上去买东西快没钱了，说我得去买两个火烧。他到火烧店去，说：“师傅，我买

① 见孙文昌等著：《崂山与名人》，旅游教育出版社，1997 年。

两个火烧。”卖火烧的问：“给谁买？”那人说：“给俺爹和俺娘。”“就买两个？”“买不多，我没钱了。”卖火烧的说：“你就要两个？我给你四个！”“不不不，我没钱了。”卖火烧者说：“这四个一分钱都不要你的！我卖了一辈子火烧，没有一个说给他爹给他娘买的，都是给孩子。所以我遇到你给娘给爹买火烧，你要两个我给你四个，都不要钱！”刘振居说，这个故事就是刘家祠堂要培育的孝道。

刘氏源流

据村民世代相传和《青山村志》记述，刘氏家族是从山东德州，经即墨辗转迁居青山的。刘振居曾前往即墨参与刘氏宗谱的重修工作，关于青山刘姓的来源，他是这样说的：“（刘家）是从云南来到了山东的德州地区，村名叫北马场，三个兄弟到这就落了户。住下以后不知是什么原因、多少年，这三个兄弟就走了，从德州来到了即墨，此时是明永乐年间。到了即墨的东葛村，老大就在那住下了，老二就搬到李沧区楼山后宋哥庄，老三则到胶东地区溜了好几个地方，后来到了华严寺那边的返岭村。俺们青山刘氏家族的祖宗就是从返岭村搬到青山来的。俺们是老三这一支繁衍出来的。老大留在即墨，老二到了李沧宋哥庄，老三到了返岭，后来又分支了，就分到了青山来了。”（20180826 谈刘氏修家谱等）

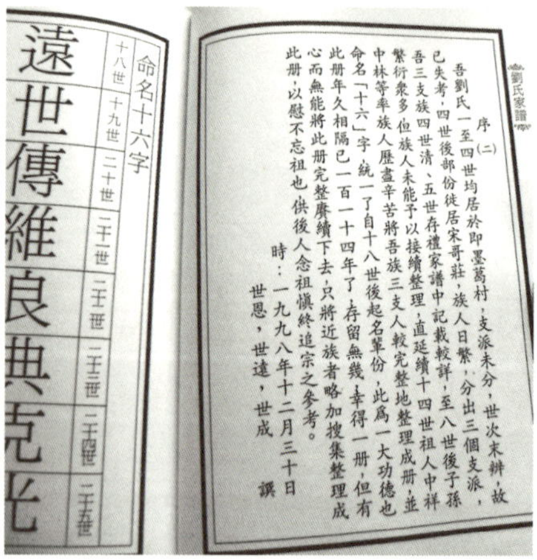

重修返岭《刘氏族谱》源流表述

目前刘氏家族合族有人数一万三千余人。

《青山村志》（72—73页）中也有"刘氏族记序一"的相关记载：

> 刘氏先祖系山东德州人。溯始于明永乐年间，迁徙居于即墨官庄，后长居葛村。清康熙年间，回禄之灾，旧系图影等俱失，后我族人居宋哥庄者，家中还藏有影图一轴，也相传自葛村。我族共分三支派，长支长居葛村，二支长居楼山宋哥庄，唯三支散居葛村、塔子夼、返岭村、海泊尹家屯等地。

《太清水月：刘墉月夜游太清》一文，也提到了刘氏几支的迁居去向：

> 据《刘氏家谱》记载，刘墉祖辈是个大家族。父亲刘同训，生于现在崂山西侧大沽河东岸的山角村。后因分家，一支留居当地不动，一支迁往崂山西侧的深涧——月子口定居，一支迁往崂山西南侧的南九水安家，一支迁往崂山东侧海边的青山落户，刘墉父亲所属的一支迁往山东诸诚县定居。还有其它的分支，分别迁往其它的县、省。

至于刘墉家族与青山刘氏到底有什么关系，刘墉是否到过崂山等，史书记载不详。青山刘家先祖一路自北向南，经返岭村来到青山南垭口之下，先是容身于一处由大石磅垒叠而成的天然石洞内，人称"刘家窑礓"。在此居住多年后，由于人口繁多，洞内住不开，才又搬迁到现在青山村的北头居住至今。刘振居说，这个洞的位置在，但洞塌了。今天刘家窑礓仍然被刘氏家族视为祖根之一。当时青山已经有林、温、姜、唐在各处占了，刘氏就迁至村北，造房盖屋，修建族茔，在青山村正式立足。刘氏三支分布在许多村落，但比较起来，青山的要比其他地方支派辈分都要高，一个原因是青山过去贫穷闭塞，结婚时间晚，代际间隔大，到清末以后，尤其是建国以后才壮大起来。

青山刘家人，仍然牵挂着即墨东葛村的刘氏始祖，时常还会关心始祖坟冢情况。几年前，有工厂要占用东葛村刘家的始祖坟，祖坟要移走。刘氏后裔就商议着把所有的祖坟都移到现在的祖茔地去。那个村基本都是姓刘的，没有异议。村里刘姓老书记主持迁坟事宜。结果迁移的时候没考虑到传统墓地的昭穆秩序，把始祖放在茔的最前边，其他的就埋在后边了。这个老书记因为这个事心里窝囊。他说："这个事成了我多少年心里的不痛快，一提起来饭都吃不进去。我出多少力费多少事，把老祖坟移过去，结果是好事多磨，众口难平。"依照儒家传统，始祖应该在最上、最高、最后边，子孙以昭穆向前排列，原因是移来的祖坟都不知

刘家窑礓：刘氏先祖落脚地

祖世的顺序，也无法排序，就只好把始祖放在最前面了。祖茔前立了牌坊，一进门就能看到始祖的坟，所以有些人就有不同的意见，闹得老书记心里好不痛快，心里觉着冤得很。刘振居后来安慰这位老书记说："按照规矩有点不妥，可如果按传统排列，那第二世祖坟是哪一个？第三世祖坟是哪一个？大家都百分百的不知道，谁都说不出个一二三来，把始祖坟放在最前面是最好的，一进牌坊门就能看见始祖坟，跪下就磕头。接迎第一个头的就是始祖，我们都是他繁衍下来的子孙到今天，没有什么不妥的，大家也都会慢慢接受的。"

族茔

关于刘家族茔，《青山村志》（72—73 页）中有着这样的记载，刘氏族茔始建于明万历三十四年（1606），其契约记载相传至今。刘氏十二世传人刘清月曾在即墨县任县长墨斗（相当于现在的秘书）之职，期间将族茔契约加盖即墨县税讫，后一直传到十六世刘作锡手中。刘作锡将契约放在木匣中，藏在阁棚上逃过了"文革"一劫，不幸却被老鼠毁掉。虽然契约已经损毁，但其中标明的族茔位置被记录了下来："青山后岐，东至海边，西至道，南至小沟，北至自己茔边，地面十余亩。"

青山刘氏归宗于返岭村，一至八世先祖名讳失考。据说建族茔后，七世刘养功、刘养泉兄弟二人移骨到祖茔，并立碑。之前先祖们都是散葬。九世开始，接续至今。刘养功、刘养泉兄弟成为区分青山刘姓分支的开始，茔地也随之一分为二，用垒墙划分界线，将两位祖先分开恭奉，长支为下茔，恭奉刘养功，二支为上茔，恭奉刘养泉。最初，刘家人可在本支所属茔地自由安葬，从第九世开始，族内约定："后人有钱可以在茔内买地，作为自己及后人埋葬地，外人不得侵占。无买地者在茔内其他地方随便埋葬。”（《青山村志》72—73页）由此，刘氏族茔内进一步圈划出了刘如化、刘如书、刘如寿、刘如意四个支族的专属茔地，后因人口增加，族茔面积有限，刘家又在黄山口南礓，现青山小学的南墙外，购买了四亩有余的土地作为支茔。族茔内松柏成荫，齐草丛生，有族产专为看管茔地和祭祀所用。直到“文革”时期，茔地铲平，改为耕地。

刘家在后岐墓地祭祖（刘振居提供）

偷祖宗

自德州迁来即墨，刘氏共分三支。青山刘氏与返岭等属于第三支。三支的族谱最先成册是在道光十五年，当时是由十四世祖，通过收集图影及二支家谱整理而成。那时候青山还没有自己的独立家谱。在参与刘氏宗谱重修过程中，刘振居老人发现，青山刘家所排辈号与其他支脉并不相同，关于其起因，他讲述了“偷祖宗”

青山刘家茔地

的故事：“青山为什么没有谱书，和返岭对不起来？因为返岭的祖宗和青山的祖宗闹矛盾，青山这个祖宗很可能日子不好过，他就自己气火了，我走，我不要你给我谱书，我另立山头。”（20180826刘氏修家谱）分支后，青山刘家凭记忆排下几个辈号，但数代之后辈字用完，因没有独立的族谱和祠堂，只好每年到返岭村去上宗拜祖，为了拥有自己的谱书，青山刘家人想出了一招里应外合的“偷祖宗”妙计。

> 年除夕的早上去得早了祠堂不开门，去得晚了就要罚跪几个时辰。逼着青山村的祖宗们天一明就早早去了，组织了一屋子老的小的三五十个人，去了先排上号。安排识字的在家把墨磨好使个瓶子或者碗装着去，祠堂西南是茅房，以前咱老百姓叫“圈”，都安排好。去了以后识字的找两个人进茅房去，剩下的人就堵住茅房门口，其他人就进不去了。刘氏家族青山的族人去了，就念“这个老爷爷，刘氏的原始祖叫刘什么，他的配偶叫什么氏，第二祖宗叫刘什么，又刘什么，又刘什么兄弟两个或者三个”，里边念，年轻的就“老祖宗好，老祖宗好”地磕头，外边就记，始祖爷是谁，两个人记。到了一定程度时间长了也不敢，外边就不记了，太多了。今年结束了，明年再安排接着这个地方往下念，就往下记，三记两记三记两记，叫“偷祖宗”，三偷两偷偷了十几年。（20180826刘氏修家谱）

由于时间跨度太长，无人整理，陆续“偷”来的辈号零散混乱，谱书迟迟不能修成。过了十几年，偷祖宗的人，记录的人，有的都去世了，结果偷来的这些辈号年轻人都对不起来了。最后以失败告终，只记住了“世”次是正确的。然而一个人的出现让这些问题迎刃而解，刘振居老人回忆说：“在我记事的时候有个叫刘正恕的，他念过私塾，我记事的时候他就七十来岁了，据说我们这个谱书第二次续修他参加过。抛开以前老祖宗不管了，从返岭过来开始，第七世兄弟两个，一个叫刘养功，一个叫刘养泉，从这开始有名字的，在青山立下刘家，开始自己起辈号，不管返岭的了。从我这开始，下边十六辈，振作明敬，中元太平，广习好学，还喜彩凤。”按照《青山村志》（72—73 页）中说法，长此以来，因路途遥远等诸多原因，来去不便，我祖辈就自建祠堂，自修宗谱，自起辈号，自修谱书，立起了门户。从此，我族不须再去返岭上宗拜祖，留传至今。

刘振居

刘振居写道，青山续修族谱从九世开始，九世“如”辈分为长支和二支（长支为东支，二支为西支），长支恭奉如青、如意等，二支恭奉如化、如书等，并在世次中两支明确分别。从十四世开始，东西两支开始各用字辈，东支为“宗”字辈，西支为“洛”字辈，在续修祖谱时又续加了十六字辈号，东支为“贞作世同，上元和从，广心成文，还进公廷”，西支为“振作明敬，中元太平，广习好学，还喜彩凤”。整个辈号还能再推三十辈，延续 200 余年。另外世祖辈号中“乐”本应“洛”，“正”和“振”本应“贞”和“真”，“尚”本应“上”，“京”本应“敬”，因多年来世祖将乐、正、振、尚、京等习惯用之，祖谱中也就顺其自然了。

刘振居说，青山刘氏目前已经没有正规的家谱，但与即墨刘氏一起，正在修谱，再过一段时间，刘氏家族的谱书就可以出版。

虽然不是青山专谱，但是一个老祖宗传下来，属于一脉相承。刘振居说："即墨我们这个大家族的老谱书，从 1880 年开始，到现在已经 130 多年没修谱了。这次修谱是那边村里的一个小青年，叫刘丽亚，和我家儿子同岁，今年四十三了，是山东省劳动模范。小伙子事业发达了，不忘本，就牵头修家谱。他搞得非常细，把每个分支的主要人都请到他村儿里去。"据说，他也是为了完成父亲的愿望。他父亲一直想修这个谱书，但是没能力。父亲退下来了，这个小伙子当兵回来五年，自己在家办企业，把整个村搞活了，结果人活了，事情也活了，大家都听他的，就好办了。他跟他爸爸说："爸爸你放心吧，你的梦想，我给你完成。"这次青山村是刘振居、刘文革去参与修谱。

祭祖

拥有了族茔和祠堂的刘氏家族在青山逐渐繁衍兴盛，作为本族共有财产，茔地为族内祭祀活动提供着经济支持。《青山村志》记载，族茔内松柏成荫，齐草丛生，祖辈历代有专人看管茔内资源，茔内的所有收入为全族人所共有，供全族各项祭祖费用支出。而每当春节到来，祠堂则成为祭祖活动的重要场所。关于刘家春节祭祖的情景，《青山村志》（72—73 页）有这样的记述：

> 祠堂是过年期间奉供本族宗谱的地方，宗谱上记载了先祖及过世人的名字。除夕这天由本族老门头（辈分最高，此辈年龄最大的人）将宗谱挂于祠堂正北方，安好供桌，摆上供品，开始烧纸香。如果本族当年有过世者，其后人要身穿孝服，带上供品、纸、香，到祠堂把自己过世的亲人名字填写到宗谱上去，没有传人的要过继后人替办，否则不予填名。从除夕挂上宗谱开始，到初二晚送完年结束，本族老门头要守在祠堂内，烧香、

烧纸，看管祠堂门户。

刘振居说，从除夕早上挂上祖谱开始到初三早晨把祖谱收藏起来为止，“老门头”要一直守在祠堂三天三夜看管祠堂门户。

林玉水老人讲述青山人过年祭祖的场景，他说：“年初一那天，有的大年三十，小年二十九，俺这个村儿的祠堂供的就是祖宗的灵位、大家谱，也叫家堂轴子，写上祖宗三代跟他那一支子的我那一支子的。轴子中画的是一层一层的祖宗画像，有些是三山，有些是两山。辈分最高的在顶层一格，其他长辈名次按辈分高低依次向下排列。中间是一个大方桌，老式的，把家谱装在那个永匣子里，就是箱子，就是专装家谱的，到了过完年再收起来。俺们叫的这个永匣子就是个大盒子，很长的一个木匣子。挺严实的，把它放上。把这个桌子供上三牲（整鸡、整鱼、整个猪头），摆上碟子碗儿。哪一层最大的辈儿，年纪最长的，就是老门头，叫他在这儿看宗，小辈儿过年都来这磕头，很规矩的。”（20180620 上午走访）祠堂没有以后，祭祖还在继续，“祝子”（也叫“轴子”“影子”，指祖宗家谱）就挂到各家明堂上。

轴子（大家谱），过年时家家都挂（刘振居提供）

在青山村，家族祭祀讲究规矩，过年的时间也要全族统一，除夕之夜，由族长找人查黄历定准时间，在刘氏祠堂放“三眼枪”，以此为信号，族人才算正式开始过年。“三眼枪”是早年村民土制的一种火器，一枪有三个眼，不是土枪、土炮，只是用来鸣信号的工具。刘振居老人告诉我们：“这个地方到了春节期间，过年了，晚上半夜过年，放三眼枪，就是那个土枪、土炮，呼鼙一响，呼鼙两响，呼鼙三响，三声一响，统一过年。这时间根据黄历，说今年是个什么时间吉利，什么是过年时间，基本都能同时，每一个姓氏都这个时间放这个炮，现在叫礼炮，以前叫三眼枪。”（20180620 上午走访）“三眼枪”一响，过年的序幕拉开，半夜吃过饺子，晚辈们便开始出门拜年，第一站必定是本族的祠堂，给祖宗磕完头后，各家各户的长辈们也做好了接受新年祝福的准备。

刘氏家族年三十在北顶前接祖回家过年（刘振居提供）

林家祠墓

林家祠堂胡同

林氏是青山第一大族，2008 年时有人口 755 人，占全村 53.4%。林氏也占据了村内最好的地段，其中心是林氏祠堂，处在上山下海主干道中段与南北“青山道中”干道的交会处。《青山村志》（65—66 页）描述祠堂位置：“堂前有东西大街一条，是村内通往太清宫、上清宫、明霞洞的主要道路。堂西是南北通道，南与东西街接壤，北则直通姜姓。”以林家祠堂为中心东西延伸，是林氏家族的主要聚居区，东与温家相依，西则与唐家相邻，北与姜家和王家接壤，南则沿南河北岸上下绵延。林姓又分下林和上林两族，其下还有河北林等众多支脉。祠堂偏西 20 多米处有一盘石碾，本村人称之为“上林碾”“上头碾”或“南边碾”，这便是上林、下林的分界点。故围祠而居在林氏家族表现尤为突出。

林家台子

林家台子是在青山湾南的试金湾。位于崂山头西北，列坡海岸，是青山去崂山头、晒钱石、八仙墩的必经之处。滩南段之西百余米有一茔名曰“林家台子茔”。青山村早期居民大部分都是首先

在此落脚繁衍，林家虽非本地土著，但却是青山有记载的最早的移民之一。关于其来源，《青山村志》（65 页）是这样记载的："明朝永乐二年迁民，即公元 1405 年从台湾移民，由四世先祖林九成带头移迁到山东济南府，后分配到即墨县，坐船来到崂山试金滩，在滩西一平台处安居，定名林家台子。先祖林九成及长子林香庭夫妇和众子定居于此，次子林香宝、三子林香裕则向胶东进发，另寻安居地，在牟平、栖霞定居。"这一记载似乎也说明林家也是在明初那次大移民时来到崂山的，但与那次移民来自河北枣强或山西洪洞县大槐树不同，林氏是从台湾而来。台湾一直是福建移民的输入地，何以林家来到崂山？据说，村内到民国时还保持

列坡

着许多福建民俗以及闽南口音。据崂山区政协 2001 年编写的《崂山村落》（上）一书记载，青山村林氏来历似乎更加非同寻常，被认为与郑成功的抗清斗争密切相关。

当清军入关几乎占领全国的时候，郑成功在东南沿海一带进行抗清活动，其派将军林本成率领以十三族侄林香庭、林香宝、林香春等为骨干的林氏部伍，配以复社志士王翊为参军襄赞军务，从海路潜行于长江以北的江苏、山东等地，号召义民、集结力量，以策应大军北伐。郑成功北伐失败后，其林氏族伍虽在江北喋血苦战，但于大局无补。到清朝康熙四年（1665 年），林本成仅与林香庭、林香宝、林香裕等数人率残部在崂山头登陆，住在临近八仙墩的林家台子（亦称“列坡”）。因无水源且又少可开垦的耕地而不利久居，林本成便沿山路找水源，结果发现了林木茂密、山泉叮咚又临近海湾的青山。当时这里有两户高姓原住居民，林氏与高氏商妥后，便从林家台子迁来，劈石造屋、开山屯垦。林本成因心力交痒，不久去世。林香庭等族侄们将其葬于林家台子，以纪念初始登陆和北伐的夙愿，并立碑碣（该碑 1966 年前尚存）。林家台子还有林香庭的墓碑，是清朝光绪二十三年（1897 年）其十二世孙林田兴、林田辉及十三世孙林封、林修等人所立。林本成虽率部北上，但其本族大部分人却随郑成功到了台湾。[①]

民国学人丁叔言也有类似说法，称村内居民多闽籍林姓，相传自明季迁来，“疑系郑成功遗兵扰沿海而流落者”，如果是的话乃是“民族英雄之苗裔也”。据说民国初年，居住台湾的林朝成（林本成之弟）的后裔林云，曾从台湾来崂山寻找林家台子，在此认了本家并住多日。青山村林学本是沈鸿烈东北海军的水兵，1932 年曾随战舰到过台湾，在台北找到林氏本家并拜过祖庙祖茔，受林姓族人的欢迎。另外青岛档案信息网介绍青山村有这样一段文字：

早在顺治七年（1650），郑成功接受大将施琅的建议，把军队重新编组训练，成立前、后、左、右、中五军，自领中军，甘辉等人分领其余四军。另外，又派复社志士王翊和大将林明等人组织了一支别动队，潜伏于长江以北地区号召义民、集结力量，以策应北伐。在顺治十二年（1655）左右，林明率领部族在崂山青山湾登陆，便在荒僻的青山湾畔开田屯垦，劈石造屋，作长期潜伏的打算。后来听说郑成功北伐失败，林明在忧病交加中去世，这批人便定居下来。林明的族裔为大林，随林姓的部属们为小林，所以至今青山村的林氏有大、小林之分，双方可以通婚。

① 崂山区政协编：《崂山村落》（齐鲁春秋文丛），中国文史出版社，2007 年。

这些记述几乎说明，今青山上林乃是随林明（或林本成）过来的部属构成。今青山社区的诸多介绍中均提到："林本成因心力交瘁，不久去世。林香庭等族侄们将其葬于林家台子，并立'上林始族林公本成之墓'碑碣（该碑1966年前尚存）。林家台子还有林香庭的墓碑。"上述资料来源有许多矛盾之说。如果墓碑记录可信，带领林氏到青山的应是上林始祖林本成。家谱记载的始祖林九成及长子林香庭应属下林，也许林九成就是林明，上林与下林属于同族，为同时移民青山。不过这些说法在村内现在似乎不流行了。林氏始祖林九成（或林本成、林明）带领家人在台子周边造田建房，生活并不容易，不久便因心力交瘁而去世，葬于试金滩南端之西一片楸树、松树包围的地方，称为西南疃，此后数代先祖皆葬在这一带，形成了最早的"林氏西南疃茔"。在此期间，姜氏、唐氏、温氏的始祖也陆续迁来，后因寻找水源翻山向北，才移居到青山村地界。林氏在青山村定居后，世代繁衍，开枝散叶，围绕村子又陆续形成了六处茔地，但"林家台子"和西南疃茔从未被遗忘。清朝光绪年间，林氏合族在西南疃敬立石碑，上刻"始祖林公之墓"，为宗族在青山的起点做了正式标注，始祖茔与村内同时期修建的林家祠堂遥相呼应，勾勒出林氏一族数百年来的迁居足迹。

林家以始祖墓留住了林家台子这一具有历史意义的地点。此外林家先祖还在西大崮正东，磨石疃的黑崮之下开辟了林家祖茔，称"小

林氏始祖墓，来源：《青山村志》

试金湾

台子茔”，林氏自五世先祖开始葬于此地。茔地三亩有余，背依黑崮，四周为梯田，北正前方是大河河谷，属于理想的风水茔地。随着人口繁衍，林氏西大支在大泥旺下有上茔下茔两处。河北一支在石门正前，刘家西楼正西，后河河北一带各有一茔地。南车场之东也有一茔地。东大支及其始祖“老容像”林福夏茔地在南长岭东北。上列这些茔地大部分都在“文革”时整为耕地。

林家台子所处的试金湾和试金滩，属于崂山一大景观。试金滩南北长度达 0.4 公里，无沙，全系滑光石。从滩北石礓沟下至洼下头北侧系无光大圆石，往南带逐渐变小，大的重量数斤，最小的在滩南头豆粒大小。多数为鹅卵式样，又叫“鹅卵石”，俗称“滑光石”，此光石为海浪冲打摩擦数千年而成，石色分为黑、青、白三色，多为黑青色，体面光滑明亮，花纹多姿多彩，出水后被太阳一照光亮耀目。石质细腻坚硬达到可试金的程度，故取名“试金滩”。《崂山太清宫志》（卷三）称此地为试金石滩，并对其景色描述曰：“石分五色，花纹灿烂，形圆光滑，为海浪冲撞，忽有忽无，流转不停，自能分色，往来运转他处，大小形状各异。

游山客侣俱喜拣选，携作玩石，以置盆盂内雅洁。其纯黑者可以试金，故名试金滩。”

试金滩潮势尤奇，姜岐先描述它是：“每遇风浪，来如击电，去如奔雷，吞吐恍惚，诡谲千状，盖去海已近，故较内处迥异。”此处三面高山峻岭环抱，正面大海荡漾，景色独特优美。林家先祖，以及温、唐诸姓先祖，在试金湾登陆并落脚，也许与这里的地貌景观不无关系。

林氏祠堂

林家祠堂面积 50 平方米，堂院西宽东尖呈三角形，祠堂大门安在院子西侧，整体建造工艺上乘。据林玉水老人回忆：“当时修这个林家祠堂，用这个石头相当的有手艺。”（20180620 下午走访林家祠堂）《青山村志》（65—66 页）记载：“堂之外墙及大门门楼石料，全是细加工，门楼组合石料全是三遍剁斧活。”如今林家祠堂仅保留了门楼部分，当年的松木大门也因腐烂而重新翻修，林玉水老人说：“这个房子是各分支掏钱（修的），你

林氏祠堂

谁家定半支谁家掏钱少，你一个人一家也定半支，但是每支是一样的钱。”（20180620下午走访林家祠堂）祠堂门口的石头上曾凿有花纹，门板上也刻有对联，但具体内容和样式他已无法说清，只记得正中的匾额上刻的是“西河一郡”，代表着林姓的发源。

关于“西河一郡”的含义，林玉水老人是这样解释的：“当时老辈在商朝的时候，看过封神榜上那段，是真是假咱就不知道了。当时比干丞相生了两个儿子，纣王无道被姜子牙打败以后，把他两个儿子请出来，要保留这个族，说是纣王的后代，就给改了姓，一个改姓林，一个改姓王。俺当时林家祠堂挂的那个匾额‘西河一郡’就说明是老林家。当时就是姬发封的比干爷的大儿在河南，西河郡。周朝到现在多少朝代，人发达了，住不开了，迁到台湾去了，台湾一看不行，又搬了。”（20181015守护会第一次活动）关于这一传说，《青山村志》（65页）中也有记载：“商朝末年第一代老祖比干丞相之子微子德，周武王伐纣灭商大胜后，登基坐殿，对其不忍加害（念比干是忠臣遭纣残杀致死），赐姓林，封‘西河侯’。秦朝改西河郡。至公元前208年，楚汉相争，平民逃荒由三十七世先祖逃到台湾岛，达700余户。”从此，天下林姓不论迁徙到何处，只要祠堂匾额是“西河一郡”，便知源出一脉。

溯其源，源流不断；衍其枝，枝繁叶茂。今天的青山林姓支脉众多，究其第一次分支，可以上溯到第七世的林福春、林福夏兄弟二人。当年因人口逐渐增加，经林氏兄弟商议，各携家眷分开居住，自立门户，随后逐步形成了两处相对独立的聚居空间，因各自有出入口与胡同相连，形似“大门”，被称为东大门里和西大门里，虽然今日房屋格局早已变化，但位于林家祠堂以东的这两处地名依旧被本村人沿用，代表着林家分支的开始。林家第七世祖宗林福夏在祠堂里有着特别的供奉形式，称为“老容像”。传说福夏至晚年，一天突然双腿盘坐，上身直立，从两鼻孔内流出两条鼻液柱，至腿上，形似龙须，坐立而死离开人世。其干儿为他画了一幅双腿盘坐，上身直立，两鼻孔流长液，似白龙须的容像，后人称为“老容像”。后来族人将其放在祠堂内供奉，位置挂在西山墙。供奉程序与族谱一样。（《青山村志》391 页）传说“老容像”林福夏的儿子曾患有麻风病，机缘巧合被一化缘道士治好，福夏感恩不尽，陪送道人到泉心河，当行至十字北塞，道人手指村北的崮石，对福夏说：“你以后定设法把崮东这片地方买下来。”同时手指平地说：“这是一穴‘凤凰气’，买下后作为你族的阴宅茔地。”后来福夏按道人的话把这块地域买下作为茔地，九世启玉第一个葬于此。

林氏族谱直到建国初期还在修缮，据《青山村志》记载：“供

“老容像”林家东支在长岭茔地，来源：《青山村志》档案

奉的族谱 1957 年由全族人投资重新制办，把陈旧的换成新的，是绫子制作的。”今天，林家祠堂仅剩的大门和部分外墙被重新保护了起来，原本荒废的院内，一株杏树枝叶繁茂。大年三十傍晚，林家人还会聚集在村外西南方向的南崖子焚纸放炮，延续着“接祖”的习俗。

祠堂年味

供奉着先祖画像和族谱的林家祠堂，曾是林氏家族祭祀祈福的重要场所，每逢族内男丁结婚或春节，都会前往祠堂祭拜。

姜岐先老人在他的回忆手稿中是这样描述林家祠堂的新年景象的：“（祖谱）年之日添写完毕排于堂之正北，摆供桌数张，桌上摆满了猪头、鸡、鱼、果、点心等各种供品。鞭炮齐鸣，香纸齐焚，迎故祖登堂。由族内老门头（辈分最高、年龄最大的人）守候，年三日内香火不断，全族人皆前来拜之。初三日早晨将供品撤掉，祖谱收起存放于永匣之内，搁放在堂屋正北沿椽下墙上端，年年程序如此。”实际上，新年祭祀不仅仅局限在祠堂内，本族家家户户都恪守着对祖宗的敬重，林玉水老人回忆说：“过年有两个说法，俺这个场儿是挂纸家谱，有的地方是祝，祝就是个木头插上，写上爹娘，写上爷爷、妈妈（奶奶）……他就是写上爷爷的名、妈妈（奶奶）的名或者再老爷爷（的名），到年三十这天就去（摆上），就把他都拿出来，一个一个的。俺们过年可麻烦了，不说到公产（当地读 shān），就在自己家，各家拉上桌子，小型供桌，摆上供、碟子碗、馒头，把家谱从背角请下来，把那个纸放下来，这个纸上写着祖宗三代，都在上边的。”（20180718 林玉水访谈）

由于特殊的历史原因，今天我们已看不到当年的热闹场面，姜岐先回忆手稿中写道：“1966 年‘文化大革命’来临，‘破四旧’

的浪潮势不可挡，族谱从堂内拿出挂到岔路口十字大街上，被画上漫画，写上了批判的大字报，之后一火焚之，随之祠堂变为生产队的仓库。”也是在这一时期，各处林氏族茔被平为了耕地。

祠堂是过年的精神场所，年味的体验高潮，人们在对祖先的敬畏、长辈的尊重中，经历年的洗礼和喜悦。自从祠堂废弃后，人们就不再有这样富有教育意义的喜庆机会了。刘振居说，刘家和林家的长者一直想恢复祠堂的作用，但现在没有了族产，组织管理都很困难，想把祠堂、族谱修好都需要经费。

台湾纽带

据说林氏一族是从台湾迁回来的。青山林氏历史上一直断断续续与台湾乡亲保持着某种纽带联系。民国初年，台湾的林本成之弟林朝成的后裔从台湾来崂山寻找林家台子。中间经历了解放战争，两岸隔绝，改革开放后，大约三十年前，林玉水在太清索道偶遇一位来自台湾的林姓青年。凭着“西河一郡”，二人时隔百年、地跨千里再次同宗相认。林玉水老人这样回忆当时的情景：

唐京安和我两个，正月二十几，还没开索道。唐京安说我去割一棵竹子你帮我修一下筐，我说好啊，反正闲着没有事儿。他就上明霞洞割了一棵竹子，俺两个就在马路上，没开索道俺俩都闲着，我就搊哧竹子把那个筐扎箍扎箍。这时来了一个人，耍山的，青岛当地的人领着一个小青年，咱也不认得。小

林玉水

青年过来，俺在擖哧竹子他站在那，他那个意思好奇怪。（20181015守护会第一次活动）

经过一番闲谈，两人发现姓氏相同，青年人问林玉水老人是否知道青山林姓的来源，他回答说：“我也不知道，反正我小时候俺有个家庙，就是祠堂，俺那个祠堂上挂着一块匾，大门上有副对儿，不是贴的，是刻上的，跟匾的意思一样，刻得什么字我想不起来了。我们从哪来的我不知道，但是刻的那个匾叫‘西河一郡’。那时候不识字也没有谱书，听老祖说是从台湾迁来的。”青年闻听此言十分激动地说：

我听我爷爷说，他听别人说，他没来过山东，说这个崂山有姓林的就是从咱这个宗族辟出去的分支。栖霞，还有文登。俺爷爷说到了山东栖霞、文登，还有崂山，这三个地方姓林的都是咱家辟出去的。

当排辈二十多世的他得知林玉水老人是林姓十六世子孙后，惊呼道：“活祖宗！活祖宗！”同宗相认，却不能久留，临别前，青年从随身的包里拿出新旧台币共600元送给林玉水老人说：“老爷子，我拉开这个包想给你找个纪念品，没有，我给你这两个钱你打壶酒喝，知道咱台湾老家人来崂山了。”林玉水老人约他来年到家中做客，却得知青年将去美国深造，之后大姐会到青岛经营企业，这一别便又失去了联系。后来，林玉水老人托同村跑大巴的姜爱到青岛市里，用青年赠予的台币兑换了人民币约200元，这是上世纪90年代的事情。

唐氏族

唐氏家族，明朝永乐年间由山西省云州南（简称小云南）迁出，经洪洞县分往山东即墨，数代后坐船来到崂山头的大地铺子，其青山祖根称唐家铺子。他们与林家台子、姜家宅科、温家庵子为邻，并最后与邻居一起迁往青山，在西山落户，位于整个村落的最高处。光绪二十四年修的《唐氏族谱》称："吾族自万历年间卜居青山至今四百余年矣。"唐氏祖茔是在其居住区西面山上，祖茔与唐家街之间的大路上，有一处称上石屋的地方，后来成为接祖地。到了民国，唐氏开始在唐家街北侧修家庙。

唐氏在整个迁徙过程中，颠沛不定，自始祖唐本立定居青山后，二世祖开始又迁居西麦窑，直至同治年间八世祖又迁回青山。《唐氏族谱》曰："始祖明朝万历年间卜居青山，自二世祖迁居西麦窑，遂请宗焉至，同治癸亥，丰刚公在青山又修宗焉，所以春夏秋冬不须往来祭扫云。"因此传承谱系一度紊乱，族人深为自责。"或湮没而不传或紊乱而失次，名冒讳犯，所在多有是非，余后人之责也。"而造成这种情况的另一个原因则是处在兵火乱世："后世子孙非甚不肖，未有不识其祖宗坟墓者，然势会靡常，事变莫定，或生当危疑存亡之秋，或身际烽火兵革之交，桑田沧海有莫辨其谁是者。"到光绪二十四年，九世祖唐元桂开始修族谱，后又修宗祠，唐家的昭穆次序，才昭然若揭。

唐氏祠堂

唐家祠堂位于唐家街的北头，边上有南北小路一条，祠堂靠路，目前尚存残墙和一小院。《青山村志》（79—80 页）记载，此处原来有草坯房 3 间，建筑质量较为粗糙，其占地面积 70 平方米左右，建筑面积不足 35 平方米。唐氏祠堂建于清朝光绪十七年（1891），因筹款有限，堂墙及院墙没有加工，只是按石料原样初步加工使用，因而墙缝大，只能言盖起而已。祠堂院子呈方形，屋与院墙，基高出东侧地面不足 3 米，堂后是园地，院外东南角有大石磅一个，磅高 7 至 8 米，磅东北呈高尖形，向西倾斜。磅底有洞，洞内有沟，雨季沟水从祠堂门前沟内向东流下，直入洞内。洞边有路一条，是唐姓通往后晒及后河的路。堂前园地相连，有一小路从中南北穿过，向南可直通住户，向北直冲祠堂大门。路至大门前向西转弯，经堂西侧通往堂后，去坡外。祠堂东下处是园地，东北有林氏和唐氏住户。我们在姜岐先老人带领下，走

唐氏祠堂遗址

唐家祠堂西墙胡同

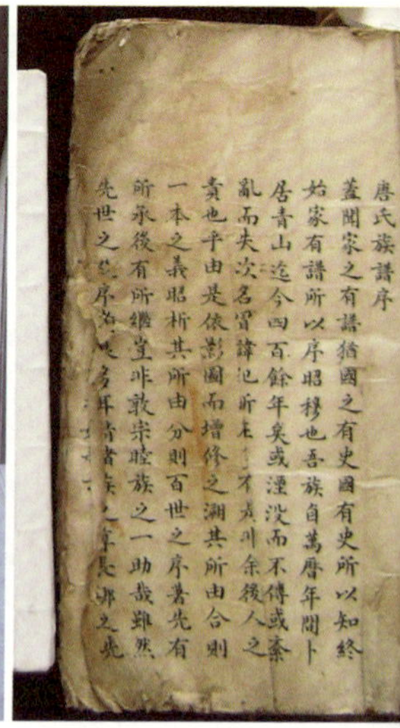

唐氏族譜序
蓋聞家之有譜猶國之有史國有史所以知終
始家有譜所以序昭穆也吾族自萬曆年間卜
居青山迄今四百餘年矣或湮沒而不傳或紊
亂而失次名冒諱犯所未[illegible]不[illegible]余後人之
責也乎由是依影圖而增修之溯其所由合則
一本之義昭析其所由分則百世之序著先有
所承後有所繼豈非敦宗睦族之一助哉雖然
先世之[illegible]序者[illegible]多耳請者[illegible]之尊長鄉之先

《唐氏族谱》序

访了唐氏祠堂，虽然屋已无存，但形制尚好。

据记载，祠堂内曾设供奉族谱的图影 3 扇，年除夕日，将宗谱从容匣内取出，将本族当年过世之人姓名由家人报上，按辈分添入宗谱，然后将三扇同时挂好，摆供桌数张，一切供品费用由族内按户捐献。祠堂族产有山峦一块，位于鹰嘴石西、圈顶西岐，每年冬季族人到山上砍柴扛回，供过年祠堂取暖，年之日有本族老门头（族长）守候祠堂，看守堂门，香火不断。唐家族人多聚集于堂内，各种互动俱有，过年期间祠堂热闹非凡，历年如此，习俗不变。从记载来看，唐家祠堂的修建与族谱的修订应是在同一时期，均由九世祖元字辈族人主持。唐元桂在其谱序中表达了修谱为敦亲睦族之用心，可以说是唐氏家族敬宗收族的重要历史节点：“由是依影图而增修之，溯其所由，合则一本之义昭析其所由，分则百世之序著，先有所承，后有所继，岂非敦宗睦族之一助哉，虽然先世之次序者良多耳，请诸族之尊长，乡之先生终未有知之昭昭者，是不得不姑阙于始，以备参考云。”

“文化大革命”期间，宗谱被打入“四旧”行列，焚化为灰，祠堂也随之废弃，成为二队仓库。

族茔

唐家茔是在其居住地的西面山上，是在通往上清宫和明霞洞的古道边。今天这条古道上仍然可以看到民国时期沈鸿烈开辟的梯子石，以及路边石崮上凿刻的“宫路”标记。去唐家茔要经过大湍水和青山水库，其突出标志是黑崮。高崮耸立，高 10 丈有余，崮北梯石路较陡，从下到上将近百梯，走此处人们气喘吁吁。崮石西石磅刻有万历年间留下的太清宫和青山的分界，曰：“太清宫北至分水河界，北至分水河，东至东海海边。巡抚都查院分守海右道，莱州府高密县、即墨县同立。”因石体大部为黑色，人们称为黑崮。《青山村志》中对于唐家茔坐落的描述是“上清宫口之东，凉水井子之下，黑崮西北”。由此看见，唐家茔是在古道边，西山上，四周充满文化地标的一块斜平地上。《青山村志》称此处“有古树，四周多为盛树茂林所罩，茔墙外河边杨柳飞飘，奇观无比”。唐家人对祖茔坐落和风水颇为自豪，认为是“先祖选择此地为祖茔，是经过一番苦心后，精心勘察而决，因此地气盛，主后人兴旺”。唐家人称：“北依两崮名曰青龙、白虎。南连山梁直顶西大崮子。平地前有一条河沟，发源于星顶南侧，经大炕、凉水井子流经此处。然后东流直下与北大河合流。”具体来说，茔地是在两崮之间，中有一峡口宽约 8 米，顺口往北可窥视大泥旺，地势北高南低成圆形。茔南冲山梁，直顶大崮子，茔地东面口子朝向黑崮。

唐宗春老人转述传说，这块茔地是出秀才的，但只能放四座坟：“西边出个秀才，东边出个探花，前边出个什么我忘了。这四块坟能出四个在京里做官的。可惜后来葬得太多，好几百坟子，翻不过身来，把秀才气踢腾（压死）了。”唐宗春还说：“‘文革’时，一位林家人挖唐家茔，在地后头挖出一个类似泥盆的东西来，圆圆的，烧窑烧旧的那么一个泥盆子。实际上不是个盆，挖出来的是一个窝子，烧得跟个盆一样。老人说，袁天罡和李淳风就使这个盆把崂山的气全部抽走了，这个就是留下的气眼。要不然北方咋不出官员，出大官都是南方呢？”李淳风、袁天罡是唐代撰道教典籍《推背图》的风水大师，预言了从唐开始之后数千年的国运。老人的说法神乎其神，还与国之大运联系。然而作为一种记忆，必定在某个时期有理由流传。“南蛮子”跑到崂山来破坏风水的说法，在民国时就在崂山一带流传。1932年《旅行杂志》第7期刊登李亦的《崂山纪游》，其中说到白云洞的道人告诉他，青、黄两山的人都是南边的“蛮子”，他们妒崂山的风水好，出神仙，故意到这里来破坏崂山的风水，这些话近于迷信，难令人信服。“青岛的一位朋友告诉我，青、黄二山的人原籍都是福建，泛宅为家作渔户，不知是哪一年月被飓风刮到崂山。此说比较的可信。”历代都说泰山龙脉起于昆仑，崂山作为国之龙脉的说法，是在清代形成。清朝定鼎中原之后，顺治皇帝下旨恢复了明亡以来中断的泰山帝王祭祀。康熙皇帝则在《泰山山脉自长白山来》一文中，把泰山龙脉的源头推到了长白山。他认为，这条龙脉自长白山蜿蜒而南，从旅顺口之铁山入海，龙脊时伏时现，在山东登州登陆，西行八百里到达泰山。

西支入兴京门为开运山，蜿蜒而南，磅礴起顿，峦岭重叠，至金州旅顺口之铁山。而龙脊时伏时现，海中皇城、鼍矶诸岛皆其发露处也。接而为山东登州之福山、丹崖山，海中伏龙于是乎陆起，西南行八百余里，结而为泰山，穹崇盘屈为

五岳首。（《圣祖仁皇帝御制文集》卷二十七）

《齐记》泰山虽云高，不如东海崂，道士们故而解读李淳风、袁天罡到崂山来破坏大清国这条龙脉，并认为自此以后，主政中原的将是南方人，北方不出大官了。其实唐家及很多青山家族以为祖上是明代山西大移民时过来的。唐氏族人把这个破坏这条国运风水的穴位，放到了自家的墓地上，此当接俗耳。姜岐先老人赋诗一首赞唐家茔景观：

长流河水绕茔去，松柏参天杨柳飘；
青龙白虎背后立，唐氏先祖此处安。

据说老唐家最早的唐本立坟应该不在此茔地，而是在疃西，可能是八世祖回迁青山时，开辟了这处茔地。唐氏对于葬入坟茔

上石屋下，唐氏接祖地

的族人，在家谱中必记载葬址并注明子孙，如果没有后人，则在本族中找奉祀的嗣子。家谱对此如此描述："兹于某世之下，必纪葬于某处，正使孝子慈孙百世而后，犹祭扫如新，云而承之，说殊乖典训倘无人可继，万不得已亦只于本名之下，注明某人奉祀。嗣子必于本生之下注明出嗣某人。又于所嗣之下详注系某人子，是不忘其所嗣，亦不忘其所出云。"

接祖

在唐氏居住聚落上头，今公路两侧，有一片土地，虽在山之高处，但土地连片，因底土较薄，故称大薄地。大薄地东侧有一石崮，是历代唐姓族人过年接年之聚集地，亦是唐氏家族通往祖茔要经过的地方，今在上石屋下方的公路上。上石屋大石磅下，有一天然石洞，崂山自古多神仙窟宅，此其一也。古时修道之士居此洞，后来也有流浪者居住。

接祖地

接祖地是每年除夕接祖宗回家过年的地方。接年是今天仍然在进行的一项活动，体现了围祠而居的文化含义。过去接祖活动都是在祠堂进行，今天因大部分祠堂已经不存在了，所以青山各个家族都在去祖茔地的路上接近家族聚落的地方形成一处接祖地。就这五处接祖地，刘振居说：

青山五大姓接祖地

> 过去到茔里去把老祖宗接回来过年，叫“接年”。现在习俗简单一些，到村边儿上。姓刘的到北顶前，林家叫南崖子，姜家在石门西，温家南大道，姓唐的在上石屋。像礼花、礼炮，都拿到接年的地方去。大约下午四点多钟，大家就一起开始放鞭（炮），家家户户都去放，还有烧纸烧香，磕个头放个鞭（炮），意思就是接祖宗回家过年，接年，接回来。后来把锣鼓队也要过去了，场面很大，很热闹。（20180718 守护会谈接祖拜年）

姜岐先说，除夕接祖回家过年，古往今来沿袭不断。姜姓除夕接年到海沿东港，即现在村河南大会议室院子处。直至 19 世纪 70 年代后期北歧公路修通后，将接祖过年地迁到公路与北河交叉处。同样，温姓居民以前都到通往东头河的小路边镜子石处燃放鞭炮，迎接逝去的先人的灵魂回家过年。自 1984 年以来，随着接年的大人孩子们越来越多，原地由于面积小，为了预防意外事故的发生，就将接年地点迁移到南大道公路面对温家居住地的平坦处。（《守护会手稿》）

这五个地点正好围着村子转，各家相互呼应，面向大海，傍晚时刻，璀璨的烟火与鞭炮声此起彼伏，瞬间绚丽了整个青山湾。温志团描述道：“每到年除夕下午五点左右，各姓家族的大人孩子们上百人，陆陆续续带着各式各样的鞭炮、魔术弹、礼花等从家里赶到接祖地。霎时，鞭炮齐鸣，魔术弹、礼花、轰天雷等冲天而起，温家、刘家、姜家、唐家、林家等接年的鞭炮声连在一起，响声震天，为春节的到来增添了浓厚的气氛。”（《守护会手稿》）温志敏说，1986 年，姓温的几个老板和全体温姓家族一起集资几百元钱，由温姓家族推选三人到青岛四方路鞭炮市场购鞭炮回来。使车拉着鞭炮去放，后来把锣鼓队也拉过去。一放放到晚上，那一年姓温的格外热闹，像礼花、礼炮，都拿到接年的地方去。

林玉水说，这也是一种仪式，应该是从以前到祠堂祭拜的习俗演变过来的。现在茔地分散了，接年的意思就是说，不管你这个姓的坟在哪个地方，都到这里来，不管在北头埋的坟，还是在南头埋的坟，都到这来集合，再接回家过年。选的这个地方得是个平坦场儿，别发生火灾。老祖宗也有考虑，随便放，他怕着火，集中起来，有人看着。一般老人会说："过年了，老祖宗回家过年吧，来接年啦！"然后就是点上鞭炮，烧上纸，烧上香，这五个大地方响成一片。（20180718 守护会谈接祖拜年）

问起其他小家族是否也有接祖地，刘振居说，这五大家族的地方是很清晰的，其他小姓随大姓，比如说姓李的跟姓唐的住在一起，接年的时候也随着姓唐的到一个地方去。姓朱的靠着姓林的，就随着姓林的一块去。

与祖宗一起过年，除夕夜这个仪式很复杂。把馒头放上，有放一摞的，有放两摞的，外边天井地堂上也放上馒头。林玉水说："这个馒头还有说法呢，北边这个馒头必须是搁枣的[①]，带上鼻子。老天爷那摞馒头就是光头，这是个风俗。五个一摞，下边放三个，（中间）这一个平的朝上，上边这个平的朝下，五个摞起来嘛，像个山一样，很漂亮也很复杂。香纸馒头的摆法都是传下来的习惯，哪一步也不能漏，漏掉就很不吉利。"刘振居说："所以每年过年之前，头两三天都要考虑一步一步该怎么办，还要预演地捋一遍。有些喝了点酒，迷迷糊糊的就什么都忘了，过年就过得不好。再一个就是家有孩子的，千叮咛万嘱咐不能多说话，不能说反话，不能说坏话。你不知道费多大劲。我那个孙子五岁吧，有时候我

---

① 枣意为"早"，如《仪礼·士昏礼》："妇挚舅用枣栗。"枣，早也。栗，肃也。过年供馒头，乃敬天地，敬父母。枣鼻子馒头寓意蒸蒸日上，早发，早日成才，早生贵子等。

供桌上的馒头

除夕傍晚接年景象，来源：《青山村志》档案

上去挂轴子，就不让他说话，不能说不吉利的话。跟老人过年的时候小孩不准说话，吃饺子的时候光吃不能说话。到除夕夜过年的时间了，就开始放鞭炮，烧香烧纸，灯火辉煌。全村都在搞这个仪式。”

关于拜年的情景，刘振居描述说：“半夜十点吃了饺子，接着就是小的给老的拜年，磕头问好。先是在这个祖宗轴子之前跪下，给祖宗磕头，磕三个头。接下来给爷爷磕个头，给奶奶磕个头，有几个长辈磕几个头。现在都还这样，儿子孙子都跪下。”刘振居在刘家是辈分最长的，他说：“我的辈儿大，刘家有上年纪的都得叫我老爷爷。来了就先叫一声‘老爷爷过年好，过年好’，我就说‘孙子好，孙子好’。他再说‘好，我给老爷爷磕头了’。只要我这个支的，叫爹的，叫爷爷的，都得排队给我磕头。进门一个一个挨着磕。一般是十二点差不多，像我辈分大一点的，到凌晨一点都结束不了。有的岁数比我大的，八十来岁的，辈分比我小，叫我爹的，也得下跪。他年纪大归大，他得叫我爹呀，他辈儿小！有的老者晚上就不来磕头，他老了，还有别人给他磕头。但第二天一早来，还得磕头。”问起磕头是不是不需要下跪了，刘振居答曰：“跪啊。磕头不下跪不叫磕头，叫作揖，磕头就是跪下。不过磕头的都是男孩子，女的不磕头。女性长辈接受磕头，但是不用给别人磕头，只用问问好。小女孩、孙女、女儿、媳妇都不用磕头。”

到了初二半夜，每家就开始送年，一般都是在自家大门外烧纸，也放鞭炮。刘振居说：“送年一般都是跟着老人到大门外烧纸。正月初二晚上的半夜，我从小记得是把三代宗亲、灶神爷等拿下来，到大门外烧个香磕个头，说‘祖宗们，年过完了，你们回去吧’。我现在就说‘爹们爷爷们，年过完了，你们各人骑上马，各奔前程吧’！”

青山传颂着一副过年的对联，上联“一夜连双岁”，下联“五更分二年”，横批“春满人间”，刻画的就是这一瞬间。传说有个老头，书法写得很好，有人就看好老头的字，每年过年就拿着对联纸去求写副对联。老头每天都给写这副对联，今年写了，明年还是这一副。贴出去以后，他一个朋友就问，你怎么年年都贴同样的对联？他说：“我年年换啊。”他不识字，也不懂。再一年就说：“你每年怎么都是‘一夜连双岁，五更分二年’，你不换一换吗？”老头就给他换了一副，给他五个字换成七个字，变成“不是一夜连双岁，还是五更分二年”。青山人也是年年接祖，年年过同样的年。（20180718 守护会谈接祖拜年）

过年是中国人最重要的节日，这不仅是因为喜庆热闹，最根本的是与祖宗同乐，敬而不巩，乐而不流，慎终追远，不忘根本，寻根求源，缅怀先人，懂得感恩报恩，发扬孝道，尊祖敬宗，人人亲其亲，长其长，男女有别，是践行中华民族人伦文化的重要时刻。与祖宗一起过年，能促进乡亲邻里间和睦，同宗同族分长论辈，清澄血脉，认识尊长，则有助于拉近邻里距离，促进乡村和谐。

社稷诸庙

围祠而居就是生活在敬天、敬祖、敬社稷诸神，教育人有功于民者，天地万物都要懂得祭之以报。《桐江集》（卷二）曰：“古宗庙之制有七庙、五庙、三庙、二庙、一庙之异，皆为同姓之庙。汉兴以来，小善小德立庙渐多，称异姓之庙。”在儒家心目中，祠庙本质上是礼义场所：“维昔先王制礼，凡居于是土者，生息所资必报其德以为祭祀，故有国则祖、社并建，大夫则祭五祀，庶人则祭里社，皆厥土之神也。”（《戴中丞遗集》卷七）“社者五土之神，

社稷诸祠与祖先祭祀场所

稷者五谷之神，土谷之有功于民，此祀典之所当尊。”（《源流至论》）

古时，凡祭祀包括天地、宗庙、社稷诸神。天地只有天子有资格祭祀，宗庙先秦时也只属于大夫以上的阶层，普通百姓没有宗庙，祭祖就在自家房子里。故有《礼记·祭法》曰：“庶人无庙祭之于寝矣。”社稷之神涵盖比较广泛，上代表的是国家，故建国之神位，右社稷，左宗庙。乡间则是对有功于百姓民生的感恩，故“社稷诸神以为民祈福”。其中最有代表性的就是土地神。“社稷诸神为百谷生成之佑。”（《政书》卷一）对青山村来说，山川、大海、田地、井泉都是民生之所系，故龙王庙、土地庙、八蜡（扒吒）庙、山神庙、井泉庙乃至狐仙庙都维系着社稷民生。其他地方的龙王庙是为了祈雨，而青山作为渔村，龙王不仅护佑打鱼者的安全，也是祈求丰收的稷神。而要感通神灵祐民，最重要的是以德示神。古人曰：“不德何能感通惟神祐民。”（《世经堂集》卷二十一）青山故有关帝庙，教人忠信待人。社稷诸神的重要职能就是燮理阴阳，调和风雨，保障丰收，护佑民生。青山村这方面的神是多元的，名山大川神、龙王神、先贤神都有祠庙祭之。最能反映地方特色的是胡仙洞。另外据民国学人黄孝纾记载，青山过去还有天后祠，这是因为山民多从闽南移民过来，带来了祀天后的习俗，如诗曰：“乡音渐改费疑猜，曾引神灯天后破潮来。”

古人立社，是通过栽种最适合本地土壤的树木以祭祀之。这就是《论语》里哀公问社时宰我回答的意思，即“夏后氏以松，殷人以柏，周人以栗”。《论语》注疏曰：“夏都安邑宜松，殷都亳宜柏，周都丰镐宜栗，是各以其土所宜木也。谓用其木以为社。”在青山村，居民喜欢房前屋后栽种山茶树（村民称耐冬），并在树上系红绳条以示敬畏。虽然村民说不出这些与社稷的关系，但也可以理解为社稷文化之遗风也。

土地庙

土地庙，源于《周礼》后土神："后土，土神也，黎所食者，乃颁祀于邦国、都家、乡邑。"就是说，上到国家都城，下到乡野村落都祭祀土神。《清嘉录》（卷二）考证土地庙与社稷的承接关系，称在国都有社稷坛，民间叫土地庙，曰："《周礼·春官》大示而外，有土示地示，此后代土地神之所由名也。土示，五土之示，即社也，地祇，地之百祇，今《祀典》自有社稷坛，而民间复立土地庙者。社坛，古之国社，后代谓之官社，民间土地祠。记所谓大夫以下成群立社曰置社，即后代之里社也。"又曰："每

土地庙

里一百户，立坛一所，祀五土五谷之神。”青山村可被看作一社，村中心设土地庙一处，在北河老桥南侧小楼处，建于清光绪年间。《青山村志》记载土地庙：“东西南三方有庙院墙，院门设在南面，院内有黄杨一棵，树龄数百年，院墙外东南楸棘一片，庙后系北河。”今天土地庙原址上的房屋仍是用大石条砌成，刘同忠说，这是上等石条，做工在当时十分讲究。“好的石料切开有纵纹，如果是砂子石头没有纹路，截不了这么大的石料，就算截出来，也容易断。这个石料很结实，我们叫青冈石，是最硬的一种石料。”（20180619环村走访）

古制土地庙“以祀山、林、川、泽、原、隰之神”。林玉水老人说：“（青山）土地庙是个总称，它由好几个庙组成。土地庙、八蜡（扒吒）庙、山神庙，在这个院里供着三个神。”土地神、山神、八蜡（扒吒）神都是社稷诸神。据《青山村志》（336页）记载，三庙各有一副楹联。

土地庙对联：

招鬼魂入庙
送魂到阴曹
横批：随来随去

山神庙对联：

无僧风扫地
无腊月点灯
横批：一山之主

八蜡庙对联：

禾长虫不侵

五谷皆入囤

横批：连年如此

与土地庙接邻的青山幼儿园

三副对联基本勾勒出了这些庙的作用和祭祀对象。秦汉以后，土地庙也开始祭祀先代有功德之人，称人鬼。清人陈瑚曰："古者群聚而处，百人以上得立社，今天下之土地神庙是也。然社以祀山、林、川、泽、坟、衍、丘陵、原隰之神，谓之地祇，庙以祀先代之有功德者，谓之人鬼。今土地庙有宣公、子胥、武侯、卫公之称，则合地祇人鬼而一之，非古也。"（《确庵文稿》卷十六）也就是说土地庙后来纳入人鬼，故土地庙在村里最重要的作用就是给亡人送魂，用老百姓的话说就是给阎王爷报到去。林玉水说，村里有死人都要到这个地方来，不管哪个姓氏都要来报庙。（20180620 上午走访）《青山村志》说，死者亲属一日三时报庙，给死者送纸钱，求一路平安。

土地庙曾经在"破四旧、立四新"的高潮中被拆，其石料建成青山第一座小楼房，成为村委办公室。在刘同忠记忆里，这是村里最时髦的房子。他说："我们叫小石楼，60 年代像这个小楼就是最时髦的，我们叫小洋楼，那个时候没有用石头建造的二层小楼。"据说为盖第十二生产队的仓库，关帝庙被拆除后，上等石材也用于此小石楼。仔细辨认，小石楼外墙所用石料的凿工十分规整细致，其纹理和村内现存的几处祠堂所用石料一样。今天小石楼二层小楼门延伸出两条石板，越过胡同和地势较高的原幼儿园院子连通起来，充作"天桥"，是穿越青山主干道上的一道景观。这座庙宇邻南北干道，居村中，在村民心目中曾非常重要。主管死丧的土地神、护佑樵采平安的山神和除虫害的八蜡神，三神共享一庙，护佑着村民的社稷民生。

关帝庙

青山北河桥北头，刘作君家屋前，与土地庙隔河相望是一片相对开阔的小场地，场地北边是青山村社区卫生室。据刘振居介绍，这里最早是关帝庙所在。民间称呼关帝为“关老爷”，因此这座庙又被称为“老爷庙”。对于关帝庙，林玉水老人记忆比较清晰。他说：“这个关帝庙在我印象中，有个院儿，外边还竖着吊斗，它没有大门，但是有吊斗。进了院儿往上走还有个台儿。我印象里就是旱天大家会来，再就是求雨。那时候不管大人小孩儿，对这些个东西都挺尊敬的，虽没有看庙的，但没有人来乱动的。”（20181220 走访胡同）姜岐先回忆，关帝庙堂的石料加工很细，堂顶盖瓦，院子不太大但有院墙。院子内竖有木制旗杆，庙堂内有关公的塑像，左关平、右周仓，门上有对联：

兴家立业财源富

治国安邦福禄神

横批：协天大帝

从对联看，应是民国时期的说法，体现青山人对有功德之人的敬仰，对中正、忠义品质的追求，以及对福气、财运、阖家安乐的祈愿。据说当时每逢过年及重大节日全村人前来进香烧纸，祈求多福多财，消除灾难。关帝庙后来为十二队仓库，“文化大革命”时被毁。

关帝庙因为紧邻着小场地，又在河北的中心地带，每到天气好的时候都会吸引不少村民到这里乘凉聊天。老人们回忆，当年村里没有电视和网络，识字的人也少，人们除了务农，业余生活比较单调，而关帝庙前有一项十分吸引人的娱乐项目，那就是听说书。刘振居回忆他小时候在此听说书的经历："桥北边原来有个大磅，当时说书的就在关帝庙东边这块场，记得那个说书的叫刘元寺。那时候我很小，只有几岁。他是个盲人，晚上就来这儿听他说书，说的什么我忘了。他眼看不见但耳听八方。下面谁说话他都能听出来，叫上名字来。他不是本村人，是从华严寺返岭那边过来的。他不是僧人，就是盲人。过去叫说书'讲古的'，就是讲故事的，听的人给抽根烟啥的，管他吃饭、住宿。"（20181220走访胡同）

关帝庙前说书场

龙王庙

龙王庙老照片，来源：《青山村志》

青山田薄石多，为了生计，人们必须向惊涛骇浪讨生活。在大海面前，渔夫如蝼蚁，木筏如漂萍，即便到现在，遇到恶劣天气，船毁人亡的悲剧仍时有发生。祭祀龙王，祈福护佑，就是对海的敬畏，在青山渔村，龙王庙自然拥有了极高的地位。

庙貌

龙王庙遗址位于今青山村委路西茶厂的位置，如今早已拆除改为学校，后为厂房。林玉水老人向我们描述了龙王庙当年的样子："龙王庙只有一间，还不大。东西能有三平方，南北能有两平方，但是院子很大。龙王庙都有院墙，里面有大朴树，石头都割得很齐整，外头是个石头大门。"刘振居老人补充他的记忆："龙王庙外有棵大藤萝，地下转一圈跟长虫一样，离地有二三十公分高，盘一圈又爬上树。这个藤很有弹性，小孩子没事就上去扶着藤跳、弹，天天去折腾这个藤它也不死。"（20180827 下午）《青山村志》记载龙王庙院内"有耐冬、黄杨，一株山葫芦蔓藤碗口粗，从院内西北角盘缠爬至庙堂顶部，庙门外西侧有一棵朴树，树龄近 600 年，树荫罩住整个庙院，整日不见阳光”。温志团《守护会手稿》回忆，大朴树俗称“八茂树”，树干需三个成年人才能合抱过来，二十余米高，树冠繁密，长势旺盛，整个庙宇和庙门外周边遮天蔽日，不见日光。其果实比高粱米稍大，成熟后为紫红色，甜中带涩，孩子们常在草丛里、石缝中找来当美食，1967 年被砍伐。

庙门上有对联一副，体现村民面对大海的那种豁达胸怀。

潮长潮长潮潮长

潮落潮落潮潮落

横批：昼夜不停

龙王庙旧址

林玉水老人生于1938年，他谈到从上一辈听到的当年建龙王庙的事："老人传说，青山有五大派，小姓靠着最近的那个大派。五大派会首就说，咱每年打鱼，不是光打鱼，就是下小海竿钓鱼、打海蜇，都在龙王的管辖区内，应该要盖个龙王庙。"庙内塑有龙王像。"龙王塑像就像《西游记》那个海龙王，眼窝窝着，可吓人了。俺小时候去送香，都搿着伙往里进。他窝窝着个眼，长长的脸，小孩子都不敢进去，害怕。龙王两边有两个站班的，是谁不知道，那时候也不懂得。庙外边安一个亭，亭里边是个香炉，我去插上香，偷偷看一眼就跑了。"（20180827下午）

龙王庙除了本身的房屋院子外，在冲着大门的南河对岸，还曾有一座戏台与之相呼应。每到打鱼丰收，渔民就会在这个戏台上唱戏，以表达对龙王的感恩。林玉水是文化记忆守护会中唯一亲眼见过戏台唱戏的老人，据他回忆，这座戏台是由石头垒叠填土而成，距离龙王庙约50米，大致在今天公共活动室门口的位置。

> 龙王庙盖起来要唱戏怎么弄，就盖个戏台，这个戏台盖得相当好。戏台什么年间建的，我说不清。我今年81虚岁，在我记忆里戏台上就唱了一回戏。共产党来了以后一次戏也没唱。我记忆中的一次是民国的时候唱的。当时打鱼的筏子去胶南（早的时候叫诸城县，后改成胶南县），现黄岛区董家口，当时那里设的棚子。雕龙嘴赶里这些渔民当初40个筏子，一个筏子10个人，400个人。要是好年发了财了，就得唱大戏。在沈鸿烈时期唱大戏。
>
> 这是个露天戏台，长方形的样子，有后台和化妆的地方，前台唱戏的。前台这个石头全部都压着，铺上木板，武生唱戏的在上边一蹦都能弹起来。戏台都使董家口打鱼带回来的席子，炕上铺的那种席子扎起戏台来，都封闭起来。拿席子

盖顶，四面挡风，前面都是老人扎的牛啊羊呀啥的，扎得可好看了。那时候也没电灯，晚上都挂上保险灯，可好看了。演戏是为了庆祝，感谢海上龙王爷，所以这个戏台对着龙王庙。（20180827 下午）

祭祀

逢年及节日和出海打鱼前都到庙内进香，祈求龙王显灵保佑人、船、工具安全，打鱼发财，一切顺利。老人们都说，龙王庙的香火在村里各庙中一直是最盛的："初一，要来拜龙王；龙王过生日，拜；打鱼出海走之前，拜；出海回来发了财，也拜。村里打鱼的都烧香烧纸去拜。"（20180718 林玉水访谈）渔民出海前为求平安发财，都要到海边的龙王庙举行隆重的祭祀仪式。林玉水说：

出海以前要祭海，香蜡纸锞这不说了，得杀猪，就是没有乐鼓队。光去了以后各家的筏子拿着供品去龙王庙祭龙王。是一个组一个组合作，以一个筏子为单位。一般是"把头"参与，筏主拿钱多。为了今年出海打鱼发财，买点供品，整个村里就杀一头猪，囫囵个的扛过去。把猪杀了以后都没有扒皮的，都是把猪毛刮净，找有劲儿的把猪扛去摆桌子上。一个大方桌，还有别的东西。那年我才十二岁，就看个热闹。解放以后就不兴这些东西了，也不讲究这事了。我记得就是磕头，摆上猪，摆上香案，摆上蜡，香蜡纸锞。"把头"带着人就上去磕头，你磕了我磕，把香纸烧了磕个头就走了，有的会叨念叨念"龙王爷保佑今年发财"。就三个两个磕磕头就下海去了。筏子出海一般就是两个月，当时从家最少要带五六十天的水、十来天的饭、酒，木头什么的。（20180827 下午）

打鱼归来后，渔民们还会到龙王庙再次祭祀，并根据当年收益情况决定是否“唱戏”答谢龙王。唱戏对于青山人是件大事，需要五大姓的族长商议决定，并由各家筏子共同凑份子钱来支付费用，还要邀请周边的“闻人名士”前来看戏。

演戏酬神

五大会首要是定下了什么时候唱戏，就要向周边单位下请帖。青山村唱戏，军队的长官、宫观的道长、附近村落的村长都在邀请之列，太清宫、明霞洞、上清宫，沈鸿烈当时在下清宫安司令部，也得先把请帖送给他，客人好帮着出钱。

作为重要客人，贵宾有专门的坐席。男女老幼也都有座位规矩。“贵客来了不靠着老百姓的队伍，就在龙王庙的天井，扎上棚，放上大方桌，摆上椅子。请来下清宫当家的、执事的，沈鸿烈的部下，沈鸿烈不能来，可能有舰长来。龙王庙那个高度比原先的戏台还高，在河北沿，戏台在河南沿。边上有棵大树，树前有个平台，请来看戏的人就坐在院子里。庙大门可大了，不挡视线。龙王庙比戏台还要高出一两米去，这里听戏不挡视线。剩下老百姓在河两边。女的在河前边，男的不让过河。青山看戏有规矩，女人在河南，男的在河北，不准混了，男女分开的。道长、军官等贵客都在龙王庙前。”（20180827 下午）

这些“贵客”出席，并不是白看一场戏，按照规矩，他们也要代表自己的部队、宫观和村庄递上一份礼钱。相对应的，村里会和戏班沟通，为递了礼钱的“贵客”们准备一个叫作“加官”的小仪式。过去戏班子唱戏，如遇到有钱有势的人物，为了奉承，在正戏开演前，要演个“加官戏”，也叫“跳加官”。其实不算戏，只有一个人物，没有预先的台词。人物上场，班主在台上高喊：“给某某长官（先生）加官啦！”接着一个加官脸的演员手持“天官赐福”，在锣鼓声中舞一阵，表示对台下某大人奉旨加官。林玉水说：

> 村长、会首都提前知道谁得来，好比沈鸿烈时期来几个村长都要安排加官戏，他就给礼钱。太清宫当家的、知客的都来。明霞洞、上清宫这些地方没钱，就不算请了。会首先和戏班班主联系，第二天的戏是正会，唱戏的都要写个“加官”。这个“加官”样式就是个纸牌，上面就说“太清宫当家的，加官”，那仪式就跟奉承他一样。加官戏的演员举着牌子出来，上面写着“太清宫道长或者知客的，加官”，这是个仪式。这样当事人就要拿钱给村里，就在那个大方桌纸上写上，太清宫当家的多少钱，知客的多少钱，沈鸿烈那儿来的什么军官，多少钱。一“加官”就得拿钱，放在那给村里管用。这个场面我看见的时候还很小，不懂得，也不让上龙王庙去。跳加官的演员就是从后台出来，丁零哐啷丁零哐啷打家伙，就在戏台上叫。那些有识之士在龙王庙院子里坐着。（20180827下午）

据说，被“加官”的当家、知客、军官，不是为了来听戏，村里请他来，摆上酒摆上肴，实际就是捧捧人场，也算是一种交往。宾客落座，“加官”已毕，接下来便是大戏的热闹场面。据说一般演戏最少四天，每天连着唱，一直到晚上十来点才休息。这种场合叫“灯晚儿”。照明用烤盘灯、保险灯，是吊着的，玻璃的。唱戏的箱，服装、道具什么的，称行头，得使筏子从仰口拉来。戏老板使马车拉到仰口，再走水路。唱完戏再使筏子送出去，送到仰口再套马车。唱戏的这两个主角叫大坤、二坤。唱的都是老戏，京戏为主。崂山区档案局保存的一份解放初期的青山龙王会清单，列有所办的各种鼓乐器。

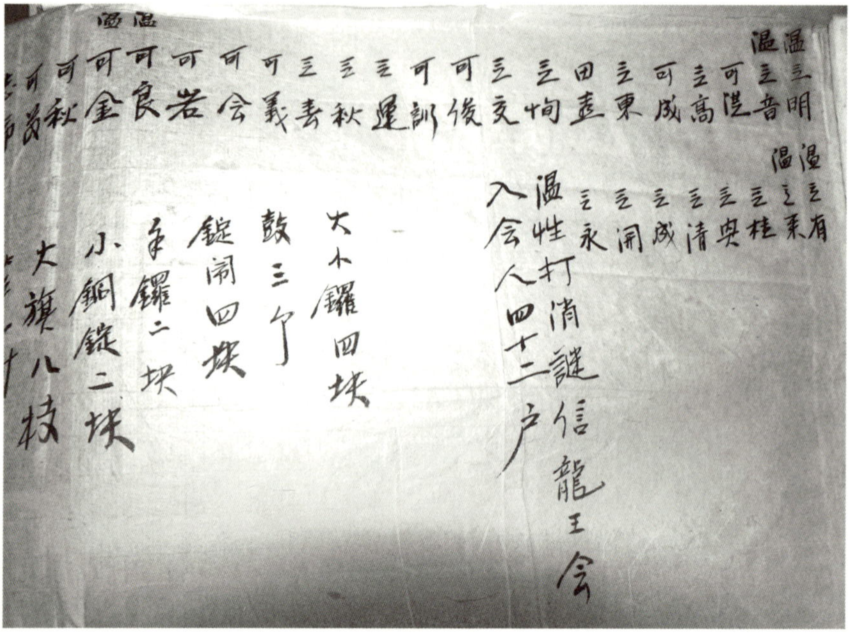
温性打消谜信龍王会
入会人四十二户
大木鑼四块
鼓三个
鋌闹四块
手鑼二块
小銅鋌二块
大旗八枝

解散“龙王会”档案

这些鼓乐与清末民初流行于青岛一带的“茂肘鼓”类似，解放后定名为“茂腔”。茂肘鼓原来只有鼓、钹、锣等打击乐伴奏，后开始使用柳琴、二胡、月琴配合，又增添了唢呐、笛、笙、低胡、扬琴等乐器。

演戏与其说是一种台上艺术展示，更不如说是台下观众的自娱自乐。在那兵荒马乱的年代，是对生活的一种满足。1935 年苏雪林游历青山，她描述了在王哥庄看到的观众看戏场面，非常感动：

> 场子上大约有二三千观众。大半是数十里外各村赶来的，当然要在这里吃午饭。布棚一天的生意想必很可观呢。男的、女的、老的、少的、村的、俏的观众，坐在地上，口中啃着从那些布棚里买来的馒头大饼，眼睛牢牢盯在戏台上，看到

开心处，则色舞眉飞，看到感伤处也抹眼吊泪。我对于戏情既无了解，当然说不上受感动。而且戏子那种表情也无法叫我们这些神经比较细腻的都市人感动，但我不看戏，只看看戏者。看到这许多村民脸上那种满足的神形，我却不由得眼睛酸溜溜地有些潮湿起来。今年南方闹干，北方闹水，青岛倒算雨旸时若，所以村民们演剧谢神，一半也带挈他们自己娱乐娱乐。可怜这些天不管，地不管的好百姓，一年到头和旱魃战斗，和洪水战斗，和土匪溃兵以及一切人为的灾害战斗，好容易多收得几担麦子，几堆山芋，勉强可以填饱一家老少的肚子，哪能不这样的喜出望外，欢腾庆祝呢？[1]

1949年后，青山老戏台便因损毁没再使用过，“破四旧”时，龙王庙也被拆除。取而代之的是重新搭台，举办村民和部队的联谊活动。

① 见韦志芳编：《名家笔下的崂山》，青岛出版社，2014年，第20页。

井泉龙王庙

在民间传说中，龙与水多是相伴而生，海有海龙王，河有河龙王，乃至一些井中也有井龙王。在青山村，村口龙王庙供奉的海龙王，主管渔民生计和出海平安，地位很高，而在村西北半山公路之下，还有一处井泉龙王庙，建于民国初年，所在地名称“石门”，有甘泉一泓，今尚存。姜岐先在其回忆手稿中叙述了此庙的来历：

> 青山北山坡有一四方石磅（2007年开采），石磅整下磅石叠压成一沟涧，沟中有一大方石磅站立，从石磅底左侧涌出一股清泉，长年直流不干，夏天喝此地水，水凉。村人称此地为“石门”。民国初年村人在泉前西处高台建一庙，占

井泉龙王庙

石门：永不干涸的井泉

地十几平方米，四周有庙墙，庙门朝东，门外垒梯石阶，庙堂较小，庙堂顶是一石料修刻而成，庙神像是用石雕刻的。庙院内竖有古式木旗杆，石头杆座，有一株紫荆花树。上世纪五十年代初之前每年正月十一（庄稼会）逢会，全村四大家族锣鼓喧天，笙管齐鸣，彩龙旗飘荡，热闹非凡。此庙名曰井泉庙，毁于 1966 年。

《青山村志》记载井泉龙王庙庙门有对联，曰“风调雨顺吉，五谷丰瑞年”，横批“丰收在望”，并称正月十一的庙会是庄稼生日，拜庙者袭来为祈求有个好年景。旧庙已毁，但今天我们仍能在半山公路下找到一座水泥砌成的小庙，庙前挂满祈福的丝带，还摆着新鲜的供果，刘振居老人告诉我们，这正是后来重修的井泉龙王庙。他说：“这个井泉是 1999 年，他当村主任的时候重新修的。这里的泉眼像碗口那么大，水非常甘甜。大家都来挑水，挑干了又很快就满了，这个泉很旺。后来人们自发在原址修建这个庙。今天边上你看到的紫荆花应是原始的，一直就在这个地方长，春天开花一穗穗的。这个庙就是为了这支泉修的。”（20180718 走访）

井泉龙王主风调雨顺、田产丰茂，相比于威严的海龙王，更像是村民的老伙计。时至今日，井泉龙王庙虽然早已不复当年的面貌，但却是整个青山胡同里唯一一处香火延绵不绝的庙宇。

西京胡仙洞

西京胡仙洞，又称西京仙府，素有“神仙之宅，灵异之府”的美称，它位于青山村和黄山村交界山上的一处天然洞穴。由青山村沿半山公路向北数里，经青山小学和黄山口桥，沿黄山口水库北侧梯石路攀登向上，约半个小时路程即可抵达。西京胡仙洞处在乱石丛中，石头小有数方，大有数十丈，层层叠叠挤压在一起，形成了大小不一的洞穴。胡仙洞就是这里最大的洞穴，可容数十人。

历史上影响青山村信仰最为直接的场所，是西京胡仙洞，而不是太清宫。太清宫对青山村来说是讨生计的近邻，但“胡三太爷”是日常信仰的寄托。此地常年香火供奉，特别是过年期间，善男信女接踵而来，从除夕夜一直持续到正月初八。对狐仙的信奉涉及生活的方方面面，姻缘、财运、福寿、祛病、求子等。人们相

上胡仙洞沿途巨石景观

胡仙洞窟

信，只要虔诚供奉，不失礼节，这些与自己息息相关的世俗愿望，一定会在胡三太爷和各路神仙的保佑下得到满足。姜岐先老先生这样描述胡仙洞：

> 西京胡仙洞又称“西京”，位于黄山口西山，山顶有一自然洞，极为壮观。周边石洞互连，被称为“洞境仙府”，是仙家居之地。山洞较大，洞顶磅石面平而阔，洞内原有黄杨树一棵，紫荆树一棵，一株爬山虎茶碗口粗。木做庙堂，堂门 2 扇，里边塑有仙家金身像。庙柱对联是“在深山修身养性，出古洞四海扬名”，横批是“有求必应”。每年正月初八逢会，逢会之日笙管齐鸣，锣鼓喧天，彩旗招展，香火极其兴隆。每月初八、十八、廿八三日均可进庙求神。上世纪一九六六年“四清运动”“破四旧”期间将庙炸毁，只剩空洞。八十年代末九十年代初人们又重建仙庙，为仙塑金身，此后又在庙前立旗杆，庙内栽耐冬树，从黄山口至山顶修建梯石路、石桌、石墩，沿途景色极为壮观。（姜岐先，《守护会手稿》）

崂山人的思想观念中普遍存在着对狐仙的崇拜。在老百姓的传说里，狐狸通过修炼或者经高人指点后便可吸纳天地精华幻化成人形。《朝野佥载》中记述：“唐初已来，百姓多事狐神，房中祭祀以乞恩，食饮与人同之，事者非一主，当时有谚曰：‘无狐魅，不成村。’”《说文解字》曰：“狐，妖兽也，鬼所乘也。”《白虎通》称狐有三德：“其色中和（仁也），小前大后（礼也），死则首丘（义也）。”孔颖达疏曰：“所以正首而向丘者，丘是狐窟穴根本之处，虽狼狈而死，意犹向此丘，是有仁恩之心也。”《名山记》曰：“狐者先古之淫妇也，其名曰阿紫，化而为狐，故其怪多自称阿紫。”《抱朴子》曰：“狐及狸狼皆寿八百岁，满三百岁暂变为人形，千岁之狐预知将来。”这些狐的古意衍生出了种种狐仙的品质。而崂山一带流传的品质是狐仙知恩图报。

青山很多狐狸传说都与日常生活相关，真假难辨。据村民说，林还成祖上一位老人，冬天晚上喝酒回来的时候，碰见一只狐狸喝醉酒已现原形，冻得不能动了，他就把皮袄给它盖在身上，救了它一命。以后这只狐狸报了他三年恩。每次他在磨屋里推磨时，都能捡到一吊钱。温志团说，他奶奶除夕晚上曾看到胡仙洞山险峻的石岭上，一排灯光往胡仙洞去，叫别人出来看，别人看不到，说是没有灵气的人见不到。人们说狐狸尾巴会发光，像萤火虫一样。白天尾巴卷起来，磷火看不到了，晚上当啷出来就看到了。（20181017 守护会访谈）林玉水说，碰到风调雨顺，狐狸也像人一样拜年。在崂山还有类似的传说，相传除夕夜晚若是海面起雾，有时能够看到一艘巨大的帆船靠岸，点点灯火下船来，排成长长的队伍走向胡仙洞，那是狐子狐孙前去给胡三太爷拜寿。凡人有缘的可以远远看见，但越是靠近，大船就越模糊，等来到海边，便只能看到层层迷雾了。温志团说，过去有人过年接年，接完回家以后吃年夜饭，这个时候进来一个人，和他去世的父亲一模一样，大家很惊讶，就让他上炕喝酒吃饭。一个儿子出去找叔叔来看，叔叔私下告诉孩子，不要惊动他。结果此人喝醉酒后现了原形，躺着的是一只大狐狸。大家还是不惊动他，也不敢睡觉，不敢动他。第二天狐狸酒醒了，全家送他走，出门就没了。（20181017 守护会访谈）青山人对胡仙洞保持的那种敬畏感随处可见，刘同忠和刘振居两位分别分两次带我们去胡仙洞考察，每次都带着一点供品，下拜，不敢马虎。上胡仙洞的沿途景观因乱石垒叠，十分壮观。姜岐先老人作诗一首赞曰：

崮石叠压洞境成，仙人府邸落山顶。
梯石磴道绕山转，东望大海紧连天。
每月三八拜仙日，男女结队登山来。
纸香焚烧鞭炮鸣，叩头祈求保平安。

青山村西侧通往黄山口村的半山公路沿途草木繁茂，天然洞穴比比皆是，是狐狸栖息繁殖的理想之处，但村民已经很长时间见不到狐狸了。刘同忠说，最近这几年又有人见到狐狸了，但不知道这是原来老狐狸的后代还是有人放生的。他说，狐狸本地人是不会去打的，都奉为神，但是貔子（草狐狸）有人打。以前有人做土炸药，包上猪肠子，一咬就炸。温志敏说，草狐狸，只能靠偷吃农作物过活，田产微薄的青山人对这类“害畜”是不留情面的。刘同忠带我们去胡仙洞时，经过一个叫后岐的地方，就在今天公路下面。在没有修路的时候，这边全部是石头摞石头，非常险要，去青山必经。在这些石头摞的洞里都有獾、貔子（草狐狸）。这些动物都喜欢钻在这边洞里，一是阴凉，二是不怕人伤害，再是这边上都种着庄稼，有地瓜什么的，它们都出来偷吃，把那些地瓜都毁了。为了护地，就有人使土炸药炸獾子。獾还能治病，獾皮和貔子皮都很好，可以做褥子。不过人们抓这些动物还是有顾忌，时至今日仍有因为杀生过多而霉运缠身的故事在流传。（20180720 刘同忠带访胡仙洞）青山人不仅把狐狸作为神来奉承，黄鼠狼也一样，称黄仙。《青山村志》记载：“黄仙俗称‘老黄’，即黄鼠狼，人们把它说成很有灵气的神物，它常在夜间偷吃人们养的鸡，人们恨它，但它有迷人的本领，能使人神志不清，胡说八道，有时又能说准一些事，俗称‘老黄神’。人们怕它、迷信它，有的晚间还摆桌供请‘老黄神’，许愿给它盖房（扎草堆屋）。”狐仙、黄仙，体现的是青山村周边山峦的地神，那些洞窟的灵气。

西京胡仙洞供奉胡三太爷牌位，左右有狐子、狐女侍立。胡三太爷作为狐仙的化身，应属地祇，表现对崂山巨石洞窟的敬畏。狐仙又是处在人妖之间的信仰。《阅微草堂笔记》(卷十)云:“人物异类，狐则在人物之间;幽明异路，狐则在幽明之间;仙妖异途，狐则在仙妖之间。故谓遇狐为怪可谓遇狐为常。”就像许多土地神会被赋予有功德者之名，如子胥祠、武侯祠，崂山的胡三太爷也被赋予了真人真名，他就是胡峄阳（1639—1718），清即墨城阳人。据说，胡峄阳就是狐仙转世，《崂山志》称其“生有异禀，精研《周易》，于濂洛之学，别有微契。家贫甚，一介不苟取，蓬室瓦牖，悠然自得。虽雅工制艺，但视进取之途泊如也。”著

后崎

胡三太爷牌位

有《易象授蒙》《易经征实》《解指蒙图说》《柳溪碎语》《寒夜集》等。他喜爱山水，常住崂山狐仙山洞，亦儒亦仙，是为易学大家。

胡仙洞的香火一直非常旺盛，不仅是青山、黄山两村，周边村落以及青岛市区都常有香客慕名而来。胡仙洞每年正月初八和四月初八逢庙会，而每月逢八的日子是香火最盛的日子。在村民刘同忠的记忆里，去胡仙洞上香是过年一项十分重要的活动。他记得，以前上山路没有台阶，都是土路，一到过年时，每个人都排队，常排不上号。现在就是从除夕晚上过了年，

吃了饺子，十二点以后人们就来上香。（20180720 刘同忠带访胡仙洞）文化记忆守护会的温志敏老人说，过年给本支长辈磕头后，就去给胡三太爷拜年了，保佑全家身体健康，做生意发财。一夜连双岁，五更分二年，新年第一时间就去了。年纪大的有初二去，正月里天天有人。年纪大的去不了，年轻人去了放点钱，带点供品回来，分一下，吃了保你身体没病。以前人们生病都去胡仙洞求药，从家里拿个瓶子，途中装上水，放在胡三太爷供桌上，跪着闭着眼睛把病情讲明，求药，就出来外面等候，胡三太爷就给你药了，拿回来喝，到现在，有些得不治之症的人还有这种做法。温志团说，胡仙洞现在香火是越来越盛了。每初八晚上，市里很多车来，都满了。以前主要就是青山、黄山口、黄山、长岭四个村的人，现在沙子口、中韩、市里的人都来。

对于狐仙，有敬重，有喜爱，有调侃，也有恐惧，这种信仰上的复杂情感，渗透在青山人的生活和传说中，狐仙就是游荡在人仙之间、幽明之间的真实体验。

五姓闹春

劳山拔地九千丈，崔嵬势压齐之东。
下视大海出日月，上接元气包鸿蒙。
捕鱼山之旁，伐木山之中。
犹见山樵与村童，春日会鼓声逢逢。
（顾炎武《劳山歌》[①]）

新年伊始，人神同乐，青山人依附社稷诸神的庇佑，开始胡同里的闹春活动。民国年间，青山五大姓以及作为邻里关系依附的各个小姓，形成各自认同的社稷之神。他们建立香会，在春节期间开展一系列的闹春活动。姜岐先讲述这些香会的构成以及闹春的场面：

民国年间刘、姜、林、温四姓家族设立香会。刘姓设“老母会”敬“天后圣母”，姜姓设“老母会”敬“天仙圣母”，林姓设“老爷会”敬“关公”，温姓设“龙王会”敬“龙王爷”。从大年正月初一到正月十六日热闹非凡。庙会有“龙王庙会”、“关帝庙会”、“太清宫庙会”、石门“井泉龙王庙会”、西京“仙人洞庙会”等。逢会之日四姓族锣鼓齐鸣，祭拜神灵。大锣鼓头前开路，小锣鼓紧随其后，再后有旌旗队，各色龙凤彩旗五

① 徐世昌辑：《晚晴簃诗汇》（卷十一），民国退耕堂刊本。

颜六色随风飘扬，行宫队、御伞队、管乐队，最后是抬着神像的彩轿，香主跟随花轿两旁，一路锣鼓喧天，笙管悠扬，行宫起舞，旌旗飘扬，鞭炮齐鸣，香主拜堂，此起彼落，声势浩荡。男女人山人海，拥簇向前观望。（姜岐先，《守护会手稿》）

崂山区目前留存有青山龙王会的一份档案，说的是解放后，温姓解散龙王会上交的清单，其中列出了龙王会四十二户温姓户名，以及龙王会添置的乐器。从乐器清单来看，有大鼓三只、大旗八支等。在一个小山村，类似的会还有四支，其闹春场面应是有相当的规模。

温姓打消迷信龙王会，入会人四十二户
大小锣四块
鼓三个
锭闹四块
手锣二块
小铜锭二块
大旗八支
笙一对
管一支
画一帐

除了温家，据姜岐先回忆，青山其他家族也购置了打击乐器，俗称打家什。最初是在民国早年，刘、姜两姓先购置大锣、大鼓、大钹、大铙等，并配套小锣鼓，数年后林姓和温姓也相继建立锣鼓队。大的锣鼓打击乐具配比一般是一鼓，二至三锣，二至三钹，一至二铙，一小锣。小的锣鼓配比是一鼓、一锣、一钹、一小锣、一镲。姜岐先记得，大锣鼓击打时发音雄伟洪亮，震天动地，声似波涛雷鸣。人听之心潮澎湃，震慑村落。小锣鼓打击声音点奏紧密，动听诱人，让人心情舒畅。（姜岐先，《守护会手稿》）

大年初一，村民会组织好锣鼓队伍，抬着本族供奉的神明在村中进行盛大的游行，此后的十几天里，游行队伍会走遍附近的各处宫观庙宇。由于这一习俗消失得比较早，只有林玉水老人留下一段童年的记忆：

> 各个姓，都有乐器（吹打乐）锣鼓队，五大姓都有。前边就是四大天王开道，抬着老母。初一，在老爷庙、土地庙、龙王庙都得走过，老百姓都得送香。正月初一五大姓走春，正月初八去胡仙洞，正月十一庄稼会，正月十六才从王哥庄收回来。还要去太清宫，玉皇庙、三官庙、三清殿，都要去拜年，五大姓都去。初一抬着神本村转，初二去太清宫，初八去后山胡仙洞，十一是庄稼会，十六把纸扎的东西都送到王哥庄修真庵烧掉，那个庵供养的可能是玉皇大帝。就这样，第二年重新再来。（20180620 走访胡同）

游行过程中，每个家族的队伍都会走遍村里的主要道路，当走到别家地界时，必定会停下来吹打喧闹一番，这种被称为“压街”的风俗，巧妙地将祈福和游神融为了一体。青山胡同狭窄蜿蜒，各族的送神队伍一旦狭路相逢，便会引发一场“争斗”。两尊神祇有高低之分，则神格低者为高者让路，如果难分伯仲，双方的锣鼓家什儿便派上了用场。林玉水和刘振居回忆说：

> 过年要请几尊神在村里，两个姓碰在一起要比大小，有排座次的，大的先走，小的让路。过去五个大姓供的神不同。

林家供养关公，温家供龙王，刘家供养天后，不是妈祖，是王母娘娘，姜家供养的也是个娘娘（天后娘娘分大小），只有老唐家没有。

到了初一，各大姓氏搞的吹打乐，踩高跷、秧歌队，两家顶一起了就互相赖吧。敲锣打鼓，看谁声音比过谁。（20180620走访胡同）

锣鼓喧天，笙管悠扬，彩旗招展，人人喜乐，近一个世纪以前的青山村，用这种方式调动着家族的活力，在新一年的辛苦劳作开始之前努力营造着欢天喜地的氛围。正如顾炎武诗描述的“犹见山樵与村童，春日会鼓声逢逢”。姜岐先作诗赞曰：

锣鼓喧天彩旗飘，笙管笛声乐冲霄。
庙会景观吸人海，祖传习俗今不见。

青山打击乐队

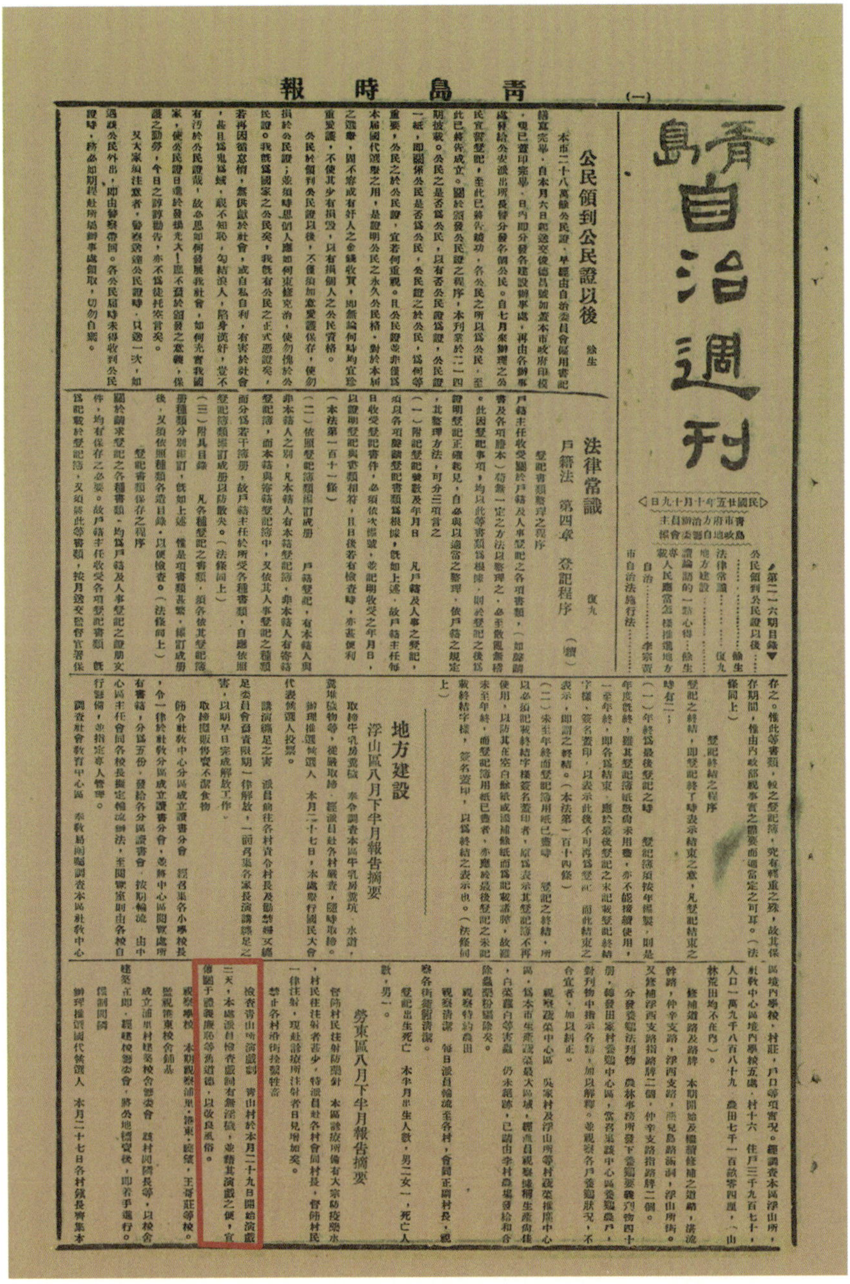

青島時報 （一）

青島自治週刊

〈民國廿五年十月十九日〉
青島市政府地方自治籌辦委員會主編

▶第二一六期目錄◀

公民領到公民證以後……餘生
法律常識……復九
地方建設……
讀論語的一點心得……餘生
專載 人民應當怎樣推進地方自治……李宗黃
市自治法施行法……

公民領到公民證以後

餘生

本市二十八萬餘公民證，早經由自治委員會僱用書記繕寫完畢，自本月六日起送交後德昌號加蓋本市政府印模，現已蓋印完畢，日內即分發各建設辦事處，再由各辦事處發給公安派出所長督分發各個公民。自七月來辦理之公民宣誓登記，至此已將告竣功，各公民之所以爲公民，至此已將告成立。關於頒發公民證之程序，本刊業於二一四期披載。公民之是否爲公民，以有否公民證爲證，公民證一紙，即關係公民是否爲公民，公民證之於公民，爲何等重要，公民之於公民證，宜若何重視。且公民證並非僅爲本屆國代選舉之用，是證明公民之永久公民格，對於本屆之選舉，固不容成有奸人之金錢收買，即無論何時均宜珍重愛護，不使其少有損毀，以有損個人之公民資格。

公民於領到公民證以後，不僅須加意愛護保存，使勿損於公民證；並須時思個人應如何束修克治，使勿愧於公民證。我既爲國家之公民矣，我既有公民之正式憑證矣，若再因循怠惰，無供獻於社會，或自私自利，有害於社會，甚且爲鬼爲蜮，覥不知恥，勾結浪人，陷身漢奸，豈不有污於公民證哉，故必思如何發展我社會，如何充實我國家，使公民證日進於發揚光大！庶不負於頒發之意義，保護之勤勞，今日之諄諄勸告，亦不爲徒托空言矣。

又大家須注意者，警察發達公民證時，只送一次，如遇該公民外出，即由警察帶回。各公民屆時未得收到公民證時，務必如期投赴所屬辦事處領取，切勿自棄。

法律常識

戶籍法 第四章 登記程序（續） 復九

登記書類整理之程序

戶籍主任收受關於戶籍及人事登記之各項書類，（如聲請書及各項謄本）苟無一定之方法以整理之，必至散亂無稽。此因登記事項，均以此等書類爲根據，則於登記之後爲證明登記正確起見，自必與以適當之整理，依戶籍之規定，其整理方法，可分三項言之

（一）附記登記號數及年月日 凡戶籍及人事之登記，須以各項聲請登記書類爲根據，既如上述，故戶籍主任每日收受登記書件，必須依次編號，並記明收受之年月日，以證明登記與書類相符，且日後若有檢查時，亦甚便利（本法第一百十一條）

（二）依照登記簿類裝訂成冊 戶籍登記，有本籍人與非本籍人之別，凡本籍人有本籍登記簿，非本籍人有寄籍登記簿，而本籍與寄籍登記簿中，又依其人事登記之種類而分爲若干簿冊，故戶籍主任於所受各種書類，自應依照登記簿類裝訂成冊以防散失。（法條同上）

（三）附具目錄 凡各種登記之書類，須各依其登記簿冊種類分別裝訂，既如上述，惟是項書類甚繁，裝訂成冊後，又須依照種類各造目錄，以便檢查。（法條同上）

登記書類保存之程序

關於請求登記之各種書類，均爲戶籍及人事登記之證助文件，均有保存之必要。故戶籍主任收受各項登記書類，既爲記載於登記簿，又須將此等書類，按月送交監督官署保存之。惟此等書類，較之登記簿，究有輕重之殊，故其保存期間，惟由內政部視事實之需要而適當定之可耳。（法條同上）

登記終結之程序

登記之終結，即登記終了時表示結束之意，凡登記結束之時有二：

（一）年終爲最後登記之時 登記簿須按年編製，則是年度既終，雖其登記簿紙數尚未用盡，亦不能接續使用，一至年終，即各爲結束，應於最後登記之末記載登記終結字樣，簽名蓋印，以表示此後不可再爲登記，而此結束之表示，即謂之終結。（本法第一百十四條）

（二）未至年終而登記簿用紙已盡時 登記之終結，所以必須記載終結字樣簽名蓋印者，原爲表示其登記簿不再使用，以防其在空白餘紙或添補餘紙而爲記載諸弊，故雖未至年終，而登記簿用紙已盡者，亦應於最後登記之末記載終結字樣，簽名蓋印，以爲終結之表示也。（法條同上）

地方建設

浮山區八月下半月報告摘要

取締牛乳房糞坑 奉令調查本區牛乳房糞坑、水溝，糞堆臟物等，從嚴取締，經派員赴各村嚴查，隨時取締。

辦理推選候選人 本月二十七日，本處舉行國民大會代表候選人投票。

講演纏足之害 派員前往各村責令村長及勸禁婦女纏足委員會負責限期一律解放，一面召集各家長演講纏足之害，以期早日完成解放工作。

取締攤販售賣不潔食物

飭令社教中心分區成立讀書分會 經召集各小學校長，令一律於社教分區成立讀書分會，並飭中心區閱覽處所有書籍，分爲五份，發給各分區讀書會，按期輪流，由中心區主任會同各校長擬定輪流辦法，至閱覽室則由各校自行籌備，並指定專人管理。

調查社會教育中心區 奉教局函囑調查本區社教中心區境內學校，村莊，戶口等項實況。經調查本區浮山所，社教中心區境內學校五處，村十六，住戶三千九百七十，人口一萬九千八百八十九，農田七千一百畝零四厘，（山林荒田均不在內）。

修補道路及路牌 本期開始及繼續修補之道路，潢流幹路，仲辛支路，浮西支路，燕兒島路涵洞，浮山所街。又修補浮西支路指路牌二個，仲辛支路指路牌二個。

分發養雞法刊物 農林事務所發下養雞要義刊物四十冊，轉發田家村養雞中心區，當召集該中心區養雞農戶，對刊物中指示各節，加以解釋。並視察各戶養雞狀況，不合宜者，加以糾正。

視察蔬菜中心區 吳家村及浮山所等村蔬菜推廣中心區，爲本市生產蔬菜最大區域，經派員視察據稱生產尚佳，白菜蘿白等害蟲 仍未絕跡，已請由李村農場發給和合除蟲藥粉驅除矣。

視察特約農田

視察清潔 每日派員輪流至各村，會同正副村長，視察各街衛生清潔。

登記出生死亡 本半月出生人數，男二女一，死亡人數，男一。

勞東區八月下半月報告摘要

督飭村民注射防疫針 本區診療所備有大宗防疫藥水，村民往注射者甚少，特派員赴各村會同村長，督飭村民一律注射，現赴診療所注射者日見增加矣。

禁止各村沿街拴繫牲畜

檢查青山村演戲詞 青山村於本月二十九日開始演戲三天，本處派員檢查戲詞有無淫穢，並藉其演戲之便，宣傳關于禮義廉恥等爲道德，以改良風俗。

視察學校 本期視察浦里、勞東、曉望、王哥莊等校。

監視勞東校舍鋪基

成立浦里村建築校舍委會 該村閭鄰長等，以校舍建築在即，經組織校舍委會，將各地標定後，即着手進行。

保甲閭鄰

辦理推選國代候選人 本月二十七日各村鎮長齊集本

1936 年《青岛时报•青岛自治周刊》

据说维持闹春开销的部分经费是通过开赌场抽的。《青山村志》记载解放前赌博的形式有打色子（骰子）押宝、推牌九、看纸牌、打麻将等。平时官府也禁赌，但正月间还是很多。刘振居说："正月到十五，就在这开赌场，叫老母堂、老爷堂，开赌场来赌钱都要给祠堂一些钱，作为集体用和平时维修、乐器添置，现在过年没有了，很难再弄回去。"

民国二十五年十月十九日的《青岛时报·青岛自治周刊》刊登八月份工作报告，提到青山本月演戏三日，"本处派员检查戏词有无淫秽，并借其演戏之便，宣传关于礼义廉耻等旧道德，以改良风俗"。由此可见，青山演戏，市里也非常关注，时间不仅仅在春节期间，收渔归来通常也演戏酬龙王。

解放后青山的锣鼓队以新的形式继续传承，称"民乐队"。姜岐先回忆，从民国到50年代，村里林明先、朱信坤等人组织吹鼓手队，每遇喜婚、葬殡，召之即往。乐器有大喇叭、唢呐、笙、管（分单管双管）、笛子、小鼓、镲镲等。喜婚扎彩轿，葬殡扎彩罩，绸绫五颜六色。林、朱两位主要是吹笙管。到60年代唐宗央、林学先、林学洪、林玉连四人的京胡，唐宗亮的四弦胡组成剧团乐队。1968年后刘振居的板胡、林长虎的坠琴、刘作徐的笛子、刘作昌的扬琴组成文艺宣传队乐队。刘振居回忆，"文革"期间，由一批年轻人组成的宣传队，走出大山，年年参加崂山县文艺汇演，青岛市群众文艺调演，由于节目精彩，还在省里获奖。他们的节目自编自演，接地气，深受老百姓欢迎，刘振居说：

宣传队成立以后，公社管宣传的领导来看了，觉得不错，当时正好宣传1969年的九大召开，宣传队连说带唱，很快就编了一个节目，带着这个节目参加县里文艺汇演。还有一次，俺们这个老书记打石头、木工、修船，什么都会干，领导干

1972年青山村宣传队合影

部朴实，挽着袖口、裤腿儿，拿着锤，就是干，干的都很像样子。我就给他编了一个快板书，大概是“我们这个好书记，木匠、铁匠、石匠、焊匠样样都会干，都为群众树榜样”。这个节目上县里去参加汇演，区委书记一看，直接上王哥庄把青山书记叫过去一顿表扬。村里书记原来不支持宣传队，觉得花大队的钱买乐器、道具、服装，不但不赚钱，还是赔本的买卖。但从那几次演出以后，他说：“这个宣传队还给青山争荣誉了，刘振居，你们宣传队今后需要什么说就行了！”

时间来到今天，许多旧风俗、旧事物早已随着历史的车轮远去，但青山人追求幸福的那份执着，始终未变。村里人一直希望以某种形式重振青山的礼乐传统。

结语

乡村振兴一项重要内容是加强农村思想道德建设，培育文明乡风、良好家风及淳朴民风。千百年来，乡村文化凝聚着乡土之美、人文之美。本章所涉及的场所与此目标和功能息息相关。他们不仅是一种历史留下来的印记，一种可以开发成满足怀旧记忆的文化资源，更是温暖故土、凝聚人心、促进乡村和谐的载体。但由于时代变迁，以及民间祠宇一直受到各种淫祠的影响，如何正确理解并利用好这些场所乃是乡村精神文明建设的重要课题。

古者建国，左祖右社。“宗庙、社稷之祀，自天子达于庶人。”用意在于“明祖、社，尊而亲之之道”。故敬祖旨在睦亲，睦亲为的是让世界充满爱。《礼记·大传》曰：“人道亲亲也，亲亲故尊祖，尊祖故敬宗，敬宗故收族，收族故宗庙言，宗庙言故重社稷，重社稷故爱百姓。”敬祖的载体不同时代、不同文化可以有不同的礼仪形式，在乡间包括宗祠、茔地、族谱、祖宗轴等。

社稷者敬土也，凡有功于民祀之。北京故宫右侧有社稷坛，立五色土之神祀以为社，立五谷之神祀以为稷。以此推之，到了乡间，凡有功于民者则祀之，以云报也。山川出云雨，社稷生百谷，抗灾御患，利济群生。对青山来说，土地神、山神、龙王神，还有古圣贤关帝庙等，皆有功于民而得立庙享之。颜先生百纳锦《社稷》曰：“人非土不生，非谷不食。知土谷之不容一日废，故社稷之祀亦不可废。人臣有平土之功，则取以配社；有播谷之功，则取以配稷。”[1]

这些属于精神层面的场所，又与老百姓日常生活息息相关的活动联系起来，如过年、出海打鱼、婚丧嫁娶等，于是形成了乡村精神生活的风景线。怎么处理好青山村这些场所，使其能为促进乡村精神文明建设服务，又能消除各种滥用的可能，是摆在所有乡村振兴工程面前的重要课题。

一方面要充分利用好这些场所建设乡村文化，为示礼而教仁爱服务；另一方面又要让这些精神场所都受到礼的约束。如宗庙、坟墓在儒家礼制里，出五服亲尽则有祫祀，即合祭。郑康成曰：“鲁礼三年丧毕而祫于大祖。明年春禘于群庙。”帝王大祫及于毁庙。青山一些氏族在没有庙的情况下，则适用于墓。始祖之外，应通过移坟于始祖墓合葬。这就是“毁庙之主，藏乎太祖”的礼制。在儒家礼义中还有“墓而不坟”“古不修墓”的原则，这都是说，在尊重墓葬的同时，不能将墓修得太大太高，也不能用水泥等不能融入自然的材质修墓。所谓“古不修墓”，就是要让墓地随着亲疏关系的渐渐远去，让坟墓自然而然融入自然。这样在我们尊重宗庙、茔地孕育亲情和孝道的作用的同时，又让这些载体符合能复归于土的生态礼义原则。

同样，社稷之神的精神场所也应受制于儒家礼仪的制约。历史上，这些场所常与各种淫祠混淆不清，还被巫祝、鬼怪之迷信活动所利用。故历史上有“碎邪魔之精爽，除祸患之鬼群。焚荡淫祠，辟除妖魅”的活动。北朝周武帝废佛道，毁淫祠；唐狄仁杰奏焚淫祠一千七百余所，韩愈谏迎佛骨；宋胡迪焚毁无数淫祠；明海瑞谏建醮，等等，均属此例。但是，狄仁杰毁淫祠，惟夏禹、吴太伯、季札、伍员四庙不毁，盖以为先代圣贤有功于天下生民

[1] 《永乐大典》（残卷）卷之二万四百二十五，文渊阁四库全书本。

者也。同样，明代杨昱《牧鉴》记载，当年建州人尚淫祠，不立社稷祠庙，刺史张文宗为此下令曰："春秋二祀，本于农，今废不立，田亩卒荒或未之，思乎神在于敬，可以致福。"于是始建社稷祀场，民悦从之。总之，本章所示的各种祠宇神庙，一方面要意识到其在传统道德文明建设中的作用，另一方面又要使其受儒家道义和礼仪的约束，两者不可偏废。

青山道中

引言

地景是集历史场所，自然景观和文化记忆为一体的视觉存在，它小到一草一木，大到一片山脉、河流或大地。地景可以是建筑物，也可以是山水景观，它是人文和自然、历史和当下的共同作品，体现了人类与其自然环境之间悠久而密切的关系，也是把人与土地对接起来的纽带。

本章以文化碎片的形式，围绕历史景点，图文并茂，展示青山胡同的地景文化。所谓文化碎片就是围绕特定场所和历史景观，在历史上沉积下来的文献、游记、诗文、口述等记忆片段，它们通过与记忆场所结合形成地景文化。每个地景展示的要素包括地景标题、景观叙述、相关历史文献和口述实录、相关人物介绍和场所插图。标题根据文献或村民口述提炼而成。景观叙述是本书作者根据各种资料概括起来的对地景与相关文献的介绍或描述。实录是支撑地景的原始文献和文化记忆叙述，应是本章的核心内容，除了口述在文字方面稍有整理外，实录一般保持原始风格。这些实录既是解读地景文化的基础，也是今后开发和利用地景文化的文化资源，故文献或口述来源均详细注明。地景场所以现场或历史照片展示。每个地景其文本实录尽量多样化，做到文献与口述相互映衬，一般以文献优先。实录的含义以及实录碎片之间的主题联系主要通过地景介绍来描述。实录实际上整合编辑了能查找到的与青山相关的所有历史资料，它们为了解青山村历史记载情况提供了一个窗口。人物介绍既有文献作者介绍，也有游历过青山的名人介绍，起到“青山游人记”的作用。插图部分，除了作者拍摄或收集的图像外，也征集了其他来源的图像，并注明来源和作者。各个地景的编排尽可能形成某种主题线索，但整体上以文化碎片的形式出现，不求刻意连贯。导语、实录、人物介绍、照片等相互穿插和映衬，旨在打破独白式的书写风格。资料实录与本书作者的叙述以不同风格和字体展示，其目的是在有限的解读情况下，尽量让读者自己领会各种实录碎片的意义，以给读者更多的想象空间。

本章地景荟萃大致分为四类：一，诗文景观，因历史上有美文、诗词、游记等唱赞而留下的景观图像，如层楼复阁、桃花源里、松石之折、浪漫青山等；二，历史场所，因历史事件留下的地点，如军港记忆、青山恨、民国记忆等；三，与各种民俗活动和信仰联系的场所，如篮子地、青山龙脉等；四，历史文脉的景观表述，体现这块土地源远流长的文化根基，如巨峰沉海、神仙窟宅等。这些地景是青山区域身份的表达，地方文化的视觉叙述，也是人与自然的艺术作品。它们为青山村未来的景观规划、经济、休闲、教育和环境发展提供机遇，有助于乡民更好地理解自己的过去和未来，也帮助游客了解这块土地的文化。

青山地景应该包括前面两章胡同内容，即便如此，全书展示的只是青山代表性的地景文化。地景是一个需要一代代人持续挖掘、解读、深化、修复和关怀的乡村资源，它们能改善乡村风貌和村民的生活质量。

巨峰沉海

青山背负圈顶峰峦，面朝万顷大海，日月丸跳，潮汐往来，云海沉浮，生活在这里的人受山海灵气使然而胸襟壮阔。《青山村志》描述此地域系崂山主峰巨峰山脉一部分，即所谓《齐记》中“泰山虽云高，不如东海崂”。巨峰，又称“崂顶”不仅是崂山最高峰，也是中国沿海最高点，它蜿蜒经青山圈顶，由崂山头直插大海，故有“巨峰沉海”之气势。巨峰傲视苍穹，圈顶巍峨人间，其秀可餐，其文不待琢而光。从崂顶极目鳌山头，青山碧海苍茫开鸿蒙。明侍御蓝田称其“非世人耳目所尝见闻者也”。

圈顶

圈顶海拔 600 米，青山村在其环抱下，奇峰兀立，崮石裸露，怪岩嶙峋，卓然特立，具有为有志者立名、传文之品质。清《崂山志》作者黄宗昌心乎崂者，发其志于斯山；清代即墨县令秦锡九谓此地有“大块之文章”，《即墨诗乘·序》说此地人受其熏陶，其诗文必传。

【文献】

人得山川奇气之助，往往理足气充，闳中肆外，其诗文必传。大小二劳即邑之胜，为神仙窟宅，与方丈、蓬莱、瀛洲三神山名。几埒又东负大海，泱漭澔溔，潮汐往来，低昂万象，日月丸跳，珍宝鳞萃，生其地者率胸襟壮阔，不必尽以文显。而风雅士要常项背相望，虽曰庠序乐育，师友渊源，独非山海灵气使然哉？（秦锡九《即墨诗乘·序》）

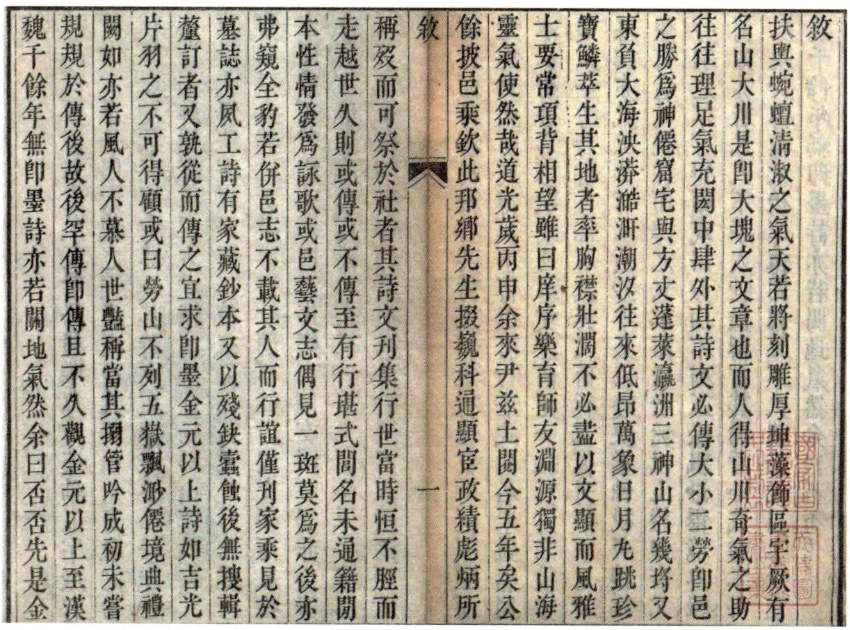
敘

扶輿蜿蟺淸淑之氣天若將刻雕厚坤藻飾區宇厥有名山大川是卽大塊之文章也而人得山川奇氣之助往往理足氣充閎中肆外其詩文必傳大小二勞卽邑之勝爲神僊窟宅與方丈蓬萊瀛洲三神山名幾埒又東負大海泱漭澔溔潮汐往來低昂萬象日月丸跳珍寶鱗萃生其地者率胸襟壯濶不必盡以文顯而風雅士要常項背相望雖曰庠序樂育師友淵源獨非山海靈氣使然哉道光歲丙申余來尹茲土閱今五年矣公餘披邑乘欽此邦鄉先生掇巍科通顯宦政績彪炳所

敘 一

稱炙而可祭於社者其詩文刊集行世當時恒不脛而走越世久則或傳或不傳至有行堪式閭名未通籍閒本性情發爲詠歌或邑藝文志偶見一斑莫爲之後亦弗窺全豹若併邑志不載其人而行誼僅刊家乘見於墓誌亦夙工詩有家藏鈔本又以殘鈌蠹蝕後無搜輯釐訂者又孰從而傳之宜求卽墨金元以上詩如吉光片羽之不可得顧或曰勞山不列五嶽飄渺僊境典禮闕如亦若風人不慕人世豔稱當其搦管吟成初未嘗規規於傳後故後罕傳卽傳且不久觀金元以上至漢魏千餘年無卽墨詩亦若關地氣然余曰否否先是金

秦锡九《即墨诗乘·序》

由巨石堆积而成的“神仙窟宅”古时是隐君子与道家方士的栖居之地。青山一带的山海景观曾让清末翰林傅增湘“十年尘土一宵涤尽矣”，感叹道：“海天月色，万里空明，使人有遗世之想。”然“山之高深，以人为高深者也。无人，则山不灵”。[①] 居齐鲁之东，又蒙圣人教化，隐士皆得逍遥风骨。苏东坡在《盖公堂记》中说：“胶西东并海南，放于九仙，北属之牢山，其中多隐君子，可闻而不可见，可见而不可致。”（《东坡集》卷三十二）崂山最早有记载的隐君子乃汉代逢萌。《后汉书·逸民列传》记载他不畏权贵，高风亮节，隐居在崂山，养志修道，人们都受其德感化。北海太守以礼召之，逢萌不应，以致太守怀恨派兵捕之，而崂山人相率以捍卫之。1931 年，周肇祥游崂山时还见到清两广总督张人俊寻访逢萌遗址留下的石碑。

【文献】

逢萌，字子康，北海都昌人也。家贫给事县为亭长。时尉行过亭，萌候迎拜谒，既而掷楯，叹曰：“大丈夫安能为人役哉！”……即解冠挂东都城门。归将家属，浮海客于辽东，后之琅邪劳山，养志修道，人皆化其德。北海太守素闻其高，遣吏奉谒致礼，萌不答，太守怀恨而使捕之。……行至劳山，人果相率以兵弩捍御，吏被伤流血奔而还。（《后汉书·逸民列传》）

青山古时候，应有许多隐君子在此栖居，可闻而不可见，即墨儒生纪润就在此遇上过这样的高人。后人常把他们误认为今天的道士，但他们其实对人世具有超凡才德学识，追寻逢萌的足迹，保持独立人格，信奉儒家道义，不委曲求全，不依附权势。《易》

---

① 张允抡：《崂山志·序》。

“此中有舜日尧天”

曰：“天地闭，贤人隐。”又曰：“遁世无闷。”又曰：“高尚其事。”皆用宇宙而成心，借风云以为气。真正的隐士不多，他们可能生活在像青山这样的大山深处，心灵上却在遥远的尧舜时代。纪润《劳山记》记载过这样的青山高人，还记录下了他们留下的几副对联。从其用典来看，非有抱负之士而不能。他们将青山描述为“汉宫秦阙”“舜日尧天”，自称春天到来尚有一事惦记，就是花开花落。话虽遁世无忧，实乃志存高远。

【文献】

回至青山，昔年有一埋姓奇人隐于此。结茅庐，小门短对曰："晦朔潮为历，寒暄草记晨。"又曰："何处是汉宫秦阙，此中有舜日尧天。"静室长联对曰："老去自觉万缘都尽哪管闲事闲非，春来尚有一事相关只在花开花落。"数年后，不知何往，真高人也。由此北上，过大小黄山，举目东望，碧波无涯，群岛星列，耐冬成林，海鸥聚鸣，别有人间。予避东兵，触景兴怀，漫吟二句曰："闲来检点平生事，谁似悠悠水上鸥。"（纪润《劳山记》）

【人物介绍】

纪润，字梅林，康熙年间即墨诸生。画入逸品，诗致清远。游览崂山，多有著述，有《八仙墩》《劳山头》《山游同沈仲知、黄介眉》等诗篇。其《劳山记》记述了周游崂山的经历，其中去上清宫、太清宫、明霞洞、八仙墩、试金滩等景点，来回两次经过青山。游记摘录了沿途看到的大量楹联，弥足珍贵。

【文献】

十五里，过乱石滩。滩中乱石磊砢，其状如瓮或如斗，皆匀圆如摩拭。其上窑货堤，石壁千尺，下浸海，阻南北之路，凿壁开道，仅可通人。十五里抵青山村，夜静止宿。时风泉悲鸣，潮声撼枕，宵分不寐，披衣起，视皎月犹悬，海色天光，虚白如一。西南上峻岭，取道松石中，曲折如羊肠，约五六里，北陡岭，东方始白，六人皆踞危石上，观日出。（明·张允抡《游崂东境记》）

登巨峰之巅而望焉，面各数百里，海涛蜃气，起伏汹涌。而岛屿出于其中者，皆若飞凫来往。旦夕万状，连峰有无，远迩环绕，村墟城郭，隐隐可指数，神观萧爽，非世人耳目所尝见闻者也。（蓝田《巨峰白云洞记》）

【人物介绍】

张允抡，字并叔，号季栎，别号栎里子，明莱阳（今山东省莱阳市）人。崇祯七年（1634 年）进士，曾任户部主事，后授江西饶州知府。明亡后，入崂山隐居不仕，曾在崂山玉蕊楼、张村等处授徒 10 余年，晨夕樵汲，唯一老仆。著有《希范堂集》《廉吏高士传》及诗文 11 卷。张允抡遍游崂山名胜，其《栎里子游崂山记》中，收有游记 13 篇，诗 70 余首，对崂山的人文景观和自然景观记载甚详，所记年代有据可查者，上起清顺治六年（1649 年），下迄康熙十四年（1675 年）。《栎里子游崂山记》于乾隆四十一年（1776 年）刊印，现尚存有孤本。

巨峰观海，来源：《青山村志》档案

神仙窟宅

青山乃是处在巨石堆成的地貌中。乱石之中是一个个大小不一的窟穴，人称“神仙窟宅，灵异之府”，故崂山留下了诸多神仙典故。称吴王夫差登此山得《灵宝度人经》，即道教之《太上洞玄灵宝无量度人上品妙经》。又称秦始皇亦上此山以望蓬莱。宋代莱州即墨人乐正子长,相传尝于鳌山遇人授以“巨胜赤散方”,告以此药蛇服之化龙，人服之长生。子长服之，年逾一百八十岁。李白的《寄王屋山人孟大融》称“我昔东海上，劳山餐紫霞。亲见安期公，食枣大如瓜。中年谒汉主，不惬还归家”。明代万历年间，围绕着海印寺地产发生的佛道之争时耿义兰就是引据这些仙道文化，状告憨山和尚占太清宫庙产。这些仙道文化在周边留下了诸多印迹，如上清宫、下清宫、明霞洞、聚仙台、仙人桥、张仙塔、八仙墩等，以及包括蒲松龄《崂山道士》《香玉》等故事传说。其中留在青山的印迹就是“波海参天”这块石刻和无数石窟洞穴。民国魏镜的《青岛指南》记载曰：“青山口为东临大海，三面环山之小镇。村旁有一大石岩，高约丈余，广可二丈，上刻‘波海参天’四大字，传说系秦始皇登山遗迹。”此石刻上行“波海参天”，下行字略小“始皇二十八年游于此山”。据说清末民初，太清宫道人为追记秦始皇曾游过崂山，请北京大学教授书写并聘青山村石工镌刻。据 19 世纪 20 年代书刊介绍，原辞为“始皇二十八年游于此山书”，后人为避秦代刻石之嫌，将“书”字凿平。旁有游记一篇，已漫漶不清。“文化大革命”中被毁，1979 年修复，1990 年 8 月 29 日在一场雷雨风暴中倒塌，压于地下，不复再见。始皇是否真的登过此山，史书不载，后人考之众说不一。但他在琅琊待了三个月，乘船从青山湾上崂山也不无可能。《青山村志》和《王哥庄街道志》把始皇二十八年作为村里“大事记”的首条记载，称始皇“派方士徐福率童男童女数千人沿崂山海域入海，求长生不老药”。《莱州府部纪事》：“秦始皇二十八年遣徐市发童男女数千人入海求仙人，登劳盛山望蓬莱。”而《太清宫志》则将此石叙为历史真迹：“秦始皇帝二十八年游于此山，留题四字：波海参天。嗣后时将此四字镌于宫后路左巨石壁间，至今存在。”虽然始皇是否登崂山一直有疑问，但众多典籍如《山东通志》《即墨县志》《方舆汇编》在记崂山时都引用宋代《太平寰宇记》“秦始皇登牢盛山望蓬莱是已”。《顾亭林先生诗笺注》（卷七）（顾炎武）曰：“《先生劳山图志序》乃自田齐之末，有神仙之论。而秦皇汉武谓真有此人，在穷山巨海之中。于是八神之祠遍于海上，万乘之驾常在东莱，而劳山之名由此起矣。”这些说的都是崂山作为仙山之典故。唐宋间人士刘若拙入觐崂山太清宫，吟诗提及秦皇汉武屡次来寻仙：“东来海上访道玄，一见龙尊有仙缘”，“海南天涯向有名，秦皇汉武屡东封”。（《太清宫志》卷九）民国大儒周肇祥，读史书后对秦始皇两登崂山而产生好奇慕远之思，1931 年 8 月寻迹游崂三日，第三天到达青山并在此午餐。

【文献】

始皇二十八年，南登琅邪，大乐之，留三月。乃徙黔首三万户琅邪台下。复十二岁，作琅邪台，立石刻，颂秦德，明得意。曰：维二十八年，皇帝作始。端平法度，万物之纪。以明人事，合同父子。圣智仁义，显白道理。东抚东土，以省卒士。事已大毕，乃临于海。

（《史记·秦始皇本纪》）

秦始皇二十六年初并天下，二十八年亲巡东方，海上登琅琊，观出日，乐之忘归。（《苏轼刻秦篆记》）

劳山，县东南六十里。二山相连，东滨大海，其高大者曰大劳，差小者曰小劳，周围八十里，高二十五里。《齐记》：泰山虽言高，不如东海劳。劳亦作崂，或误为牢。又误为劳盛山，劳、盛，盖二山，盛即成山也。秦始皇登劳盛山望蓬莱，盖登此二山耳。又《史记》：始皇自琅邪北至荣成山。荣成又劳成之误也。盖海岸之山，莫大于成山、劳山，故往往并言之。（清·顾祖禹《读史方舆纪要》）

胡仙洞窟

华子期者，师角里先生，得灵宝隐方，合而服之，日行五百里，力举千斤。每一岁十度易皮。后乃仙去。乐子长者，齐人也，遇霍林仙人授巨胜赤松散方，曰：蛇服成龙，人服成童子。长服之，年百八十岁，色如少女。妻子九人皆服之，老者少壮，少者不老。登劳盛山仙去。（《神仙传》）

余少读《太平寰宇记》，秦始皇二十八年，登牢盛山，望蓬莱。太史公书，始皇三十六年，令入海者赍捕巨鱼具，自以连弩候大鱼出，射之，自琅琊北至荣成山，弗见，至芝罘，射杀一鱼。牢即劳山，盛成山也，荣为牢之误。王充《论衡·实知篇》，所引甚明。是始皇两登劳山，虽神药未能致，而好奇慕远之思，足以

使人兴起矣。……自是劳山无时不往来魂梦间。（周肇祥[1]《退翁记游：游劳山记》，1940 年《立言画刊》105 期）

刘青嫚洞

青山还留下一些“神仙窟宅”，最为壮观的当属“西京胡仙洞”，更远一些的还有闻名遐迩的明霞洞，是全真道金山派之祖庭。在八水河西南有崂山七十二洞窟之一的阴凉涧庵，洞窟分两间，垒有石炕、灶头。据说古时一老道士在此修炼，今仍然能看到其居室的样貌。此外村南的山坡上有一处因人栖居而得名的石洞——刘家窑礓。万历年间青山刘氏先祖最初就是在此洞落脚。另外在西山公路边有一窟宅，村民称之“刘青嫚洞”。一百多年前，一位女子曾在此洞居住。这些洞窟更早的时候谁曾居住过已不可考。1924 年《人言周刊》第一卷刊登了一篇游记，描述了这一带“神仙窟宅”的样子。

【文献】

再走不到里巴路，前面一条山涧，挡断了去路。这山涧看去不过四五步宽，却是一条深涧，而且很长，要是跳将过去也不妨，但，谁也不敢蹈这危险，只得转了大圈，才绕过山涧。

过了山涧，又转了一个山湾，只见一带奇陡壁立的巅崖，这巅崖不但巍峨崄巇，就是可容得一个人通行的路径也没有了。远远望去，却有几个山洞在上面，相离都不很远。打动了好奇的心弦，为的要探这千多年来的神秘，努力，振作了精神，披

① 周肇祥（1886—1954），浙江绍兴人，字嵩灵，别号退翁，清末举人，毕业于京师大学堂、法政学校，历任湖南省长，临时参政院参政，清史馆提调、北京古物陈列所所长等，后在京主办中国画学研究会 10 余年，任会长。工诗文，书法有晋唐人意，所作山水、花鸟，直追明人。民国二十年八月游崂山三日，15 日游抵青山，在《立言画刊》刊登三篇游崂山记。

荆斩棘，越过危石，到了一个洞口。洞穴极广大，可容得两个人并肩进去，但是，洞里面阴暗如幽冥，扪之又潮湿，烟雾迷漫地不知有多深。相传：这几个涧的来历很久远了，据说是宋朝的赵匡胤那时代，天下纷争，群雄四起，那时候有几个很有学问的高士，怕的兵荒马乱，结伴到这山洞里来躲避乱世的。后来这几位高士都在洞里修炼起来，便成了神仙。因而人们都叫作“神仙洞”。这“神仙洞”里且有几只大虫住着看守洞门的，不过，大虫从来没有跑出洞门过，到今也没发现过大虫伤害过人，因为都有神仙在那里监管着它的。在洞的上面，那里还有一个顶大的洞，洞口有两扇大石门，石门封锁着像铸就的一般。门首有块石刻的匾额，匾额上镌的是蝌蚪文。题的什么洞名？则因为洞在悬崖上，从没有人攀得上去看过究竟，所以，但只传说这洞里面别有洞天，殿阁嵯峨，栏楣纡曲，一切都非尘世所有，凡人也没缘可想走得进去，要有仙道的符箓咒着，然后，那石门便自动的启开来了。再从这大洞一直向上，那边有一张石的桌子，两张石凳子，石桌子上刻着棋盘，一副石棋子。从前有人曾经上去瞧过，而且用手去推动着那石棋子走，可是要想拿它下来，则就动也动不得的了。这一段齐东野语，固然都是子虚荒诞的神话；不过，这几个山洞，或者，是前人高士隐居的处所，则亦略可以信的。至于那个石桌，石凳，石棋子，只是可惜走不上去探个玄秘，寻点道理。

走下山岗，又斜上山坡，一大片竹林，蓊翠深密。进了竹林，一路残碑断碣，有倒在路旁的，有侧身站立的，碑上的文字，模糊得看不真切。顺路走来，找寻些秦、汉的古迹，却也不得细细认识。面前又是一条山涧，水声湍激，直泻入海。渡过石桥，便是一座古刹，题的是“太清宫”三个大字。（宇宙《到劳山太清宫》，1934 年《人言周刊》第 9 期）

石窟人家（林学峰观日出农家宴）

刘青嫚洞今天在村里多少还留下一点仙气。刘青嫚最后在此洞仙去，但在村里却留下了许多她的“子孙”。林玉水和刘振居老人向我们介绍刘青嫚洞的来由，以及本地人认刘青嫚为干妈的风俗。

【口述】

那个女子姓刘，可能是叫刘青。青山地区有一个方言风俗，女人婚后都把姓或名后加一嫚，故叫“刘青嫚”。她来到青山以后，流浪过来，住在那个山洞，就在上石屋洞北，再上边就是唐山子。那是一百年以前的事，后来刘青嫚就死在这个地方了，也没有家人，也没有什么，流浪在这的。刘青嫚洞是以她的名字命名的，以前有这个洞，没这个名字，她来住了以后就叫的刘青嫚洞。听老人说，好比家里生小孩，养不起来，都找刘青嫚认干妈，压住，好养。

比如说我家里添孙子了，以前怕孩子夭折或是有毛病，你必须找个女的来做干妈，压住他，好养。别要富家的，要找穷家的，别姓的或者从外边过来的，找这么样一个女的。刘青嫚她做过好多人的干妈，都因为她是干妈压着，好养活，这是个迷信……俺们这个地方就是找个算命先生看看，你家的孙子有毛病，伤风感冒的，怕不好养，就赶紧找个干妈。但是个干妈的条件就是从外来的、她家很穷，越这个样的人（越合适）。她逃荒过来的，命硬，死不了，找个人给她压着好养，就这么个意思。（20180718 上午刘振居、林玉水访谈）

嶙峋怪石，幽幽洞穴，又加上无数像乐正子长的仙道故事，青山一带的洞穴，历史上一直是人们向往得道成仙的藏身之处。民国二十年《大公报》连续三天刊登了一位济南府少爷讲述的到青山寻仙修道的故事。这篇他写的《误入崂山》说的是光绪三十三年一位只有十四岁的少年，笔名野僧，人称邓四神仙。他家住济南，书香门第，读了六年私塾，父亲送他到巡抚衙门学作书记。这位少年看了《绿野仙踪》和《升仙传》，又听了周围人说了许多崂山仙人的见闻，便打算千里迢迢到崂山做道士升仙。他身无分文，靠当了一条棉被的钱，步行，骑驴，经章丘，十三天后到即墨。随后只身入崂山，到了青山村，体验了当年村里的生活，然后上

刘青嫚洞窟

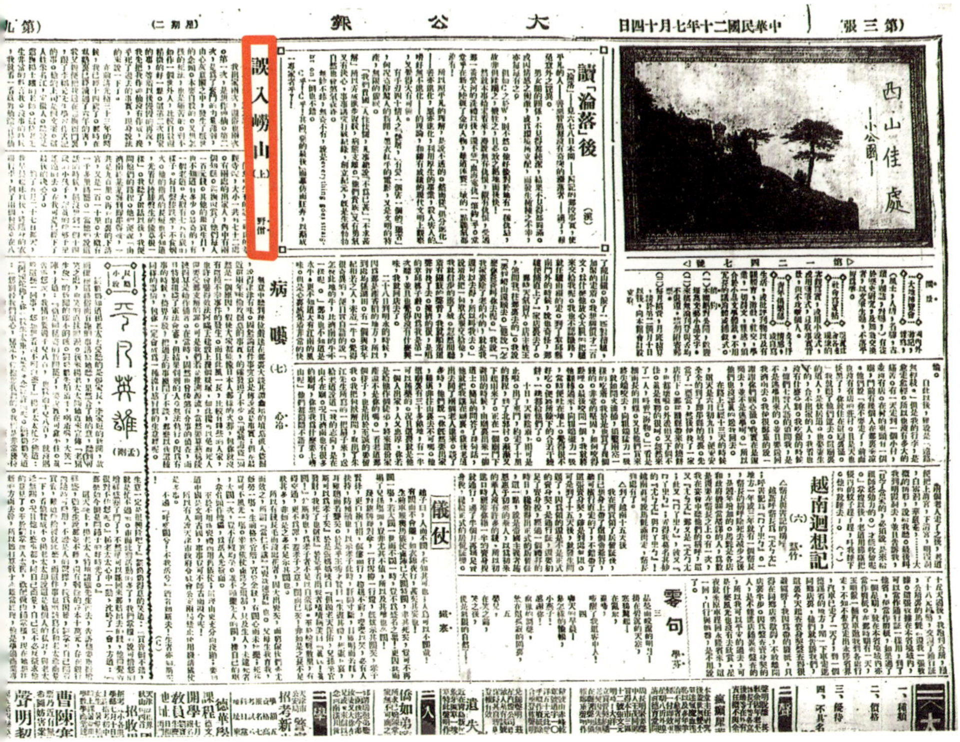
第三張　中華民國二十年七月十四日　大公報

誤入嶗山(上)　野僧

讀「淪落」後

西山佳處

病囈

越南迴想記

儀仗

零句

民国二十年七月十四日《大公报》

了明霞洞，见到了主持张老道士，最后济南派即墨县令来崂山求雨，在官府帮助下，终于回到济南。老道士平日住青山徒弟家。故事中还讲述了他“修道”的艰辛经历。

【文献】

我出家两次，还俗也两次。第一次，是想作神仙没有作成，几乎死了。

在前清光绪三十三年的时候，我已经十四岁了。当时在私塾里已经读过了六年的书，我父亲便把我送在巡抚衙门里，上司朱名江听说是巡抚杨士骧的老师。没事的时候，我就看一看《绿野仙踪》合《升仙传》。自此以后，便中了小说毒了。

可巧，这一年在阴历四月间，杨士骧先生出去闲逛的时候，在崂山盘桓了几日。那些随从他去的人，等到回济之后，便无中生有的说“崂山的庵观寺院，大小一共有七十二处。有两处的出家人，内中有两个知县。巡抚赏了他们每人一百元钱。其他的众贡生员，也不知道有多少。最奇的，有一个老道。大概有七八百岁的样子。每日盘膝趺坐，不食烟火。他的指爪的长短也不知道，光看见绕膝盘生的像草根一样”。我听了这话以后，我便问他们的路程。他们便说“由济南经某某县到即墨县城，一共是九百里。再到山里的下清宫，又是一百一十里。大概有一千多里路罢。”当他们说这话的时候，绝没有想到一个十四岁的小孩子，认真的能够千里遥远的去。在我可是已经下了最后的决心了。

到了五月二十七日那天，我早晨起床以后，将随身的衣服行李，包了两个包袱。在八点以前就离开了衙门。步行了六十里，到了龙山镇。雇了一匹对槽驴，任驴由缰的走。

有一天走到一个小村，并没有店。在村的东头有一个庙，门前几个人说“你不要走了，前面也没有店的庄村。且是天也快黑了，你就住在这庙里罢”。我吃饭的时候，他们七言八语的追问我，是不是逃学出来的。并且要送回我济南去。

十日，约走了十里的路程，到了北郭村。渐渐又下起雨来了。正在一个庙门下避雨的时候，由庙里出来一个道士，简单的问答了几句话后，说“你既然要出家，难道非往山里去不可吗”。我取出了朱江先生所写的一把扇子来，送给老道，说道“我的志向，是在山不在庙”。老道叫我到明霞洞去，并且告诉我，“见了当家的，必须说是来给祖师爷效力的。才能收留呢”。

十一日我只身向山里走去。爬山越岭走有多时，看见两个农人，也不用牛马，在田中耕地。过青山及黄山二村时，看那山村的妇女，也是披红黛绿的妆饰着。以后方才听得人说，这里也是出家人的行宫下院哩。

过去青山村，爬上了一道山岭。遇见一个女子，面貌也还干净。约有十七八岁。顶了重有百余斤的山草一捆。穿着套鞋，小的可怜。她也不走正路，且较赤手空拳的男子在平地上走，还要快得多哩。相形之下，不免觉得惭愧。像她顶了重草，又是两只小脚。我除了脚以外，还加上了两只手。怎能不惭愧呢。所以我想这崂山的“崂”字，莫非为她这劳苦的情形吗。这真是名副其实了。

鼓舞起了精神。慢慢地走去。上坡上有一个大竹林，明霞洞就在其上。将到了庙门的时候，忽然间又两个很肥大的狗，叫了两声，就向我狂奔。我大声疾呼着，里边出来一人，问明了来意之后，领我到了当家的那里。我看见有一个道士，正在那里用指爪绘画山水。这时候我便想起了在济南他们对我所说的话来，心里有多么羡慕哩。

明霞洞

顶山草的青山妇女（刘振居摄）

等他问我的时候，我便把北郭村张道士所嘱咐我的话说了一遍。后来听说这当家的姓张，是诸城县的一个举人。当时他就不客气的对我说“我们这里有知客，管库，管账，值殿，那都是出家人。还有种田的，种菜的，看山的，巡山的，看磨，喂马，你也作不了”。最后他踌躇的说“你烧火，喂猪罢”。这时就有人领着我，到了厨房里把行李来安置了。

等了不大的功夫，有个人领着我，到了一个山洞里搬取松毛。我看那一捆一捆的，最小的也有一百斤上下。如何能搬得动呢？我就把一捆拆开，分为三次搬运。觉得右手疼痛，看时有血在流，也无法包扎。到了生火的时候，那锅炉有方桌大小，那锅大概也是头号的罢。我想来时并没见很多的人啊，为什么要用这样的大锅造饭呢。那时把火生起，用火又把松毛不断的送于炉内。至于应当作什么饭和什么菜，那并不是我的事，我只管烧火就是了。

数分钟以后，天气又热，再加上火烤，觉着面上的皮，异常的疼痛。口里又觉得干燥，便立起来用瓢饮了许多的冷水。忽然想了一个救急的法子。用背向着炉门，面部一定会不痛了。那知道在路上半个月的时候，曝于烈日之下，背上的皮，已经像鱼皮一样了，那里还能经得住火烤呢。比前面痛得更狠。把饭烧好以后，听外边一阵梆子乱响。出来一看，有若干人先先后后的都来吃饭。也不知道他们是由什么地方来的。这样每天三次，我的苦也就是三次了。饭后，当家的张道士，叫我提了两个木桶。放在一个石砌的台子以下。又叫我爬上台去，立在一个埋在台内的缸前。拿了一把长柄的铁勺，由缸里捞取猪食，装于桶内。觉着缸内的恶气熏人，又酸又臭。两桶已满，方才爬下台来。用尽了平生的力量，把桶挑了起来。右肩上的痛，是不消说了。两条腿觉着也支持不住。张道士跟在后面，我就东倒西歪的好歹担到了猪圈。把猪食倾在石槽里边，回头看时，张道士已走。解开衣扣一看，右肩上凸起一个疙疸。皮肉红肿，疼如刀割。圈里的猪，把食物已经吃了。它那尾巴摇摇摆摆的，那是怎样的好哇。

晚间张道士没有在庙里睡，同伴说“他在青山村他的徒弟家里睡的”。我问他们那个七八百岁的老道，他们也不知道，过了几天，真是“手足重烂”了。这时候想家的心极盛。有一天烧完了火，喂完了猪。心里闷的很，饭也没吃，走到了个离开庙很远的一个山谷里。放开了大声，痛痛快快的哭了一个够。以为他们一定不知道。那想到“空谷传音”，方才回庙，就被张道士问起这事。我也没有什么可说，无非听他申斥就是了。

在这度日如年的时候，那日忽然由山下来了两人。那时候，朱江先生知道了。传见那个知县，叫他回县的时候，考察我的下落。一节朱先生是杨士骧先生的老师，二节又是他的上司。怎么能够不经心呢。

朱江先生接到了即墨县知县的电报。知道已经查着，确实在崂山的明霞洞。我父母也得着信啦。我母亲说“我的眼，已经哭得看不见了。这孩子要是找不回来，我们还能活吗”。

第五日搭了胶济铁路西开的早车。当日到济南。我的父母，他们是怎样的欢喜呵。因了我排行第四，同街上的人们，都叫我邓四神仙。但是我绝对的不看《升仙传》，合《绿野仙踪》了。

（野僧《误入崂山》，民国二十七年七月十四日《大公报》，编者缩减）

卧佛龙虎

青山人解读他们村落所在地域是左青龙，右白虎，背靠卧佛，面朝大海。最高处是“圈顶”，其延绵山脊轮廓形似一尊天然大佛，北首而卧。卧佛典故是指释迦牟尼入涅槃的样子。圈顶山体庞大，巍峨矗立，整个村在其环绕之中。村民认为，称其为“圈”（当地读 juan），就是指青山村在其环抱之中。村的北侧，有一条虽然不高，但蜿蜒有力的山岗，村民称北坡，其下海处叫北嘴，村人将其看作是左青龙，它挡住北风，似村落的椅把子，护卫青山湾。村右侧，西南方向，有一巨大的山体，叫“大崮子”，它与抛子崮（瑶池）一起形似卧虎之势，气象宏伟，一进青山便远远望之，是青山的标志山崮，村民将其解读为右白虎。在许多游记里，大

如佛涅槃，左侧山峦形似卧佛头像

崮子也叫青山崮。“抛”，从手从尤从力，有“击”“落”之意。村子三面环山，面朝滔滔大海，处在藏风聚气的风水宝地之中，似坐落在一把太师椅中，稳稳当当。由此形成“卧佛涅槃”“青龙蟠海”“白虎蹲踞”的三大村落风水景观。

【口述】

圈顶就是青山最高的一座山峰，600 多米。上村南边看整个青山就是在这个圈顶的怀抱之中。咱这个村是窥视大海，一望无际，令人胸怀宽广。山下边就是海，海紧连着山。圈顶的意思很可能就是指青山村在它的怀抱之中，圈起来的意思。整个这个村儿是在这个山的呵护下，盘古至今，维护着整个村庄繁衍生息，青山村离不开这个圈顶、这个大山的呵护！（20180620 刘振居带访村落）

青山湾是三面环山，一面望海，它这个靠山，这个背就是圈顶，它像一把椅子，坐在上面，前面就是大海，后面是椅子的形状。所以村就跟太师椅一样，稳稳当当。（20180619 刘同忠带访村落）

【记忆】

圈顶：青山村后是小泥旺，旺西北高山耸立，山底有壮撞崮，往上小隔、大隔、柜子石等直至山顶。此山山高，跨度面积大，巍然屹立，山高入云，峰高 600 米，青山称为圈顶。圈顶自古以来也是气象站，只要山顶挂雾，有句成语：“圈顶带毛（戴帽），不是下一碗，就是下一瓢。”说明只要顶峰有雾，大小就有降雨。

大崮子：位于青山西坡，抛子崮（瑶池）正东，南依马鞍子礓山梁，北与大炕、凉水井南坡东部接壤，崮高 350 米，石崮巍然高耸，崮顶像一尊佛人安坐，在整个山脉中格外突出，一进青山便远远望之，是青山的标志山崮。笔者作赞句曰：

崮石巍立西山坡，青松遍野绕崮生。
崮顶石佛安然坐，目窥山海日日新。

（姜岐先，《守护会手稿》）

【文献】

卧佛典故：大悲世尊随机利见。化功已毕，入寂灭乐。于双树间，北首而卧。执金刚神密迹力士见佛灭度，悲恸唱言：“如来舍我入大涅槃。无归依，无覆护。”毒箭深入，愁火炽盛。舍金刚杵，闷绝躄地。久而又起，悲哀恋慕，互相谓曰：“生死大海，谁作舟楫。无明长夜，谁为灯炬。”（《大唐西域记》卷六）

俯瞰青山形势，倚崂山巍峨，迎汪洋壮阔，南北两河穿村入海，青龙白虎左右戍卫，在这片格局非凡的山海之间，人们耕作、造屋、生产，用最朴素的方式解读着脚下的土地，他们相信，这条神龙，将庇佑着子孙后代，背负起更加美好的生活。

大崮子（白虎傲啸）

北坡（青龙蟠海）

桃花源里

把青山村比喻为桃花源里的，乃是民国时期任青岛市政府秘书的魏镜。他在其1933年编写的《青岛指南》中描述青山村“不啻桃花源里人家也”，称其熙熙融融为小镇。民国文化名人、山东大学中文系教授黄孝纾赋诗赞曰：“衣食足，屋庐新，何必桃园始避秦。”他还引用白居易《朱陈村》一诗里的典故，描述此地一村唯两姓，郎竹马，女鸦鬟，世世为婚姻。民国道士周宗颐则把这里的桃源意境与异石、奇松、古道、鸡鸣联系起来。

【文献】

青山口：出华严庵东南行，抵海滨，经长岭，黄山，即达青山口。为东临大海，三面环山之小镇。村旁有一大石岩，高约丈余，广可二丈，上刻“波海参天”四大字，传说系秦始皇登山遗迹。不过字非大篆，刻工更劣，其为后世文人，逢场作戏无疑。村中农家，皆以渔农为业，熙熙融融，不啻桃花源里人家也。（魏镜《青岛指南》，1933年版）

【人物介绍】

魏镜（1889—1951），字步真。武康县（今德清）人。杭州浙江师范学堂毕业。民国九年选为武康县议会议长。民国十三年，他以县议会名义，呈请浙江省长张载阳要求收回莫干山西人房屋，称：“西人借口建筑教堂，在莫干山购置山地。六七年来，共达1600余亩，而来者愈多，购者愈广，且有私人名义互相买卖者，违约丧权，莫此为甚，应请据约交涉，以维国土。”民国十六年，他到南京任陆军编纂委员会委员。二十年，调任青岛市政府秘书。期间他写了《青岛指南》等书。民国二十六年八月，他离开青岛回到家乡。抗战胜利后，原青岛市长沈鸿烈调任浙江省主席，曾有信相邀，因年老辞谢。三十五年，任武康县文献委员会主任。三十七年和孙逖先一同编写《武康县志》，未刊行。

【诗文】

渔歌子

积翠烟霞岭逼天，黄山南面是青山。
郎竹马，女鸦鬟，村似朱陈日往还。

遇见崂山（翟英奇摄）

腊鼓馨磬祀海神，垂髫戴白趁虚人。
衣食足，屋庐新，何必桃园始避秦。
（黄孝纾诗节选，《崂山集校注》48 页）

深山有仙宫，曲径通桃源，在一代代村民的耕耘下，青山村正变得更加美丽。2017 年，从垭口至海边长达 2.5 公里的青山进村路边种上了樱花树、冬青球和数百株月季花。今天的小村虽没有桃花满谷，但每到东风吹起，粉霞漫天，绝不亚于文人梦想中的世外乐土。那春花烂漫的美景，正如文化记忆守护会的温志团老人在手稿中描述的意境，带着古今文人那种浪漫的向往，当可与陶渊明笔下那超然世外的仙境做一番比较。

渔村云居图（姜兆阳摄）

青山桃花源（姜兆阳摄）

【记忆】

春夏之交，樱花、月季花竞相绽放。此时，站在垭口牌坊一线的公路边向下俯瞰，从牌坊至海边的进村路上，绽放的樱花、月季花仿佛是一条花龙，斗折蛇行，时隐时现。此时，青山、绿水、碧海、蓝天、花园、茶园尽收眼底，仿佛一幅美丽的丹青呈现在眼前，令人陶醉，心旷神怡。当你闲暇之时，陪着家人或三两好友，漫步在路上，满村的花香夹杂着树下的冬青、地里的茶树及山坡上草木的清香扑鼻而来，犹如进了仙境一般。一阵微风吹来，几片花瓣飘落在头上、身上，此情此景，仿佛置入陶渊明笔下的桃花源中。（温志团，《守护会手稿》）

今天到青山村者仍然以世外桃源称之。《青山村：藏匿于山海间的世外桃源》一文称之“远望，海天一色，万顷碧波，渔帆点点；近看，港湾波光闪闪，海浪轻拍沙滩，几只抢滩搁浅的渔船静卧海滩……蓝天、碧海、白鸥、渔船和沙滩，大自然鬼斧神工，一幅小渔村恬静的水墨丹青缓缓呈现”。

青山龙脉

青山村整体方位坐西朝东，背山面海，两河穿村而过汇入海湾，格局端正对称。在两河之间，隐约可见一条山岗，从北河老桥开始，经三姓庄到龙王庙入海。居住在这条龙脉之上的曾经是“占山户”高氏家族。他们沿着海边平原开发了许多好地，高家虽然人数不多，但家族兴旺，一直过得很好。自明代以来其他姓氏陆续迁徙到此，围着高家居住。后来高家逐渐破落，最终举家迁走。村中流传，林家在龙尾埋了一座未出嫁的“姑娘坟”，从而破坏了高家的“风水”。

传说中林家姑娘坟小胡同

【口述】

这块儿是林家的地，林家姑娘死了以后就埋在这里，压住了高家的龙尾。传说林家祖上对高氏家族产生了嫉妒心理，看中高家那块地方，就起了心思，找来风水先生，说："你们林氏要想好，就得把整个村儿盖上庙，什么土地庙、老爷庙、龙王庙。"还说："恁这个姓林的治不了姓高的，因为姓高的正住在这龙头上，整个山梁是一条龙，住在这个龙头上，你怎么能治住呢？必须有没结婚的大闺女，去世以后，埋到他那个龙尾上，压住了。"后来高家赌博抽大烟，吃喝嫖赌，把家产给败了。高家卖地，林家买回去。高家剩最后一块送林家，请帮看祖坟。那个人挺善的，一直管到解放以后七十年代。（刘振居访谈）

高家迁走后，原本的祖居地被林、刘、温三家分占，曾经的"高家"也变成了"三姓庄"。村民们认为那里的"风水"已经不好，大多并不愿意前往居住。青山龙脉的"龙尾"在传说的"林家姑娘坟"，过土地庙不远处的小胡同里。龙脉延伸经过三姓庄，"龙头"则位于村东南的高家祖坟、青山小学和龙王庙一带，即今天青山养生苑附近。

三亩顶览胜

三亩顶是青山南坡山梁的一段山顶。顺着村的南顶从西一直向东看，看到东面凹下去向东上又凸上去的至高点就是三亩顶。步行可以从东港河南开始，沿着山瓜涧小路盘转至三亩顶。三亩顶是青山与三亩前、列坡的重要地理分界线，顶部相对平坦，是村里去三亩前和列坡各地的必经之路。顶部后北坡到海边，称为三亩后，南侧直到山脚称为三亩前。

三亩顶东有一高的山包，称为三亩顶东巴盖。上世纪 60 年代初，青山驻军在山包上建了一处观通站信号台，常年驻有一个班的士兵执行战备值班，是快艇进出青山湾港的指挥台。90 年代末驻军撤走后，观通站设备拆除，现在其观通站建筑还在。由三亩顶去三亩前或列坡的路坡度较陡，从山顶到山底曲盘环绕，形成“十八盘转”，行人很吃力，特别是挑扛东西累得人汗流满面。姜岐先说，古往今来村人祖祖辈辈成年累月地走这条路，因青山的粮食地大部分都在三亩前和列坡，此处是必经之处。上世纪 80 年代后期，村人进出绕东头机耕路或隧道，此路不再走，三亩前十八盘也逐渐被人们遗忘。

三亩顶是青山观景的佳处。“三亩顶览胜”也可谓是青山旅游开发的一个重要景点。此地是观日出的最佳位置，只要是晴天，一年四季都能看到太阳从东海冉冉升起来的壮丽景观。南北远眺，著名景观历历在目，历代游记多有记载。50 年代初的扫盲运动时期，村人编写乡土教材时，就把站在三亩顶上向四周观看，所能看到的崂山附近的一些名胜古迹的名称等，以顺口溜的形式编于教材内便于扫盲记忆。《三亩顶观景》就是其中典型的一篇。刘振居后来又在文中加入了东南方向的景观（“你转身再往东南看”以下）。

站在三亩顶，抬头向北看
凉亭靠海正北站（凉亭指返岭前东面的“斐然亭”）
白云洞一片好洞岚
棋盘石有个好棋盘
华严寺楼台殿阁十三间
你往西往南看
明霞洞有片好竹园
上清宫有棵好牡丹
太清宫有块好菜园
你转身再往东南看
崂山头就在正东南

三亩顶东碉堡

三亩顶

三亩顶到崂山头

前面有八仙在过海

后面有龙王晒过钱

崂山头顶有盏航标灯

日夜指挥过往的船

地龙嘴上好垂钓

东头庵子住过温姓的祖先

石金望有个地冒泉

列坡圈有片滑骨蛋（鹅卵石或试金石）

石礓沟连后尖

三亩前北坡十八盘

到三亩顶上歇一歇

愿看你再继续看

三亩顶北眺

松石之折

异石奇松，古道人家，这是当年走在青山道中的深刻印象。黄宗昌《崂山志》（卷二）称其为松石之折而成路。自古以来，游人为此留下了诸多诗词。1935 年《柯达杂志》余则民就留下了当年的一幅影像及游记。

【文献】

沿路皆大石错落，忽峭壁，忽坐矶，苍松杂出其间，折而愈蓄。即山阴道中未必尽如此之天造也。青山松石之折而成路，与黄山同。而上清下清两宫近矣则山容可餐，似尤愈也。（黄宗昌《崂山志》卷二）

走到海沿，雇舢板船，荡到崂山湾，就可以见到松石和密密的竹林。沿途一边怪石压叠，山田葱翠，一边海阔天空，极目旷怀，这样的处处富有画意的风景，朋友们记着，来游的时候，不要忘记了携带摄影机，尤其是多带柯达万利软片。（余则民《崂山摄影游记》，1935 年《柯达杂志》第 5 期）

松石之折

崂山松石版画，吴冠中 1998 年作

【诗文】

异石奇松古道遮，桃园难觅意犹赊。
忽闻无数鸡声唱，知到名山再不差。
抱瓮灌园听海涛，闲同逸老种碧桃。
弹琴松下来明月，静夜频添太古醪。
日衔半山报黄昏，数行翠竹相温存。
细听鸟语知云路，环抱三山一海门。
三面青山景最幽，奇逢回处水长流。
欲知不老延年术，莫羡彭仙八百秋。

（周宗颐《崂山太清宫志》卷九）

青山道中

旧时，青山南河是村落与道山的界线。进出崂山道家核心区域太清宫、上清宫、明霞洞等，青山通常是必经之路。多少名人隐士曾走在这条道中，穿村而过，被沿途的自然风光与村落风貌所吸引，他们在青山村小憩或留宿，由此留下了他们的足迹和大量诗文。其中清代进士江如瑛和嘉庆即墨举人周思璇就创作有以“青山道中”冠名的诗。黄念昀则作《宿青山》，描述了自己在村里畅饮并留宿的经历。这些诗文为青山胡同注入了历史的灵韵。

叶落草桥红，南河石桥（姜兆阳摄）

迂回一径通

【诗文】

青山道中

清·江如瑛

不减山阴道，迂回一径通。

海连松涧碧，叶落草桥红。

鸥队闲云外，人家乱石中。

居民浑太古，十室半渔翁。

（同治《即墨县志》卷十）

青山道中

清·周思璇

人烟不一处，结庐倚岩峦。
乱石涧声急，松多岚气寒。
负薪来谷口，采药上云端。
长啸四山响，一任天地宽。

远隔人间世，机心尽觉平。
数家连竹翠，终岁听潮声。
高下田如席，葵藜日作羹。
山农粒食苦，无地用锄耕。

结庐倚岩峦，乱石涧声急

家家种豆上崔嵬

宿青山

清·黄念昀

青山山路转山隈，问讯青帘互劝杯。

暮色空蒙岚气合，夜潮冥杳雨声来。

有人倚枕眠难稳，道侣携瓶去复回。

未待云归村妇出，家家种豆上崔嵬。

【人物介绍】

江如瑛，字渭仁，号梅岭。清代即墨（今山东省即墨市）人。乾隆十五年举人，任冠县教谕，著有《梅岭诗集》。游崂山有《吊憨山海印寺废址》《青山道中》《登那罗延窟》《吊海印寺故址》《九水》等诗。

周思璇，字宫玉，号松壑。（嘉庆年间）诸生。绩学工诗，沉潜笃实，重名谊，尚节，概不苟为依附。亲殁庐墓三年，哀毁骨立，邑侯宋公表其门，著有《松壑诗集》。（同治《即墨县志》卷九）

黄念昀，字炳华。黄守平之子，道光二十年举人。清代即墨人。黄念昀精通经书，德行高洁，后加候选知州，拣选知县，因对时政心灰意冷，坚辞不就。道光年间执教于崂山“青峪书院”。同治十一年任“劳山书院”山长，执教十七年。黄念昀为同治版《即墨县志》副总编，著有《崂山述游草》。

青山胡同大约开始形成于明代，因山势而成，如同蛛网一般错综复杂，但其中却隐藏着一条弯弯曲曲的南北神秘通道。从村北口的北车场进村，经刘家祠堂，过北河桥，遇岔路口继续向南，最终会来到青山村南河，穿过南河老桥，便是太清宫管辖的庙山范围。《崂山太清宫志》记述历史上诸多名人经此道入山，明代有严嵩、文徵明等。清代有山东巡抚丁宝桢（同治九年）、杨士骧（光绪三十三年）、衍圣公孔令贻（光绪三十四年）等。他们都由百人以上陪同，浩浩荡荡乘山轿而来。《青山村志》记载顺治十八年，《聊斋志异》作者蒲松龄携唐梦赉游太清宫、八仙墩。民国早期则有后任大总统的徐世昌，《清史稿》主编翰林赵尔巽等，也乘山轿而来。民国十七年后，沈鸿烈率北洋舰队驻泊太清宫，并修汽车路至青山，全国名流蜂拥而至，不可胜数，留下大量游记。徐世昌刻画的“负峡函海，松石奇古”也是今青山一写照也。

青山道中之南北道

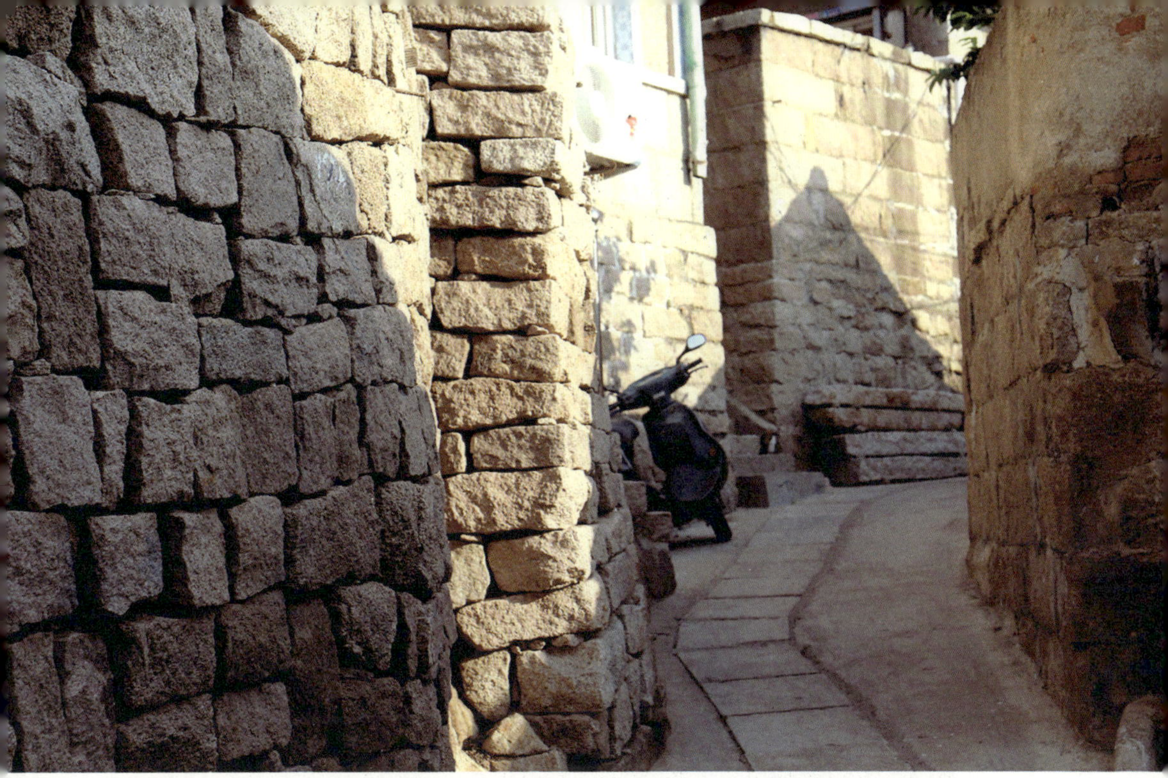

弯弯曲曲南北道

【文献】

光绪三十三年丁未四月，翰林杨士骧任山东巡抚，同随员等来劳山。先令本县陈公预备山轿五十乘，及听差人员齐至太清宫，共三百余人，专候迎接。只因巡抚行由北路，故先到华严庵。忽有大风飞飏，行路不便，乃着人至太清宫，请长老韩太初携琴到华严庵弹数曲。杨巡抚深知琴音，留韩道长住一昼夜，遂吟诗以赠之。（《崂山太清宫志》卷十）

癸丑四月，约苏州吴郁生、广州李家驹游崂山，同游者贺县于式枚，合肥李经迈、张士珩，宿于华严庵。明日至太清宫，负峡函海，松石奇古，极雄深幽静之致。令憨山争席事，俯仰兴叹。返华严庵宿。仍遵来路，历土堑岭、循九水而归。张君独留，次晨至八水河观瀑，蹑梯子石，越烟云涧，别觅归路，往返约三日。道士韩太初善琴，马贤静善谈玄，皆游此可记念着。天津徐世昌题。（《崂山太清宫志》卷十）

负峡函海，松石奇古（姜兆阳摄）

黄山，人家数十，集居成村。中南为青山，村落比黄山大，有居民二百余户。两村地近海滨，居民以捕鱼为业，妇女多施朱粉，家家皆然。据碧泉说：他们的祖先，在明末清初由南方漂流至此，习俗与本地人截然不同。在青山午餐之后，折向西，缘涧逆流而上，爬到一座山头，旋复降至涧底。遍谷松竹繁茂，足下乱石丛草，举步极艰，浑身都感异常吃力。最后在竹径中，浓阴覆被之下，赶行里许，始抵明霞洞。（涂筱巢[1]《崂山壮观》，1934 年《中华（上海）》第 29 期，18 页）

---

① 涂筱巢，早期出版商，1890 创立上海著易堂。

【诗文】

游崂山取道大崂沿海岸至太清宫

篮舆凌飞隼，山径盘修蛇。
峭壁瞰鲛宫，烟海浩无涯。
堤垅高下田，灿若锥画沙。
硁硁采石声，时远见山家。
谁鸣五王功，岩厚失周遮。
混沌新凿窍，鹿豕骇奔车。
道旁岘首碑，群盗方如麻。
（崂山杂路得盗灭也，道旁碑文云云）
峰回见村落，暮过青山头。
人语溪夕阳，鸡声喧一邱。
涧水不成瀑，佩环鸣且幽。
绝顶敷茅茨，窈窕疑高楼。
却望沙际帆，冥冥生远愁。
村贫余妇孺，灯火如虚舟。
山花照竹枝，泠然动清讴。
（黄君坦，1932 年《国闻周报》第 34 期）

【人物介绍】

黄君坦（1901—1986），字孝平，号叔明，福建闽侯人。晚清诗人，济南知府黄曾源之子。早年求学于青岛礼贤书院，后任中央文史馆馆员。工诗词，1929 年为徐世昌撰《晚晴簃诗汇序》。参加过禾弟园、蛰园、瓶花簃诗社、词社等活动。曾与张伯驹同选《清词选》。另有《清词纪事词》《词林纪事补》《宋诗选注》《续骈体文苑》等。与其兄孝纾同游青山。

灯火如虚舟（姜兆阳摄）

大部分的游记都是记载怎么进入青山，但村民记忆中，走出大山的路更加重要。刘振居在《青山的路》一文中回忆了青山到最近的两个集市，王哥庄和沙子口的两条崎岖山路。民国二十二年《青岛市公务机要》记录了沈鸿烈 1929 年修路至青山，并计划延长到太清宫的计划。那段时期，更有游客乘军舰来青山湾。1935 年一位笔名“冷眼”的游客，与大多数游客不一样，他是反向从沙子口南线到青山再从东线出。由于此路崎岖，难于蜀道，他们乘一小舟浮海到太清宫，然后经垭口抵达青山留宿。冷眼所写《崂山纪游》刊载于 1935 年《青岛画报》第 19 期，详细记述了他一路的所见所闻。

【记忆】

青山，地处深山老林，南距沙子口 40 多里，北距王哥庄 40 多里，青山附近的几个村子都被仰口以外的人们称“山里”。昔

天梯

时全都是羊肠小道，外出非常艰难，去王哥庄要走两个多小时。青山人多去王哥庄赶集，每逢四、九赶集日，大伙半夜就得起身，肩挑山货上路。每当看见一根扁担两只筐的队伍，人们都叫山里人的扁担队来了。山里人憨厚实在，他们就把这看成为傻，多少带着小看的眼光。因为山里人路途远，来到集上就急着买上东西好往回赶路，很少讨价还价，这就是傻的所在。殊不知路途遥远，又怕要买的东西买不到，路远出山一次不容易，所以不顾着讨价，只想早些挑着一百多斤重的货往回返。人称我们是不讲价钱的"山里彪子"。

去沙子口的路就更难了。得从现在的水库上山到上清宫，从上清宫西行，进山经观音庵、难过河、天门后（先天庵）到南天门，西下山到流清河，再去沙子口。旧时渔民每年收获的海产品，特别到秋后收获了海蜇，待到不能出海的时候，挑着一、二百斤重的担子，翻山越岭走这条路去沙子口集市上去买。每次得半夜一两点钟起来，多人搿着伙一起走，等回来的时候，已是晚上大半夜了。民国时期，青岛市长沈鸿烈为崂山绕修了一条转山梯石路，还把汽车路修到青山村北的北车场。游人在此停车，再步行或乘山轿去下清宫、上清宫和明霞洞。这些路全都是台阶石路，其中有一段路是从垭口通往流清河的，都在半山坡中。在八水河西一里多路小河口处的南坡上从底到顶，有一梯石台阶共196级，非常陡峭，行走时就像爬梯子，故取名梯子石。梯子石对面大北坡（八水河北坡）上可看到“天梯”和“鳌首金龟”两块石刻。自从有了这条路，出山省力多了，但还得爬越崎岖的山路。1959年开辟了一条由青山通往流清河的国防公路，与沙子口的老公路连接起来，从此再也不去翻山越岭爬那羊肠小道和梯子石路了。到1983年，从垭口经青山村上至黄山口入青山村的老路连接，又修建了现在青山村上的公路，直通王哥庄。路名叫王青公路，在垭口与国防公路相接直通沙子口，现在的这条路叫王沙公路（王哥庄至沙子口），是省级公路。

现在南去沙子口有专路居民班车，每一个半小时一班次。北去王哥庄有区政府开通的村村通，618路专线车，每10至15分钟一班次。同时65岁以上老人全免票。走在去青山的道中，就是沿路欣赏这山海奇胜了。（刘振居，《守护会手稿》）

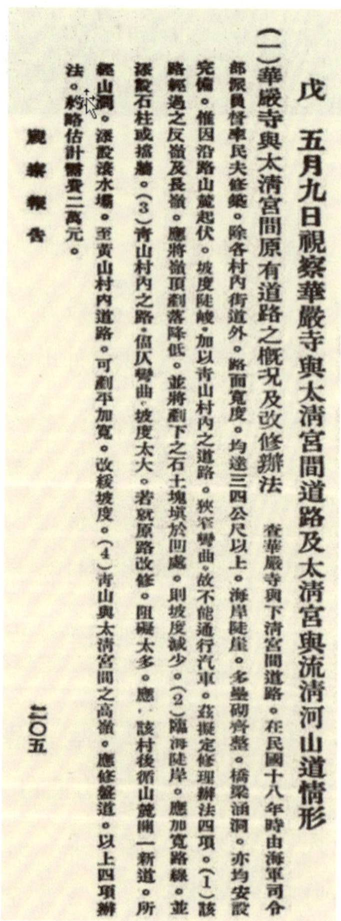
戊　五月九日視察華嚴寺與太清宮間道路及太清宮與流清河山道情形

(一)華嚴寺與太清宮間原有道路之概況及改修辦法　查華嚴寺與下清宮間道路。在民國十八年時由海軍司令部派員督率民夫修築。除各村內街道外。路面寬度。均達三四公尺以上。海岸陡崖。多壘砌齊整。橋梁涵洞。亦均安設完備。惟因沿路山麓起伏。坡度陡峻。加以青山村內之道路。狹窄彎曲。故不能通行汽車。茲擬定修理辦法四項。(1)該路經過之反嶺及長嶺。應將嶺頂剷落降低。並將剷下之石土塊填於凹處。則坡度減少。(2)臨海陡岸。應加寬路線。並添設石柱或擋牆。(3)青山村內之路。偪仄彎曲。坡度太大。若就原路改修。阻礙太多。應。該村後循山麓闢一新道。所經山澗。添設滾水壩。至黃山村內道路。可剷平加寬。改緩坡度。(4)青山與太清宮間之高嶺。應修盤道。以上四項辦法。約略估計需費二萬元。

視察報告　二〇五

民国二十二年青岛市《公务机要》

【文献】

鸡闻报晓，醒人柯梦，朝暾初升，征人趣装，乾里糇粮，驾言出游，载欣载奔，路出名衢，越沙子口，过流清河，峰高际天，怪石嶙峋，骤入眼底者，崂山也。

暮鼓晨钟，醒人酣梦，指人迷津，勤修功果，本借清净禅堂，舍身方外，更是超度道场，是地也，何地也，乃太清宫也，将上其堂，必敬必止，将入其户，更觉尘念俱消，恍然置身世外，皈依于三宝矣。俄而王道人出，揖而入，坐禅房，沧香茗，倾谈道家之衰，良深叹惋，玄理之奥，更在牝牡骊黄之外，道士为稷下人。挂单于此者，十余稔矣。年半百而貌若卅许。其果得五老禽图吐纳之术欤？既而导观宫中花卉之多，松柏之奇，因值秋尽，多呈凋谢之状不免稍煞。时值正午，三五道人，击磬诵经，口中喃喃，而尤有长跪蒲团，合掌瞑目，若不知予等之至者，其虔诚为何如也，俄而钟声鸣铛，道人曰："晌午矣，檀越一用午斋可乎？"予二人以般游之乐，饥渴尽忘，只见群道粥粥，就食堂而坐，食者不知几许。道人曰："日日如此，食课不知凡几，来者不拒。食云则食耳。"予欲观古碑碣，而遍觅不见，只见腊梅花前，照闭上，朱字数行，细视之，乃前教育部长付沅叔，暨前湖南省省长周肇祥游山留跋也，其南屋之檐下，有匾一方，题曰第一洞天，乃莱阳翰林王埗手笔也，下清宫名声远播，斯宫之建，亦历有年所，而古人之题跋游迹，均无所见，岂道士秘不示人欤？抑无古人鸿爪雪泥欤？不可知矣。宫之东有体育场，各种球类悉备，为海军士兵练习之用，场北松荫下，有石屋数幢，谓为海军办公室，场东竹林外，有马路一条，甚平坦，因山陵之起伏，劈山开石，系前海军司令沈公饬工新建，由北路来汽车可直抵于此，免去跋涉之劳多多矣。

予二人辞道人寻路北行，两旁层峦叠秀，松竹掩映，峭石壁立，绝壑渊深，路难平坦可行。而忽高忽低，使人四肢无力。大有行不得也哥哥之势。约行半里许，有小学一所，系太清宫私立，学生五十余人，皆青黄二山之子弟，拨款与学，道士亦可嘉也。忽而姜君呼曰："此石上字大如斗。"予趋前谛视，于数丈之石壁，刻大字四，曰"波海参天"，下赘径尺字十，曰"始皇二十八年曾游此山"，按史载始皇巡狩东海，无详载其至何地，其果求神仙至此乎？抑当博浪椎一击之前，省方观民而至于此乎？为笔姿矫健，气势浑厚，诚燕许大手笔也。又行半里，高山西峙，而石平如镜，题曰"山海凌云"，字约二尺，笔如游龙，亦佳作也，为前清四川总督岑春炫所书，其东尚有一摩崖，出没于苍松之间。末行大明二字，尚可辨识。余为风雨剥蚀，全貌未窥，殊深怅惘，复行数十步，闻犬吠声出于山脚，转而下适，一道者来，仰而问之，渠云，即所谓青山者是也。余等因饥肠辘辘，且已日向西山，遂觅宿于此。刘阮天台之路，坠鞭拾翠之游[①]，不图见之于山陬海澨间，抑亦奇矣。翌晨一觉醒来，已日上三竿，略进早膳，复鼓勇前进，过黄山至长岭涧。（冷眼《崂山纪游》，1935 年《青岛画报》第 19 期）

① 《幽明录》载，汉时有刘晨、阮肇共入天台山迷不得返，见一大溪，遇二女子，姿质绝妙，邀刘阮还家，两人乐游半年还乡，子孙已历七世。后遂以"刘阮天台"为游仙或幽会的典故。坠鞭典故指唐时荥阳公子在长安看到姿容俊美的李娃，一见钟情，故意使马鞭坠地，等待随从拾取。

游憩之所

1934 年郁达夫在《避暑地日记》中记述道："崂山之胜处，系在东海上之白云洞、华严寺、黄山、青山、明霞洞一带。"过去这一路上能提供游客栖息的地方并不多，青山是其一。周至元遗作《崂山志》记载："崂山自昔无饭店之设置，仅登窑、华阴、王哥庄、青山诸村，有可供游客食宿。"青山村是崂山太清旅游区最重要的村落，庙村相接，使得游客食宿无忧。1928 年《胶澳志》（卷三）将青山列为崂山胜景之一，介绍说："青山出华严庵，东南行抵海滨，经长岭、黄山以达。青山依山傍海，各成村落，野蔬村醪，风光明媚，惟渔夫石匠咸集于此，近市尘矣。"青山明季以来便记载有名流留宿，如高弘图、蒲松龄等，而在此小憩者则不计人数。在崂山开辟官方景点之前，青山是重要的全域旅游的游憩之所，山、海、峰、石、洞、溪、庙、村、俗形成一体，北及斐然亭、白云洞、棋盘石、华严寺，西南有明霞洞、上清宫、下清宫，东南抵崂山头八仙墩。明清时期，八仙墩是崂山最重要的景点之一。很多人选择青山为大本营，进出明霞洞、八水河、太清宫、八仙墩等。2014 年王瑛伦在《仙宅崂山》中就描述了此类情况。郭廷翕，乾隆时的即墨举人，游八仙墩后寄宿山家，描写枕上听山泉的意境。民国时，沈鸿烈修成了青山、上下两宫、明霞洞等之间的梯石路，大大促成了青山成为崂山的游憩中心，一时游客"如过江之鲫"。

【文献】

崂山东线。从上苑始的东线是包括太平宫、上清宫、明霞洞、下清宫、八仙墩等地的沿海景观。这一线海山之景兼收。看山青翠巍峨，洞石诡异，云遮雾罩；看海碧波万顷，潮涌浪翻，帆飘鸥翔；临仙墩，绝壁千仞，洪涛撼激，神摇目荡。观日出，激魂荡魄；遇海市，神宫仙游。此一游，让人心旷神怡，超凡脱俗。这一路的开发，得益于庙村相接，食宿无忧。另外，海边之路虽石径仄险，曲如羊肠，但不陡峻，乘骑可行。因此也是必游之地。（王瑛伦《仙宅崂山》，2014 年版，95 页）

前进至山海凌云路旁野餐，休息摄影，走到青山已经是午后五点钟了，健足的游侣们，有登上清宫明霞洞的，我感觉到腿酸脚重了，于是和弱小的同志们同在青山休息。

青山，有四百多户人家聚居，生活分上山、下海二类。上山的吃山，占少数，是采柴种山地。下海的吃海，占多数，是靠着网罟来维持他们的生存。风俗尤其特别，几至所有住户，都可以留客住宿，在这春天的时候，途中的游人“如过江之鲫”，又恰当渔季，当家的都下了海了，少数的上山的，也走开了，走进青山村庄，就可以见到老的、少的、村的、俊的，都在诱惑着游客。（余则民《崂山摄影游记》，1935 年《柯达杂志》第 5 期）

下山行五里，近海岸则可接新筑通衢，车马驰骋无阴矣。遵海岸而南，经小黄石、返岭前后村、八水河、黄山诸处，二十余里抵青山口。觅村人家小憩，舆人在此午餐。余等亦略进食物而行，已午后二时。村居近海百余人家以渔为业。自此入山，沿涧上行，涧旁有三折瀑，视鱼鳞口为瘦。再上达岭头，旋降至涧底。见松篁满谷，循折而上，行竹径中约里许，秀倩幽深浓翠如滴，仰首见丹甍连云，询之为“明霞洞”。（傅增湘《劳山游记》，见周远斌《崂山游记精选评注》）

二十九日，晴，晨四时起，至店右巨石顶看日出。适有黑云一片，蔽海面日出处，未能看得亲切，遂回，盥洗。早餐毕，七时出发，循新筑路向西南行，一路观海，洪涛拍岸，如翻匹练，逾长岭。八时一刻，抵黄山村，下临黄山口，三刻抵青山村，下临青山湾，自村后等岭，有涧水自石下泻，阔丈余，若锡以嘉名，亦可称胜景。就对面大石，坐观久之，再登岭，乱石崎岖，疑前无路，下而复上，遥望红瓦石墙，隐于绿树间，舆人曰，此明霞洞也。（蒋维乔《崂山游记》）

1930 年沈鸿烈筹建的青山至三庙（太清宫、上清宫、明霞洞）之间的路开始修建，路的样式是梯式石磴路。建路路线从青山至上清宫、至明霞洞，路至上清宫口后立一石碑路标，往西去上清宫，西北上去明霞洞。青山至太清宫线路至垭口，在白果树下立一石碑路标，书有二宫分路处，向南去太清宫，向北上去上清宫和明霞洞。由大平岚东上爬山经梯子石顶东下，地势很徒，石磴 190 余级，经小河口往东下八水河西山到八水河，这段路最难走。在八水河西岸立一石碑二宫分路处，往东过河爬山经八水河东坡经山神庙顶，至太清宫。往北上经龙潭瀑、柏木林至上清宫。从上清宫向上至明霞洞，在凤凰头与另一条路（青山至明霞洞路）会合直达洞观。开山筑路工程长达 5 年半，于 1935 年建成，这是青山村第一次参加这么大的工程。（《青山村志》182—183 页）

【人物介绍】

傅增湘（1872—1949），字叔和，号沅叔。光绪二十四年（1898）进士，选入翰林院为庶吉士。1917 年入北洋政府内阁，任教育总长。傅增湘在藏书、校书、目录学、版本学等领域堪称一代宗主。《劳山游记》为 1932 年八月游崂山时撰写。

蒋维乔（1873—1958），字竹庄，江苏武进（今常州）人，著名教育家、

青山经垭口去太清宫的梯石古道

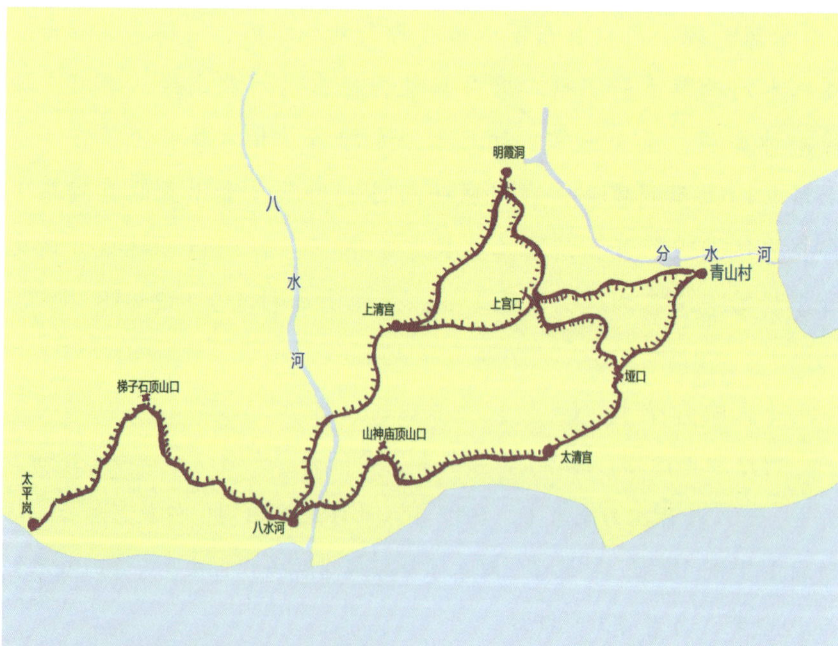

1935 年修成的青山至三庙间的梯石路

哲学家、佛学家、养生家，7岁入私塾，20岁中秀才。光绪二十一年（1895）起，先后入江阴南菁书院和常州致用精舍继续深造，1912年被聘任为民国政府教育部秘书长，1925年出任东南大学校长。1929年受聘为上海光华大学哲学系教授，有《中国佛教史》《中国近三百年哲学史》。蒋氏于1914年出版了《因是子静坐法》，畅销全国各地以及欧、美、东南亚诸国。

【诗文】

夜宿山家闻泉

郭廷翕

山月照流泉，琮琤响佩环。

来从林屋角，绕出竹篁间。

远近随风听，高低并意闲。

今宵寒枕上，尘梦已全删。

【人物介绍】

郭廷翕，字虞受，号冷亭，一号根莽，琇季子。乾隆辛酉（1741）举人，工诗善书，精篆刻，得之皆藏巫为荣。令宜春南城，所至有廉能声，告归与诸名士岑梅、江如瑛等结社，赋诗酌酒，考书画古帖，一时雅集为东国之胜。胶州高凤翰集山左先辈墨迹三册，颜曰“桑梓之遗”授之，遂搜辑宋元以来共八十三册，著有《根莽诗集》。（同治《即墨县志》）

青山恨

在明王朝崩溃前五年的崇祯十二年（1639），被认为是胶州历史上官职最高者高弘图，在罢官后与友人一起，历时15天，游览了崂山九处风光山色，撰写了《崂山九游记》。其中第七游在青山驻足，并托李白"青山恨"的主题阐发在青山与友人黄宗昌的告别场景，以及对崇祯末年政局之担忧。

高弘图，万历三十八年进士，明末忠臣，民族英雄。他一身正气，耻与魏党、宦官共事，屡次被罢官，在李自成攻破北京的前一年复官。崇祯皇帝自缢后，他拥立南明福王，升至户部尚书。南京失守，流寓江南。1645年清军破杭州，携一幼孙逃入一野寺中，绝食九日，卒于会稽之竹园。乾隆《钦定胜朝殉节诸臣录》称其："秉直忤时，怀忠事主，国亡身殒，大节炳然，今谥忠直。"这样一位特殊历史人物留在青山的足迹自然值得张扬。

【文献】

折而北，有试金石滩。石不尽试金者，试金者转佳，具只眼能辨取之。试金问之石，试石转问之我，游虽小必录，此类是矣！遂饭青山。青山者，一村落名，侍御[①]实饭余，乃欲从余游，不果，以余言强谢之去，诚有不得已者。阂我良游青山为恨之，余乃与之执手而歌曰："月晕天风雾不开，海鲸东蹙百川回，惊波一起

① 黄宗昌崇祯时官授御史，张允抡在《崂山志》序言中称他为"黄侍御先生"。

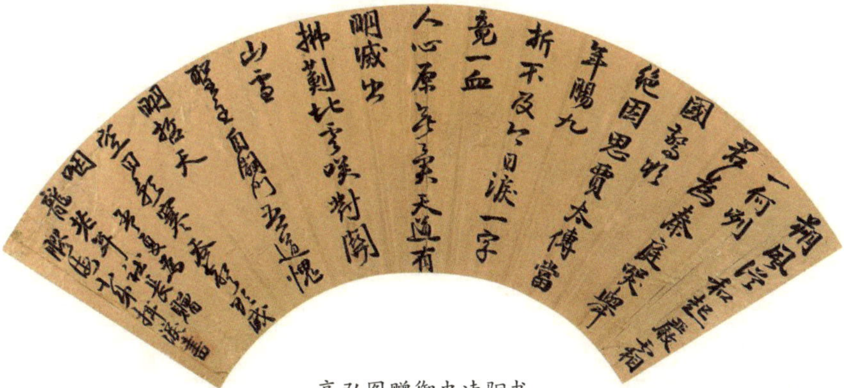

高弘图赠御史凌驷书

此高弘图赠明监察御史凌驷（1612—1645）的诗莲。书于甲申四月（1644）夏，清兵即将入关，时高弘图正削籍里居，驷起兵临清，故赠书壮其志。

款识：朔风从和起，严霜一何冽，君为秦庭哭，举国惊欲绝，因思贯太傅，当年赐九折，不及今日泪，一字竟一血，人心原无口，天道有明灭，出拂蓟此云，笑对关山雪，圣主自剑门，吾道愧明哲，天空同影寒，吞声即成咽。孟夏为龙老年社长赠，胶海小弟挥泪书。

三山动，公无渡河归去来。”歌出太白横江词，余用歌之助青山恨。游七。别黄子[①]，登上清宫，是夜止上清。（明·高弘图《崂山九游记》）

高弘图与黄宗昌一行，从太平宫出发，经翻燕岭（返岭），南行五十里到达下清宫（第五游），中间必然经过青山。第二天从下清宫出发，经驱虎庵、张仙塔，到达他认为属崂山第一奇观的八仙墩。黄宗昌一路同行，“游人罕至，即余与黄子才一至，良不容易”。（第六游）在八仙墩他们徘徊很久，然后北上经试金湾，最后到达青山留宿（第七游）。在村里黄宗昌强烈要求陪同余下行程，但高弘图谢绝了，并认为接下来如有不测，此别当为“青山恨”。两人握手同歌李太白《横江词》以表达“青山恨”蕴含的友情。诗的意思是因风波之恶，而直劝友归去。高弘图此时觉得与黄宗昌的友谊，似李白与好友谷兰馨在青山的友情。李

① 苑秀丽、刘怀荣《崂山志校注》（人民出版社，2015 年）一书注“黄子：黄宗昌”。

白晚年在江南一带漂泊，61 岁时病逝。唐元和十二年根据李白生前“志在青山”的遗愿，将其墓迁至当涂青山。《青山华塘谷氏宗谱》中记载：“兰馨，喜宾客，尝从李太白游燕为欢。”高弘图是否根据这一典故表达与黄宗昌在青山的告别之情？“月晕天风雾不开”，“惊波一起三山动”，李白以横江之景观描述安禄山叛乱之前国家的深刻危机，而此时，高、黄两人面临的也是明王朝即将面临的险境。同为朝廷忠臣，遭遇相似，弃官归隐故里，面对时局无回天之力，故有“公无渡河归去来”。这是否也是“青山恨”的含义？

告别黄宗昌后，高弘图去了上清宫，并留宿两天（游八），记载了后来蒲松龄《香玉》中牡丹花仙故事的原型。第九游是极巅巨峰，抵峰顶后，高弘图再念黄宗昌，称“复念黄子别我去，已三日”。他希望此游“顾安得百岁后不至湮灭无闻”。两年后，即崇祯十五年（1642）高弘图与黄宗昌等一起，带领胶州士民合力击退围城清兵，城赖以全。黄宗昌在《崂山志》中，以物系人，借助高弘图在崂山的别墅，为他立传，言之凿凿，云：“山之光，千古如在也。”高弘图自绝翌年，黄宗昌卒。青山恨不归。

西山道中

层楼复阁

民国诸多文献均提到昔时青山村那茅屋构成的“层楼复阁”的历史景观。周至元《崂山志》更称其“世事无间，尘寰远隔。栖隐于斯，真不减武帝之白云乡也”。今天茅屋已被红瓦所代替，但高仍不会超过二层。

【文献】

依山背海与黄山村同。人家数百户，就山势高下而结庐，自远望之，重叠如层楼复阁，加以古松异卉，点缀其间，宛然丹青一幅。地无可耕稼处，居民以渔樵为生。世事无间，尘寰远隔。栖隐于斯，真不减武帝之白云乡也。（周至元《崂山志》）

【人物介绍】

周至元（1910—1962），原名周式址。16 岁开始考察崂山，前后三十余年。1934 年将所得崂山资料整理成篇，出版了《崂山小乘》和《游崂指南》。1940 年完成《崂山志》初稿。病逝前叮嘱子女：“崂山之名已重于世，《崂山志》为二崂之文献所系，吾知不久必有参古衷之士，为之刊布流传无疑，余老且多病，恐不及见，希予售藏以待焉。”遗稿于 1993 年由齐鲁书社刊行。

【文献】

青山村在烟霞岭的北面，从太清宫向北去，翻过烟霞岭的山头。

层楼复阁，背景为青山崮

那里两山相夹，一径中通，远望太清宫，在松林竹丛之中，衬着一角碧海，景色异常幽绝。过了烟霞岭，下山向北，便到青山村，全村有数百户人家，倚着山势的高下，结为住舍，远望去，竟如层楼复阁一般。野花隐隐地点缀着，仿佛如一幅天然图画。在村西是青山口，两重高高的山岬，遥拱着大海，一片烟波飘渺间，沉浮着点点渔舟，是十分富有诗意的。（民国倪锡英《青岛·崂山胜迹》）[①]

离明霞洞向青山前进，一路都是弯弯曲曲的山径，翻上翻下，行走极感困难。三时半到，村子完全建筑在山麓，一部也在山腰，一层高一层，一家再一家，重重叠叠，居高临下，很使我想起《阿房宫赋》上的“烽房水涡，矗不知其几千万落”的光景来。自青山西行约四里至黄山，茅屋石壁，小桥流水，环聚成村，情景与

① 见韦志芳编：《名家笔下的崂山》，青岛出版社，2014 年，第 51—58 页。

茅屋石壁，尘寰远隔

青山相仿。（民国芮麟《惊风骇浪上前崂》）[1]

【人物介绍】

倪锡英（1911—1942），无锡人，元代画家倪瓒世孙，31岁时因感染肺疾去世。他撰写的影响颇广的是民国年间“都市地理小丛书”，涉及青岛、南京、上海、北平、杭州、广州、西京、济南、洛阳九座城市。

芮麟（1909—1965），字子玉，号玉庐，江苏无锡人，诗人、山水文学家。抗战期间，曾任山东省政府秘书等职，主编《大山东月刊》。1945年任青岛市政府人事处长。著有《自然的画图》《山左十日记》《东南环游记》《北国纪游》《中原旅行记》《青岛游记》等。

① 见韦志芳编：《名家笔下的崂山》，青岛出版社，2014年，第35—47页。

宛如画图

1934 年周至元在《游崂指南》中称青山幽丽宛如画图。1975 年夏，当代著名画家吴冠中在青山写生，当时这一带由于驻扎导弹部队，汽车还不能通过。因为吴冠中的影响，今天青山已经成为全国知名的写生基地，每年都有大批国内艺术院校师生到此采风创作，胡同巷里随处可见捧着画夹的大学生。

青山采风（姜兆阳摄）

【文献】

青山烟霞岭在下宫北上里许。旧有接官亭，今废。两山相夹，一径中通。登其上，南瞰大海，碧波拍天。竹翠松影中，隐约有宫宇者，则下宫也。由此北下，为青山村。村民数百家，倚山势高下而结庐。自远望之，重叠若层楼复阁，野卉奇花点缀其间，幽丽宛如画图。东为青山口，两岬遥拱，大海中涵，风帆渔筏，时出没于烟波缥缈中，亦胜观也！居民多林姓，相传其先为闽人，明季避乱而来，因止此。俗尚古朴，妇女见有客至，不甚回避，大有天台仙子之遗风焉。（周至元《游崂指南》，1934 年）

崂山一带渔村，院子都是用大块石头砌成的，显得坚实厚重，有的院里晒满干鱼，十足的渔家风味。我先写了一首七绝：

临海依山靠石头，
捕鱼种薯度春秋。
爷娘儿女强筋骨，
小院家家开石榴。

我便要画，在许多院子中选了最美最典型的院子，画了院子，又补以别家挂得最丰盛的干鱼。画成，在回住所的途中被一群大娘大嫂拦住。（吴冠中《风景写生回忆》）

【人物介绍】

吴冠中（1919—2010），江苏宜兴人，当代著名画家、美术教育家。1942 年毕业于国立杭州艺术专科学校，1947 年到巴黎国立高级美术学校，随苏弗尔皮学习西洋美术史。1950 年秋返国，先后任教于中央美术学院、清华大学建筑系、北京艺术学院、中央工艺美术学院。曾任清华大学美术学院教授、中国美术家协会顾问、全国政协委员等职。

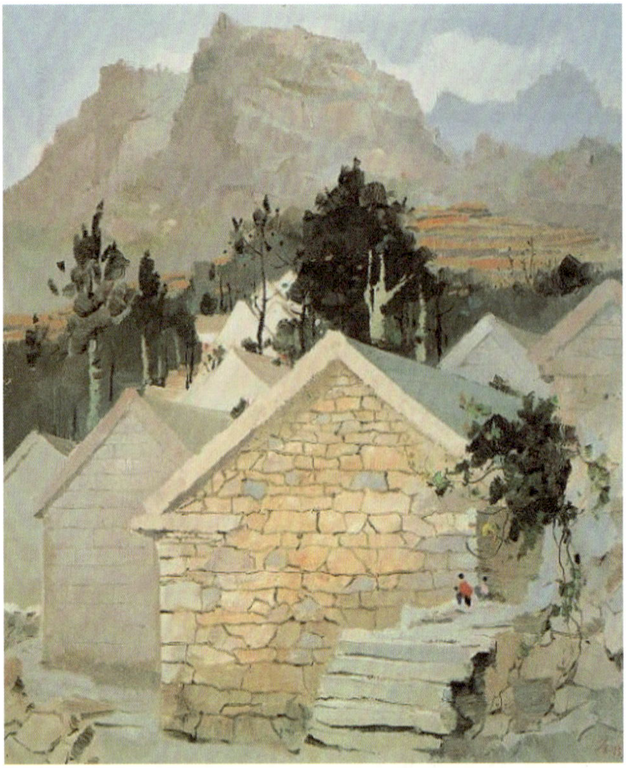

崂山山村，
吴冠中，
1975 年

青山渔村新居，
宋雅丽，中国
水墨画院崂山
写生展

垭口影事

青山村与太清宫仅一山之隔，那边是羽士仙居，此间是烟火人家。游人进崂山，是从闹市走进深山，从青山村去太清宫，则是叩开了通往仙境的门户。

青山村位于崂山山脉东南角，是一处与青岛市区重山相隔的东极临海之地。青山村西与明霞洞和上清宫两处道教宫观相邻，向南越过一道山口，下行至崂山南麓，则是有着“道教全真天下第二丛林”盛名的太清宫。崂山古属即墨县管辖，很长一段历史时期里，进山游客多从即墨县启程由北麓入山，若是前往太清宫寻仙访道，则必取道海滨山路南下，而青山村便是游人前往太清宫的必经之路。

垭口进村道

清末至民国，青岛逐步发迹，崂山作为新兴都市的“后花园”，旅游事业日渐壮大。上世纪 30 年代，沈鸿烈任青岛市长期间多次进山考察，倡导崂山旅游开发并主持规划旅游路线、开辟道路，曾经鸟道难行的大山和神秘的村落，开始向更多游人展露其风采。在文化记忆守护会成员姜岐先老人的手稿中，对于当时青山村和周边宫观间的游览线路，有着这样的记述：

【记忆】

从青山下河崖古桥南头开始修路到南崖子，向南是去太清宫，向西（上）是去上清宫和明霞洞，此处设一石子路标为“二宫分路”，上有文字说明。

去太清宫的路从南崖子开始，向南经王家茔、南车场、小桥，到口子（垭口）。此处有古银杏树两棵，在树前路分为两岔，往南（下）是去太清宫，往北（上）是去上清宫和明霞洞。银杏树下设一石路标为二宫分路，上有文字说明。口子后的上山道梯石较多。

去太清宫的路往南（下）经“山海凌云”石、“宇宙奇观”石、“波海参天”石、大黄连茶树、古松树、东河进太清宫。（姜岐先，《守护会手稿》）

民国以来，随着游山线路的增多，从青岛市区出发的游人大多舍弃了路途遥远的北线，转而选择走公路或乘船由南线前往太清宫。游访线路的变化，让曾经的仙宫门户青山村渐渐淡出人们的视野，变成了隐藏于神仙洞府之后的秘密花园。武陵渔夫欲访秘境，先要穿过缤纷落英下的秘道，而隐于仙宫之后的青山村，恰如桃花源，也有着一道连接凡尘与仙境的通道，垭口。

【记忆】

垭口位于村南1.5公里处，是青山向西出行的必经之处。有银杏古树2棵。银杏西南15米处有一石磅，石磅西处是1930年太清宫出资在此建的太清二等小学一所，房子6间。村内能上学的学生皆来此处。

20世纪80年代中期在原小学西路南及下坡建古建筑群房子十余栋。2010年渔村牌坊建成，巍然立于东侧。饭店、商店、茶饮店位于公路两侧，有观望亭一个……垭口是太清宫景区的一个景观点，此地古传得名“口子”，今名为“垭口”。笔者作诗一首赞曰：

两坡陡立峡口巅，古树银杏长此间。
交通枢纽东西贯，二宫分路上下边。

（姜岐先，《守护会手稿》）

作为仙凡之界的垭口，除了在空间上划割山的阴阳两面外，还是气候的天然分界。

【口述】

到了冬天那个山口风最大。原来那个地方有棵大白果树，几百年了，一抱还抱不过来。这棵大银杏树，现在这个季节，每天早晨就这个时候放雾的话，叶子就跟下雨一样，吧嗒吧嗒往下掉水。冬天那里的雪也大，夏天那里的风也猛。因为雪一刮风都拥那个场儿，过了那片，天气就不同了。走到黄山跟长岭交界的地方，就有日头。这边是阴天，那边是晴天，温度相差三四度。这边温度低一些。（20180720 刘同忠访谈）

垭口之于青山，更是沉淀着历史记忆的地标。借着一张黑白

1904 年德国人于埡口休闲游玩　　左边老照片对应的现在景观

老照片，文化记忆守护会的刘振居老人向我们讲述了一段时隔八十年、跨越半个地球的埡口传奇故事。据说这张照片上的情景发生在 1904 年，当时一位德国商人开车带着家人来到崂山游玩，行至埡口，见山海景色宜人，于是用随身携带的摄影机拍下了几段无声影片，这张照片是编写《青山村志》时，老人们特地去青岛市档案局翻拍的。

【口述】

这是一个家族，照片上这些女士的都是家眷，他们来到村南那条河上，当地的女人在洗衣裳，看到水那么清，就领着孩子在河里洗洗脚，休息，玩玩水，存了个视频，无声影片。姜岐先到市档案局找，看了三遍才取了这么几个镜头。（20180829 上午刘振居访谈）

这段珍贵的影像能够与我们相见，归功于青岛市档案局的一次德国访问。刘振居老人说，当时档案局在考察过程中见到影像片段，随即联系上了拍摄者的女儿，老照片中的女士当时已是年逾八十的老人，怀着对青岛同样深厚的感情，双方越谈越亲切。

【口述】

这位女士跟市档案局的人越说越近，她也是青岛出生。最后说要给青岛人一个礼物，当时她爸爸把青岛的一些地方录了一些视频，什么栈桥、天后宫、小青岛、信号山，好多的镜头，她都使老式的摄影机，老电影式的，没有声音，拍了好多，包括崂山的，上这个地方来拍了好多。她就把青岛市档案局的人请到她家里去，把电影放给他们看，市档案局领导就提出要求，能不能把电影给我们，我们去拷贝一份，她说不用，我都拷贝了，把这个片直接送给你们！她就直接送给了青岛市档案局的领导。（20180829 上午刘振居访谈）

回国以后，档案局立即组织人员研究影片内容，对拍摄到的场景逐一进行比对辨认，当大部分地点纷纷被确认出来后，档案局遇到了难题。当时有四个镜头找不到参照的地方，一个德国式的小学，还有一处就是上面照片所示的位置。档案局就把照片发表在《青岛早报》上。当时正好是写《青山村志》的时候，时任姜兆阳主任就拿着报纸过去问了大家。刘振居看了，立即认出来，这就是在青山。从地形来看，两个山包中间有个洼，他们还找到原来的位置，与照片一对，正是垭口前。时过境迁，青山仍在，但老照片中的村落已换新颜。2010 年，青山村在垭口的进村路上建起了一座石牌坊，为这里打上了新的地标。说起这座牌坊，刘振居老人的自豪溢于言表。

【口述】

青山渔村石牌坊建于 2010 年，总造价 180 万元，高 13.8 米，宽 22.6 米，总体重量 360 吨。整座建筑设计严谨，独具匠心。云柱擎天，巨座拔地，雄狮护卫，龙凤飞舞，梅兰竹菊，琴棋书画，

垭口青山渔村石牌坊（姜兆阳摄）

吉祥八宝，古色古香，因地处高旷，依山临海，更显雄伟壮丽，气势非凡。

石牌坊就目前来说，在山东乃至全国有三大最：一，没有一个牌坊底座是一块整体石头的，这四个底座每块重量三十吨；二，没有一个牌坊柱子和横梁都是整体石心的，而且都是榫卯结构；三，没有一个牌坊全都是通体石心，这么高大雄伟的。

考虑到此处曾是军事基地，虽已撤编，怕以后再恢复军事功能，石牌坊的高度影响车辆通行，在基础设计时做好预案，必要时公路下挖两米，牌坊都不受影响。（20180620 上午刘振居访谈）

民国记忆

北车场在青山村北头入口处，是民国时期时任青岛市长、东北海军舰队司令员沈鸿烈留下来的地名。他为了开发崂山旅游，曾围绕崂山进行为期五天的走访，看到了当时太清宫的破败景象。他乘坐的美国吉普车到了青山村就无法再行，于是就在北车场这个地方停下来开始步行。今天村里老人们仍然记得当时作为孩子跟着吉普车奔跑的情景，刘振居老人这样叙述：

【口述】

北边这个北车场是停车场，是当年沈鸿烈修的。他车开到这个地方，再就不好走了，人下来走，人步行走到太清宫。据说是美国吉普。青山现在活着的有八九十岁的人，那时还是小孩儿，就跟这个吉普车后边儿追。（刘振居访谈）

民国二十三年十月二十六日到十一月一日，沈鸿烈环游崂山为期一周，并在其日记《崂山环游记》中详细记载了到青山这天的行程。

【文献】

十月卅日，是为环游之第五日。……游毕仍从晒钱石乘舟北去青山湾登岸，赴青山小学参观新校舍，时已过三点矣。由青山复乘山轿，经狍子崮北麓赴上清宫。宫之污秽不治，一如聚仙宫、

北车场，沈鸿烈乘坐吉普车曾在此停留

华楼宫。蒲松泉所志之绛雪久矣枯去，香玉亦憔悴可怜……（沈鸿烈《崂山环游记》，1935 年《青岛画报》第 11、12 期）

北车场东侧至青山胡同入口，也是去太清宫所经之路，这里曾经有大石崮把门，很长一段时期从市区来游玩的人都会在此稍事休整，也为闭塞的山村带来了一些新鲜事物。童年时与城市游客的一次偶遇让刘振居老人记忆犹新：

【口述】

我七岁的时候，和一个小伙伴就趴在北车场玩，市里头来了一个车，拉着四五个人，还有个孩子。一个女人坐在这个车场边儿，从包里拿出来一个东西。现在回忆，就这么粗、这么长，一根，给她孩子吃。俺两个看了以后，就趴在那个墙上，睁着眼瞅着，嘴里咽唾沫。那女人一看俺两个，心里就觉得难受，山里人，也是孩子，她就从包儿里拿出一根儿给俺俩。俺俩就高兴地跑了，跑到下边找一个地方，不舍得吃就闻闻那个味儿。现在都能想起来那个味儿，好吃啊！那是灌的香肠，我七八岁也不知道这是香肠。很感谢那个女人，当时就是开着车到这个地方来玩，后来再没见过，那个孩子现在也应该60多了。（20180620上午刘振居访谈）

沈鸿烈日记里提到的山轿，村里人称它滑竿儿，由于公路修到青山，当时村里游客熙熙攘攘，很多人以此为业。老人们对沈鸿烈能乘山轿体贴民情疾苦印象深刻，同时沈鸿烈也充分体验到了青山村老百姓的淳朴民风。

北车场边进村大石磅遗存

【口述】

他到这个停车场时也有故事。崂山地区有滑竿儿，也叫山轿，沈鸿烈来这推广的，他要发展旅游。他说你们这有抬这个滑竿儿，他就把他的风衣、皮包、皮箱放到这个滑竿儿椅子上让人抬着，结果这两个抬滑竿的就不走，说你这样我挣不到钱，我干给你抬东西。他问你们为什么不走？抬夫说你不坐上来俺们就不走。沈鸿烈一听说，哦，我明白了，你放心，正常付款，你且走吧。所以说他觉得这个山区人是不容易的，再者他很低调，没有官架子，那个时候就是北海舰队的司令员。（刘振居访谈）

沈鸿烈在青岛期间，陪同了很多当时政界名流游崂山，一般是乘军舰在太清宫上岸，然后徒步或乘山轿。1934年7月22日《益

《劳山壮观：游山山轿》，夏绍裘摄，1934年《中华（上海）》第29期

宋美龄乘山轿游崂山，1934年12月22日《北洋画报》

世报》刊登了沈鸿烈陪同宋子文游崂山的新闻。1934 年 11 月 22 日《北洋画报》刊登了蒋夫人宋美龄女士乘山轿游崂山的大幅照片。1935 年 8 月 14 日《时报》刊登了汪精卫挈眷游崂山。

环村道

沈鸿烈在从太清宫返回青山村的日记中，建议从北车场沿海滩开辟一条公路通往太清宫，这条公路之后成了青山村与海滩的分界线。沈鸿烈说，绕道是为了不扰民。日记中提到由土道改为石道，越青山口至太清宫。民国时期青岛市对青山的治理也非常有效，《青岛时报·青岛自治周刊》刊登很多青山的工作报告，内容涉及办学，救济，废除妇女缠脚，打扫卫生，督查演戏内容，等等。林玉水老人回忆，沈鸿烈带领的北海舰队驻扎在太清宫的时候，每年初一，派人敲锣打鼓给附近村落的乡里人拜年。

【文献】

十月卅一日，是为环游之第六日。……乃辞明霞洞，乘舆向青山行。时方延长海滨之汽车路，由雕龙咀延至青山，于此辟一停车场，改道于村外，遵海滨而行，借免穿村而过，妨碍民居。昔之坡度过昂者，今已一再夷平，并易土道为石道，预防坡道之冲毁，兹正在工作，不日即可通车。今后由青岛市内乘汽车赴太清宫，三小时余可达，游人益称便矣。

自青山循东海之滨，经过黄山口、黄山、长岭、小黄山、范岭后、范岭前诸村；沿途车道正在分段修治，高者夷之使平，不可夷者则环之使曲，道之幅度，视前增广，二车并行，绰有余裕，日后更拟推广，越青山口以至太清宫则更便矣。（沈鸿烈《崂山环游记》）

从北车场而下的环村道

青山小学

自从80年代初，在村上头半山处开掘了一条公路到垭口，民国路就不再使用。但这条路是青山村的历史分界线。其西侧是村落传统区域，东侧是沙滩。60年代初修军港，在这片沙滩上建了许多军事设施和营房，以致今天游人走在民国路上误以为已经进入青山胡同。今天老人们还常怀念村海边那片大沙滩。

沈鸿烈日记中提到当天还走访了刚落成的青山小学。小学地址是建在海边的龙王庙旁边，就是今天的老幼儿园一带。这是沈鸿烈在青岛大兴学堂的成果。据张志明介绍，当时青岛农村的学校少，沈鸿烈责成青岛市教育局制定了一个乡村教育计划，要求各乡区办事处普遍建设小学，一个村就有一所。据说他还派人到各村调查学龄儿童，实行强迫教育，对不让孩子上学的家长处以罚款。1936 年《青岛时报·青岛自治周刊》刊登的工作报告就提到“处罚青山小学旷课学生之家长”。

【文献】

早在 1929 年，沈鸿烈在太清宫设海军司令部期间，在青山废除私塾，设立官办小学，规定学生上学不交学费，当时的小学教室设在林家祠堂，教师是王勤普。

1933 年，青山在村东南靠海沿的地方（现幼儿园处）建起了一所小学。学生由南口学校迁往青山，校名改称青山小学。当年教学班增加到 6 个，校长郑官禄，教师 6 人，课程设置有：国语、算术、地理、历史、自然、公民、音乐、体育等。每天上八节课，四年级以上学生穿统一学生服装。二、五、六年级在校本部，一年级在林家祠堂，三、四年级在温志平后屋家（现温军民住处）。（《青山村志》）

沈鸿烈陪同韩复榘等在崂山太清宫后松林间留影，1935 年《青岛画报》第 11、12 期

龙王庙边民国时期青山小学原址

沈鸿烈 1934 年日记里提到的走访新落成的青山小学，刘振居认为应该就是村东南那次

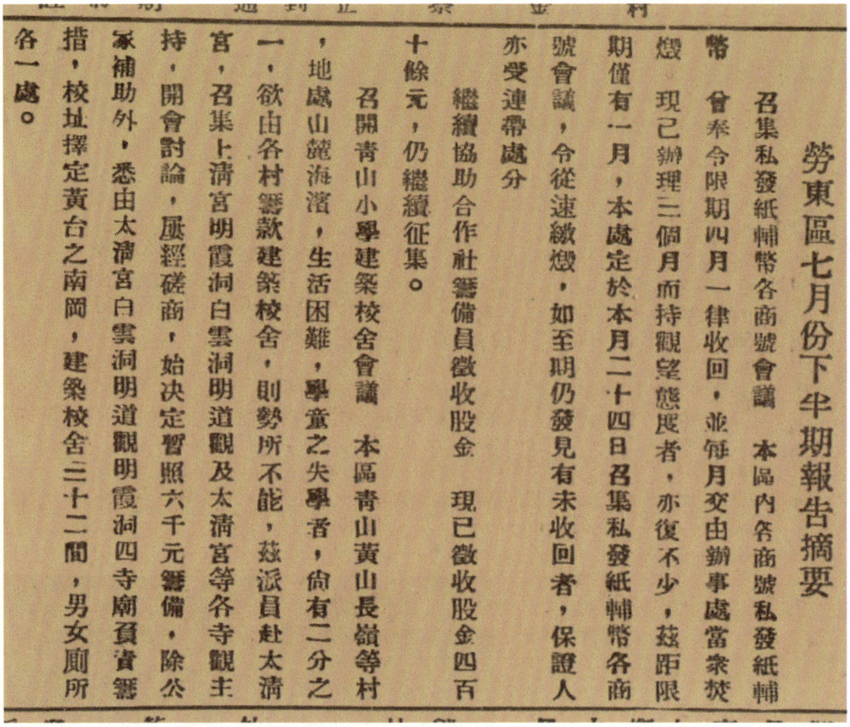

勞東區七月份下半期報告摘要

召集私發紙輔幣各商號會議　本區內各商號私發紙輔幣，曾奉令限期四月一律收回，並每月交由辦事處當衆焚燬。現已辦理三個月，而持觀望態度者，亦復不少，茲距限期僅有一月，本處定於本月二十四日召集私發紙輔幣各商號會議，令從速繳燬，如至期仍發見有未收回者，保證人亦受連帶處分

繼續協助合作社籌備員徵收股金　現已徵收股金四百十餘元，仍繼續征集。

召開青山小學建築校舍會議　本區青山黃山長嶺等村，地處山麓海濱，生活困難，學童之失學者，尚有二分之一，欲由各村籌款建築校舍，則勢所不能，茲派員赴太清宮，召集上清宮明霞洞白雲洞明道觀及太清宮等各寺觀主持，開會討論，屢經磋商，始決定暫照六千元籌備，除公家補助外，悉由太清宮白雲洞明道觀明霞洞四寺廟負責籌措，校址擇定黃台之南岡，建築校舍三十二間，男女廁所各一處。

筹建青山小学会议摘要，1936 年《青岛时报 · 青岛自治周刊》

重建。芮麟在 1947 年出版的《青岛游记》中记载当时校舍“是崭新的民国小洋楼”。今天青山小学已在 2005 年迁到黄山口村，校舍也是民国建筑，2005 年前曾经为黄山口农业中学。曾在黄山口中学和青山小学任教的温志敏说，该校舍曾遭日本人轰炸，现存大部分建筑是在原址重建。大门、台阶保留民国时期的原建筑。曾任青山小学校长的温志团认为沈鸿烈建的青山小学可能是在黄山口。不过根据芮麟游记线路，他看到青山小学的民国小洋楼应该是在村东南。他是三时从明霞洞向青山走，半小时后抵达青山，首先看到的是青山小学，并在村里逗留了很长时间，然后“自青山西行约四里至黄山”。我们来到黄山口，考察了今天青山小学的民国建筑遗存。

1936 年《青岛自治周刊》刊登的视察报告记载，当时青山小学有学生 210 名，校舍筹建还未决定。1936 年刊登的工作报告显示，当时为青山、黄山、长岭筹建青山小学，召集了“上清宫、明霞洞、白云洞、明道观及太清宫主持”。由四寺庙负责筹款，校址选择在“黄台之南岗”，计划建校舍 32 间，男女厕所各一处。由此看来，民国时青山小学是经过若干次兴建，校址可能在不同的地方。

现在的青山小学是一处规整的半四合院，三面环拢，大门朝东，背靠大山，面向大海，古道蜿蜒而过。整个意境让人联想起民国歌曲《送别》：“长亭外，古道边，芳草碧连天。晚风拂柳笛声残，夕阳山外山。”温志敏谈到此校舍的风格来由，《太清宫志》记述了沈鸿烈对青山一带的贡献。

今青山小学民国建筑遗存

【口述】

温志敏

黄山口的青山小学为民国建筑，处在青山地段，曾经为黄山口农业中学。四合院门口有屋檐走廊，大门口有柱子，外边看建筑很宏伟。屋里全是比较高的台阶。村北有个华严寺小学，近几年才拆除，那个校舍和青山小学是用同一个图纸建造，其他地方还有晓望、浦里、华严寺、王哥庄、登瀛等，都是同一批，建筑完全一样的，那大门样式就和青岛师范一样，都是同一批盖的。现在这批小学建筑都没有了。（温志敏，《守护会手稿》）

【文献】

民国十六年五月，东北海军舰队司令沈公鸿烈，字成章，湖北景陵人，巡洋防到劳山海登岸，参观各处山景，各殿行礼。于民国十七年春，率舰队来劳山，在太清宫前海驻泊，训练军官兵士。纪律严明，兼理民政，治安地面，一方肃清，由本宫至王哥庄道路桥梁，按段划分，应管监工开辟修补，数日告竣。该各庙监院，召集附近乡村首事，同立沈公德政碑，位于太清宫前海崖。后于民国二十年，任青岛市长，复来劳山，划分劳东区域归于青岛市，开辟各处道路桥梁，并修斐然亭于道左，以作纪念。关于交通便利，培养人才，地方人民，感道不休矣。（《太清宫志》卷十）

青山小学的民国场所的变迁，经历了林家祠堂（1929 年）、垭口太清小学（1930 年）、沈鸿烈日记中的青山小学（1933 年，村东南）、黄山口民国校舍（2005 年）。青山小学的民国记忆就在这些不同的场所里集结。北车场，青山小学和环村道是民国时期留下来的记忆场所，是青山胡同里的民国文化。建议对这些场所按照民国风格加以修复，并植入相关的民国符号，如山轿、民国课本、吉普车、沈鸿烈日记或塑像等。北车场应作为“青山胡同”北头入口，此处曾经有一块大石崮，可以利用其地貌修复入口景观。民国路本是村落和海滩的分界线，规划时应体现这个地理标志。原青山小学这一场所应植入与民国教育相关的记忆。

“长亭外，古道边，芳草碧连天”：青山小学窗外风景

乱石人家

“人家乱石中”是清代江如瑛刻画青山胡同的诗句。经过长年累月改造，村内一些大石头已经被打了，只留下磅石称呼。大石蹦就是这样一个地方，位于林家祠堂东。据说这里有几个大石头都碰在一起，占地面积很大。今天由于周边建了很多房子，已经看不出大石头，但胡同路面还是巨石的一部分。在北河上头，姜家胡同区域（姜兆群家）有一个河道切面，可以让人看到今天青山民居下面镶嵌着的一块块巨石。在民居之间，今天村中也留着一些石磅，张家磅就是其一，巨石在林玉先院西、黄秀涛屋东，

南河涧石

原为张氏基业，后张氏将房屋卖于黄氏，但磅名一直延续至今。村的四周山上，今天还可以看到当年青山的原始地貌。金人邱处机描述其为“溪深石大道气和”。据《青山村志》记载，道光十七年，天降大雨，山体三十余处滑坡，大量土地被洪水冲走，百亩良田不见影，只见石头不见土。

【记忆】

传说以前这个山上没有这么深的沟，道光十七年一场大雨，把山上的土都冲走了，现在到冬天一看漫山全是石头。那是一次崂山历史上从来没有过的特大洪灾。泥石流冲走了大片泥土，为了生存，祖先们又开始重拾土地。今天我们看到三亩前地沿儿都垒成双堑的，开出来的地，碎石头扔不出去，地沿两面立，中间空，小石头就填中间了。老祖宗费老劲了，开辟这些地，看看原先那些地，不用说挖地了，就垒这地沿儿就要命了。那时工具还不好，把这个坡挖一块地，大石头去垒沿儿，老祖宗会垒，外面是大石头，里边是小石头，漏水而不失土。（20180827 下午林玉水、刘振居访谈）

【诗文】

由胶西回劳山太清宫（其五）

邱处机

溪深石大更松多，郁郁苍苍道气和。

不是历年樵采众，浮云蔽日满岩阿。

（《〈崂山太清宫志〉校注》卷九）

镶嵌在乱石中的民居（北河沿）

唐山子顶

张家磅

崂山纪游

仰尧

巨石当空疑绝路，泉流断处径重清。

峰回似笑争迎客，我爱青山不忍还。

（1933年8月1日《申报》）

青山乔木

崂山村落田间地头、房前屋后，乔木和人们相伴，遍历了春夏秋冬，陪伴了生老病死，见证了聚散离合，岁岁枯荣，是生活的背景，匝匝年轮，是物化的记忆，但更重要的是乔木之气质和作用孕育了青山的桑梓文化。当年沈鸿烈走访青山，就对这里的乔木做了如下评述：

> 昔人谓世家必有乔木。乔木不仅表示世家之古朴，且足以表示其家风；惟其家风足，则故能世泽罔替；否则，世家且不获自保，又遑问乔木耶？（沈鸿烈《崂山环游记》）

青山乔木（楸树）：维桑与梓，必恭敬止

梓树

梓树在青山被称为楸树。这种树广泛分布于我国长江以北地区，在适合的环境下可以长得十分高大，春来满树白花，秋冬则英垂如豆。梓树木材品质优良，可以用来打造家具，刻书制棺。古人制琴，常以梧桐为琴面、梓木为琴底，二者相配，可使琴音淳厚幽远，因此有“桐天梓地”一说。《诗经·小雅·小弁》曰：“维桑与梓，必恭敬止。”《毛传》曰：“父之所树，己尚不敢不恭敬。”此语是说桑树和梓树乃父母所植，必须恭恭敬敬，后人便以桑梓作为家乡或父母之邦的代名词。在传统文化中，梓树地位极高，可以称树之“王”。宋陆佃《埤雅·释木》云：“牡丹谓之花王，梓为木王。”

【文献】

思其人因爱其树也。桑梓怀父母，睹其树因思其人也。《谷梁传》古者公田为居，注损其庐舍，家作一园，以种五菜，外种楸桑，以备养生送死。桑以养生，梓以送死，此桑梓必恭之义也。《南都赋》永世克孝，怀桑梓焉。以桑梓为父母所树，故有永世克孝之文。而父母树桑梓必在乡里所居之宅，此又可以义推，故通以为乡里之称。（清·马瑞辰《毛诗传笺通释》卷二十）

梓为百木长，故呼梓为木王。盖木莫良于梓，故《书》以梓材名篇，《礼》以梓人名匠，朝廷以梓宫名棺也。罗愿云：屋室有此木，则余材皆不震。其为木王可知。（李时珍《本草纲目·木二》）

古时井田制，八家共居，中间是公田，庐舍边开辟菜园，井灶葱韭尽取焉。菜园外就是楸桑林，以备养生送死。青山当年就有很多楸树林，至今仍然保留其地名，今天我们能在南北河道附近看到单棵留存的老楸树，村后乱石中，尤见高大雄健的楸树风姿。

【记忆】

地处林明荣（林小提的爷爷）、林明悦（林玉强的爷爷）兄弟两户房后，原是一片楸树林，林后是耕地，无人家，因地处住户最后边，人们称此处为后楸林。（姜岐先，《守护会手稿》）

嘎啦坟往南约100米左右的地堰上生长的一片楸树林，约有几十棵。楸树生长茂盛，大的有成人一抱多粗，分布在上下两层地堰的斜坡上，老百姓俗话称地圩子。因楸树多而密，因此得名楸林子。其上下的地堰上也有大楸树。在天气炎热的季节里，在地里劳作的人们都会在休息时，到枝叶繁茂的林荫下乘凉。80年代后，树木被分到各家各户，由于缺少管理，现在已不再像以前那样茂密了，已失去昔日的景象。（温志团，《守护会手稿》）

南河崖柳树林

【口述】

北河桥下这棵树是最有名的树，叫楸木，我们叫楸树。它的木质最坚硬，花纹最好，在60年代70年代那时候，这是最好最好的木质。家里结婚，做家具就弄棵楸木。这棵树也有上百年了，我小时候就这个样。这个树长得很慢很慢。（20180619 刘同忠带访村落）

青山胡同内今天还保留的老梓树，以南河下游南岸的一棵最为高大。但南河沿岸和村西头大路之上，都分布着许多梓树。梓树，寓意美好，良材堪用，宅旁种植，以之为养生送死之具，今天则寓意对家乡的思念。游子在外，见到桑树和梓树，总能勾起思念故乡、怀念父母的深沉情感。

家槐

槐树是我国乡村最为常见的树种之一，在北方甚至能够达到“有村必有槐”的程度。这种槐树似乎天然与人亲近，始终伴随人居而生，宛如邻里街坊、家庭成员，因此又被称为“家槐”。青山村自然也有家槐，文化记忆守护会的姜岐先老人在回忆手稿中有着一段对“唐家街大槐树”的记述。数十年来，随着人口增加、房屋扩建，许多如“唐家街大槐树”一类的老树早已无处可寻，跟随刘振居老人，我们在温家“后崖子”见到了一棵现存的家槐。

【记忆】

在唐家街中段，十字路西旁，唐家胡同入口处，有大槐树一棵，树干直径粗三人搂抱。后东半树枯死，西半则茂。此树产权是唐永谦的（唐张楠的爷爷）。此是唐家街一明显标记。（姜岐先，《守护会手稿》）

【口述】

这是棵老槐树，我估计也得一百年，（或者）没那么久。这个就是山西大槐树，叫家槐，其他有刺槐、棉槐，还有各种各样的。这个就是家槐。这个地方叫后崖子，就是姓温的后面最高的崖子。这个槐树很有纪念意义，是老祖宗从山西过来的时候带的种子，一代一代到现在。闻说哪个地方有家槐，哪个村子就有山西大槐树底下过来的人。这种家槐的种子是先民带过来一代一代传到现在。（20180718 刘振居带访胡同）

后崖子家槐

据村民传说，他们的祖辈明代从山西小云南迁出，在一处立足，便种下随身携带的家槐树种，开始新一轮的繁衍生息。千年弹指间，他乡成故乡，中华大地上，同样的家族故事仍在延续，正如这棵发源于山西的大槐树，与人相伴，走向五湖四海，枝繁叶茂，皆是对来处的追思。

朴树

相比于南河的梓树和后崖子的家槐，青山村北河中下游的北岸，一棵树龄近 140 年的大朴树似乎更加被人们关注，也是今天青山最为壮观的乔木。此树奇形怪状，疙里疙瘩，不中绳墨，好似《庄子》所言之“无用之树”，百年里，逍遥于北河之滨，不夭斤斧，乃成青山之一大景观。

“无用之树”：北河大朴树

【口述】

这棵大朴树对青山很重要啊，是青山村树龄最高的一棵，至今130多年了。这树好在哪个地方？好在长得奇形怪状，虬枝和树瘤。树龄长得益于其长得奇形怪状，整个遮盖面积接近一亩地，看树上的疙瘩，有言“千年的疙瘩万年的锥”，这不是说它真有千年，是形容树龄已经很大了。这棵树是整个青山村留下的最古老的一棵树。它长在两个大石磅里边。（20180620 刘振居带访胡同）

据村民回忆，朴树在当地俗称“八茂树”，木质硬，长得慢，容易形成虬枝和树瘤，除了北河这一棵，在村委对面，曾经的龙王庙附近，也有一棵年岁相仿的大朴树，上世纪60年代拆庙被砍时已有两抱粗。这棵树在龙王庙老照片里可以看到（见“围祠而居”篇）。但树形规整，也许这是它无法留下来的原因。此外在北河下游有一处旧地名叫“八茂树里头”。这里也曾有一棵大朴树。刘振居老人介绍，那里原属大筏主林逢秀家所有，林逢秀家破败后，茂盛的大树却为这里平添了几分阴郁的色彩。

雀巢（刘振居提供）

【口述】

原先这个地方房子这块是一棵大朴树，叫八茂树。这个地名就叫八茂树里头。原来这个地方后边有一两间很矮很矮的小屋，这棵大树全部把这块儿都给遮盖了。后来由于这个小屋没人住着了，就荒芜了。但是树一遮阴吧，里边很暗，所以走到这个地方都害怕，特别是小女孩。青山村大人吓唬小孩：“你小心啊，八茂树那里有东西，有狼出来了！”三吓唬两吓唬，男人晚上走到这个地方也害怕了。这个地方还有几个坟子，这边是两间小屋，人们就觉得害怕。（20181015 刘振居带访胡同）

绣球花冠道

从北河桥向南直行，过了岔路口向上走十来米，路南的院墙中生长着一棵茂盛的百年绣球树，花冠贯道，乃成胡同里的一道风景线。绣球树斜对面有一家小卖部。据老板娘说，她经营小卖部已经二十多年了，小卖部和绣球花下的房屋都是她姥爷家留下来的。提起这棵绣球树，老板娘介绍说那是木质绣球花，这棵树和老房子都是她姥爷家的，至于是不是姥爷的父亲亲手种的，她也不知道，只能肯定树龄超过了一百年。当年姥姥（外婆）健在时，

百年老绣球

就住在那间老屋里，姥姥是个火爆脾气，总爱靠在明间的后窗口坐着，绣球花开有人想折一枝，她必定会把人骂走。

老板娘告诉我们，这个位置在青山村的中心，又紧邻几大姓聚居区的交会点，到哪一家的距离都很均等，人来人往，非常热闹。小卖部开在这里有着得天独厚的优势。她说现在的青山村，越来越多的年轻人选择外出工作，她能在自家谋生很不容易了。店门口架子上摆着黄瓜、番茄等几种常见蔬菜，主要供村里不种地的老人购买。店里除了百货副食外，也有馒头、咸鸭蛋等日常食品，甚至还供应化肥等农用品，平日上门的顾客多是老人和小孩。

她说，青山村有“绣球花落必有雨来”的说法。在她记忆中，每年绣球花开败后几乎都会下一场雨，一夜之间将花瓣全部打落。这场雨有大有小，但好像几十年来从未爽约。据说 90 年代曾有一处庙宇来人，开价 500 元想向她姥爷家买走这棵绣球树分生出的小植株，但是被拒绝了。刘振居老人告诉我们，绣球树喜阴，适合种在庙宇宫观和屋后这类地方，青山村这棵独一份的百年绣球能招雨水，是有灵性的。

耐冬嬉牡丹

门前屋后，田头地角，凡有尺地，便会种上花草，这些花草，对村民来说不只是一种观赏，更是充满灵气的花仙子。村里最常见的花是耐冬（山茶花）。村中随处可以看到耐冬花枝上扎着红布条，村民说树是有灵气的，扎红布条是为了驱邪和祈福。这么做除了古之遗风，还受崂山仙道文化影响。耐冬今天已被青岛市奉为市花，印在市徽章上。顾炎武谓“地暖多发南花”，说的就

刘振维门前耐冬与牡丹

是崂山耐冬。历史上许多游记都记载过在青山一带看到上千年的耐冬，一在“张仙塔”旁，另一处是下清宫。青山人对耐冬等树木赋予的仙气和敬畏，似有古时取宜木以为社，以谢大地滋养之功德的遗风。所谓宜木就是最适合这块土地生长的树木，如“夏侯氏以松，殷人以柏，周人以栗”。昔孔子在《论语》里责备宰我错误解读“周人以栗”，认为立社是为了“使民战栗”，而不明白以最适合这块土地生长的树立社是为了祭祀土地。

北头刘家，对着幸福苑的胡同里种植有花木两本，一为红耐冬，一为白牡丹。2019 年 4 月花季，红耐冬与白牡丹争奇斗艳，迎春绽放，树上还系着红布条。这不由得使人想起蒲松龄《香玉》的故事。清顺治十八年蒲松龄途经青山村前往太清宫，留宿宫中时，终日与牡丹、耐冬相对，以致“花以鬼从，人以魂寄”，写下了家喻户晓的《聊斋志异·香玉》。白牡丹香玉、红耐冬绛雪两位花仙子与胶州书生黄生情深之至，从妻及友，从友及妻，最后三人都为情殉之。花而人，人而鬼，鬼而复花，花而复人。如今眼前这两本花木恰似聊斋中的一对花仙子再生。刘振居老人告诉我们，这花应该就是正对门刘家所种。怀着好奇，我们数次叩门拜访，终于见到了花主。经介绍，原来这两株花木非一家所植，耐冬是刘振维家，而白牡丹则是一户温姓村民所种，因为民间有牡丹不能种在家院内的说法，所以就种在了这块自家小菜园里，两株花木看似紧紧相依，实则分别根植在两片不同的地块上。

【记忆】

处崂山头东南侧有一涧洞，高出海面 40 余米，水面下有 20 余米深，里外深度达 10 余米，洞涧西壁如刀切笔直，陡壁悬崖非常险要。洞涧南名“南磺碴”，洞涧北名“北磺碴”，在这两处各有耐冬（山茶花）一株，一株开红花，一株开白花，早春花朵

给花木系红丝带

盛开时节，红、白相映乃山海之奇观。相传两株耐冬乃张三丰亲手所植。在北磺碴耐冬旁边用山石垒起一座2米余高的塔，传说是张三丰的衣冠冢，人称“张仙塔”。周至元有诗云：

古塔峻嶒叠石成，下临沧海上青冥。
仙踪一自三丰置，留得耐冬万古青。

（姜岐先，《守护会手稿》）

【文献】

在（太清宫）后院的四周围，有耐冬十数棵，高可丈余，大亦合抱，好多野草闲花，一阵阵的清香陶人欲醉。四下里静悄悄，但听潮声鸟语，使人感觉得无限的惆怅——彷徨——便回想到人生人寿几何？仆仆红尘，浪落天涯，徒有弥天的志愿，奈无一事的成功；去日已多，自愧虚度岁月；时乎不再，势将空手归去。

然而，人生若梦，一切皆空。到此，不禁凄然叹息！尘俗襟怀亦都全消了！倒动了“出家”的念头。但不过，若是真的在这里“太清宫”出了家，细想有些不妥当。只怕“耐冬”化了“美人”，岂不反而多添烦恼。——不如归去！（宇宙《到劳山太清宫》，1934年《人言周刊》第9期）

在太清宫里，有三棵很大的耐冬树，其中最大的一棵，据说是三千年以前的古树，躯干并不很高，可是枝叶很茂盛。聊斋志上记载一段故事：“崂山某寺院里，有一位年轻书生，灯下读书，正在专心一志的时候，忽然抬起头来，看见一个美貌的女子，立在他的旁边，做着引诱异性的动作……”据宫里的道人说，这个美貌的女子，就是这棵耐冬树受着日月的精华所变幻出来的。迷信的论调，当然不足凭信，但是它的躯干，足有三个人合抱的粗细，即此一点，就可以证明他确是年代很长久的古树了。（《青岛画报》1934年第1期）

下清宫耐冬牡丹，花均可观，西院耐冬最大，枝干盘奇，高可齐檐。道士告我，此花自十月开至次年五月不断。惜非冬日来，不得见白雪，红花、翠叶，互相掩映也！抱之，大不能合围。或云系数千年物；或云系明永乐张三丰自海岛携来，难辨孰是。顾亭林谓“劳山地暖能发南花”，白澄泉诗“冬花入夏香”，均指此而言。（丁叔言《游劳随笔》）

【人物介绍】

丁叔言（1888—1946），名锡纶，以字行，画家，潍县人。生父丁毓庚，是潍县富家之一，家有土地2.1万余亩。但他生活节朴，言行正派，自幼聪明好学。著作有《养静轩诗稿》《孟浩然年谱》《崂山游记》《潍县半月围城记》。清末民初，创办丁氏第一小学，任校长。曾会见黎元洪、蔡元培、康有为。1927年被选为潍县中区教育会会长。

蒲松龄《香玉》依据的古花木死去再生及被挖走的情节，其实早有雏形。《太清宫志》（卷三）记载了那株古耐冬数次枯而复荣的经历。明末高弘图记述了宫中牡丹的神话。康熙年间，即墨人纪泊游崂著文《劳山记》称移取了牡丹的人就是即墨蓝章，明成化进士。这说明在蒲松龄游崂山30多年前，《香玉》原型已在民间流传。村民说青山的耐冬都是太清宫“绛雪”的子孙后代，乃仙脉一体。青山人对房前屋后的花木也像对绛雪一样，可谓情之至者。村中到处飘逸着红丝带，村民相信人对花寄托的情思可通鬼神，可以保平安，可以立德。《香玉》常被看作是妖魔故事，认为荒诞不经，其实背后说的是人的信仰。故《香玉》结尾引孔子言说：“仲尼读《唐棣》而曰‘未思’，信矣哉！”山茶花翩翩摇曳，难道我不想你？如果我把《香玉》看作是鬼怪故事，那是我对花木之无知。同样，仁远乎哉？道不远人，思则得之也。

【文献】

本宫古耐冬有二株，其一在三清院，年最久，传云两千年来枯而复荣者数次。载诸《聊斋志异》，名绛雪，曰花之神。清季以还，枝干折枯。本宫为维护起见，设柱敷架，平其技股，期其持久也。及民国二十三年秋，叶落枝焦，竟则全枯，历四五年了无生意。适值倭人入寇，枝为乱兵折作火头，势不能存，然又不忍遽去，幸留老干数尺，形若仰桶，因以砖块实其窦，以防侵蚀。二十九年春，根部复荫怒芽，今已经矣。其一在三宫殿院，系元时张三丰师手植，郁茂葱茏，荟萃满院，干约十数围。年自霜降节前开花，递禅代谢，直至次年谷雨节后始罢。每届冬令，满树红绿，白雪轻敷，互相掩映，景色尤胜。（《太清宫志》卷三）

宫有白牡丹一本，近接宫之几案，阅其皴干，似非近时物，道士神其说，谓百岁前曾为有大力者以其本负之以去，凡几何年，大力者旋不禄。有衣白人甲宫门至曰：我今来！我今来！盖梦谈也。晨视其牡丹旧坎，果已归根吐茎矣。大力者之庭向所发而负者，即以是年告瘁。事未必然，谈者至今不衰。复指宫后两枯柏。亦神物而有年，忽若羽化不知所因，仍听其戟立宫廷，无敢擅伐取。余叹曰：山灵实呵护之，松柏未尝凋也。宫之花树有此生死两异，虽两咏之，颇似为向之有大力负牡丹去者解嘲。（明·高弘图《崂山九游记》，见周远斌《崂山游记精选评注》65 页）

【文献】

胶州黄生借读于下清宫，遇白衣女子香玉和红衣绛雪，心生爱慕，遂交好欢会。孰料，香玉原身白牡丹为即墨蓝氏游宫所爱，移植家中。黄生闻信大恸，临牡丹旧穴哭吊。孤寂中，幸得耐冬绛雪时时慰藉。黄生精心呵护旧穴，痴情感动花神，花芽重新萌蘖，蒲松龄描写其后情节如下：

（黄生）次年四月至宫，则花一朵，含苞未放；方流连间，花摇摇欲拆；少时已开，花大如盘，俨然有小美人坐蕊中，裁三四指许；转瞬飘然欲下，则香玉也！笑曰："妾忍风雨以待君，君来何迟也！"遂入室。绛雪亦至，笑曰："日日代人作妇，今幸退而为友。"遂相谈宴。至中夜，绛雪乃去。二人同寝，款洽一如从前。

后十余年，黄生忽病。其子至，对之而哀。生笑曰："此我生期，非死期也，何哀为！"谓道士曰："他日牡丹下有赤芽怒生，一放五叶者，即我也。"遂不复言。子舆之归家，即卒。次年，果有肥芽突出，叶如其数。道士以为异，益灌溉之。三年，高数尺，大拱把，但不花。老道士死，其弟子不知爱惜，斫去之。白牡丹亦憔悴死；无何，耐冬亦死。

异史氏曰：“情之至者，鬼神可通。花以鬼从，而人以魂寄，非其结于情者深耶？一去而两殉之，即非坚贞，亦为情死矣。人不能贞，亦其情之不笃耳。仲尼读《唐棣》而曰‘未思’，信矣哉！”（《聊斋志异·香玉》节选）

蒲松龄宿青山

蒲松龄游崂山的行程记载并不清晰，青岛科技大学教授孙克诚在其《蒲松龄游崂行迹考述》一文中利用诸多前人旧闻旧典记载及崂山地理形势，复建蒲松龄康熙十一年游崂山经行路线与所见景致，探明蒲松龄等一行在青山观日出的“青玉涧”。蒲松龄时年32岁，同行者共8人，皆为淄川士绅。孙克诚、盛伟等[①]考证，崇祯十六年进士、翰林高珩与蒲松龄有姻亲关系，并为《聊斋志异》作序。唐梦赉，顺治六年进士、翰林，深为蒲松龄敬重，也是作序者。张绂，顺治拔贡，为蒲松龄同窗诤友。赵金人，蒲松龄外甥。他们多人记载都提及此行在返岭看到海市蜃楼奇观。涉及青山的关键记载是唐梦赉《志壑堂杂记》（卷八）“初宿修真观，历上清、下清庵，登八仙墩，水尽山穷，连天一碧。再宿青玉涧，观日出。回至番辕岭，微雨初晴”。根据行程线路，孙克诚在《蒲松龄游崂行迹考述》中认为“青玉涧”应是青山，“玉”可能是“石”或“山”之讹。

【文献】

八仙墩之后行程，当是“再宿青玉涧，观日出”。唐梦赉记，观日后“回至番辕岭”，因此“青玉涧”应在返归修真庵途中，

---

① 孙克诚：《蒲松龄游崂行迹考述》，《青岛科技大学学报（社会科学版）》，2013年第2期。盛伟：《蒲松龄崂山“采风”与相关篇章史料传说的考索》，《蒲松龄研究》，2012年第2期。孙克诚：《从志怪到传奇：〈聊斋志异·香玉〉篇的故事原型与演绎》，《蒲松龄研究》，2012年第1期。

假宿青石涧（南河石桥）

即在八仙墩至翻燕（番辕）岭之间。张绂《焕山山市记》记："壬子初夏，偕同八人游崂山，遇雨假宿青石涧。"唐、张之记地名略异，不同版本唐之记"青玉涧"亦写为"青石涧"，核以张记，"玉"当"石"写刻之讹，"青石涧"为是。而"青石（玉）涧"，翻阅明清地方文献，不见如是地名记载，访诸山民不知有处。遇雨只能借驻人家，"青玉（石）涧"应为有人家山涧。八仙墩至翻燕岭间，今有青山、黄山、长岭、返领（岭）等村，皆有河流东走入海，以青山村前山涧最为深切。蒲等游山前后，长岭、返领不见文献记载有人居处，揣测其时尚不成村，二村中亦有村庄建于清中后期说法，黄山村在清末王大来诗中还是“八九人家一小村”，此际亦不成村，因而所谓“青石涧”，当为“青山涧”，山、石二字方言音近而外人难辨。青山村也是观日佳处，明张允抡《游崂东境记》中即有于青山观日出的记载。可以推断，八仙墩后其前往之地即为青山。（孙克诚《蒲松龄游崂行迹考述》）

孙克诚认为，蒲松龄一行由青山经行上清、下清、八仙墩，再回到青山，早出晚归一日很累，不大可能再步行 5 小时回修真观。当日看日出，每人各据一石，这与青山到处是大磅的情形相似。观日后，张绂记载：“游二劳山遇雨，假宿青石涧，凌晨晴霁，过翻袁岭。”这说明修真观与青石涧不可能如盛伟所言为一地。蒲松龄两宫之行，为其《崂山道士》《香玉》等名篇采风起了重要作用，虽传言蒲松龄借宿宫中撰写，但并无当时文献佐证。借宿青山民宿自然对采集志怪传说有更充分的机会。

【文献】

在崂山青玉涧，宿民家，微雨，以事不就矣。已而晴霁，同游者闻鸡而起，出村，各据一石东望。云蒸霞变，星光摇摇浮水上，既而彤云横亘竟天，宝光欲焚，云际金丝，射海中如火柱，滉洋直至游人足底，渐升渐赤，直透重云矣。（清·唐梦赉《志壑堂杂记》）

蒲松龄是在康熙十一年（1672 年）的夏天来崂山的，唐梦赉、张钱都是同行者，蒲松龄一行到崂山后，先在王哥庄的修真庵住宿，然后游历了上清宫、下清宫和八仙墩，因遇雨而住宿在青石涧。（《青山村志》360 页）

浪漫青山

蒲松龄在崂山采得《香玉》素材，可谓是对这块土地风土人情的一次调研。黄生在太清宫遇素衣红裳。香玉之“忍风雨以待君，君来何迟也”的痴情，绛雪“慰君寂寞”，“日日代人作妇”的傲情，以及黄生“得陇望蜀”，他日花下寄魂的殉情，多多少少与这块“以艳冶名”的土地有牵连。诸多游记对此都有着墨，风光之浪漫，民国尤盛。在这个钓来明月却忘鱼的地方，秀色与多情如白云入卧难舍难分。

担出白云将换酒（姜兆阳摄）

【文献】

山中民俗，尽皆朴质，惟青山、黄山两村，以艳冶名。其男子于谷雨后入海业渔，妇女则施朱敷粉，招惹游人，风光之细腻，尤在此时。（《崂山志》）

村上的男子，都是干渔业的，每年的春秋二季，驾着一叶渔舟，入海去捕鱼，妇人们在这个时期内，常常喜欢涂脂抹粉，招引游人。所以青山村，被一般游人认为是一个神秘的村庄。（倪锡英《青岛·崂山胜迹》）

胡同写生寻幽

【诗文】

渔樵一径

柯斧青山担出白云将换酒，纶竿沧海钓来明月却忘鱼。

秀色可餐坐客多情分不去，白云入卧野人无意得将来。

（清·纪润《劳山记》）

日友七人陆行返青，余偕就殿西院石闲坐，旋寻原路返回青山，路草野花，山松水竹，莫不依依有致，成诗一首：

寻幽蹴足入青山

寻幽蹴足入云稀，万派溪山别有情。

光景且欣随处好，巉岩尚未障人行。

烟林迷漠何嫌远，石径逶迤不爱平。

步步引行真入胜，水声响处接风声。

（李璧臣《崂山游记》，1927 年 9 月 23 日《益世报》）

青山黄山

青山、黄山相隔数里地，风俗相近，背靠大山，分别有黄山崮和青山崮为标志，奇石怪岩林立，俯临大海，碧波万顷，海天一线，然两村却坐落在完全不同的地质结构中。从航拍图上可见一边是黄色花岗岩，崮石裸露，植物稀少；另一边则是青色地表，植物繁茂。民国时期，有诸多游记诗文描述两村民俗风貌及沿途风光。

青山黄山，来源：《青山村志》

【文献】

域内地质可分两大块。一块是垭口以北往东延公路至海边以北，大片地域为花岗岩，地表是石磅、石崮，地下与山峰都是花岗岩一体。垭口南顶以东，村南坡山梁以南至崂山头，崂山头至太清宫东南地域，表层是片岩、石麻岩，地下是一体的青石。颜色鸭蛋绿色，石质细腻结构紧密，天生的刚硬。本地的滑光石就是这种石质所产，土壤很细，无砂，全黑色。（《青山村志》43 页）

出明霞洞，寻原路返青山，居民约三百户，房舍多因山之高下建筑，故无正当街衢，村民类皆贫困，号称富家翁者，亦不过有地十余亩或家财千数串耳。全村有私塾二，学生约共三十人，犹守光绪初年式之教育。村中有河，分村为南北二部，北部田租，归即墨县权，南部共地九十余亩，为太清宫香火地，村人每年每亩地向太清宫纳租粮四碗。余憩村中片时，日已暮，当晚遂宿于此。

翌晨出村北行，过小岭，岭上巨石错落，苍松杂列，殊饶雅趣。路旁有颂太清宫某道人碑，末书“红线元年三月”等字，实为生平所创见。过岭有居人数十户，曰黄山口，再北半里许，即黄山，住户百余，村中情形，大致同于青山，惟并十余人之私塾亦无之。适腹中觉稍饥，村中苦无饭肆，乃于一杂货铺中购干粮啖之，索熟水饮数杯，复向前行。出村北往，有石砌盘路，颇坦，俯临大海，碧波万顷，海中诸山，若浮水面，颇可观。约行七八里，至一村曰反岭前，居民二三十户，再前里许，有小村曰小黄山，居民十余户，再前一村曰蛟龙嘴，居民六七十户，村俗均与青黄二山略同。由青山至蛟龙嘴，盖已二十余里矣。（划澜《劳山游记》，1924 年 5 月 22 至 26 日《益世报》）

黄山，人家数十，集居成村。中南为青山，村落比黄山大，有居民二百余户。两村地近海滨，居民以捕鱼为业，妇女多施朱粉。据说，他们的祖先，在明末清初由南方漂流至此，习俗与本地人

截然不同。（涂筱巢《劳山壮观》，1934 年《中华（上海）》第 29 期）

【诗文】

南歌子

青山黄山

黄孝纾

涧水琤玐泻，山屏迤逦开。
人家高下隐层崖，装就云窗窈窕好楼台。
少妇鸣机待，鱼帆雁影回。

乡音渐改费疑猜，曾引神灯天后破潮来。

作者注：山中渔户相传俱闽籍，而以林姓为多。闽俗祀天后，沿海各地凡建有天后祠，均乡人贾舶所至。（节选自刘怀荣、苑秀丽校注《崂山集校注》）

劳山太清宫道上

十里崎岖上太清，黄山绕过青山迎。
闲云出岫奇峰赞，老树遮村翠盖擎。
峭壁摩崖传吕政，海天孤岛见田横。
穿林越涧凭高立，缕缕烟霞足下生。

（枕刍，1936 年《道路月刊》第 1 期）

云窗窈窕好楼台

【人物介绍】

黄孝纾（1900—1965），字公渚、颙士，号匑厂，福建闽县（今闽侯）人。其父黄曾源是清末进士、翰林，曾任青州知府、济南知府。黄孝纾服习庭训，少治经学，喜考据，精训诂，亦善诗词书画。辛亥革命后，其父隐居青岛，孝纾与父同居“滨海一楼，朝夕相慰”。他曾任北京大学、北京师范大学、青岛大学、山东大学文科教授，学博艺精。本书所引诗文多收入其《劳山集》。此集经刘怀荣、苑秀丽校注，2015 年人民出版社出版。

青山云雾

青山云雾乃是域内一大景观，自古至今，文人墨客颂之。春夏两季在西南风影响下，圈顶常云雾袅绕，经垭口而下弥漫整个青山湾，如铺浓絮。1935 年《柯达杂志》第 5 期刊登一山涧云雾照，刘振居辨认，此照应是在刘家北河一带拍摄，接近大朴树一带，照片正面山头为南顶，雾是从垭口过来的。

青山云雾（姜兆阳摄）

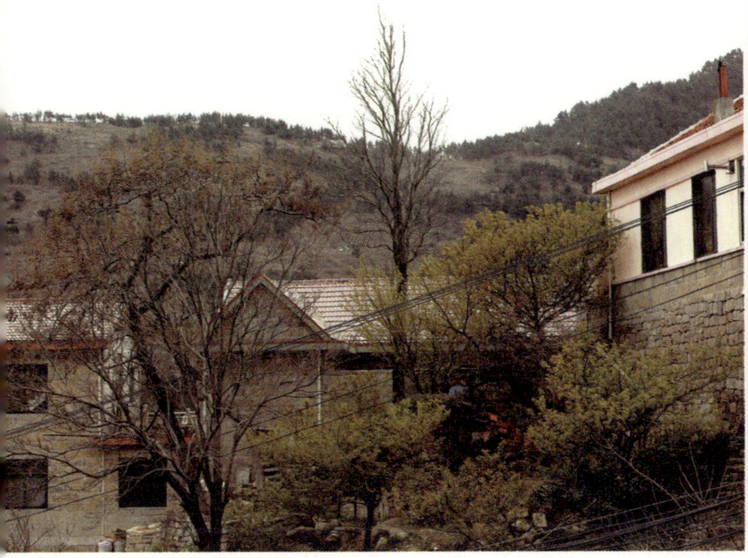

民国老照片取景地今貌

青山涧石，余则民摄，
1935 年《柯达杂志》第 5 期

【文献】

宿之明日，折而北。自青山村逾东南岭五里许，至海滨。多文石，阔可十余亩，大小象物有五色，皆光润可弄，各拾所爱，盈怀袖。越日北归。是日，天重阴，山云海气，氤氲四合，一路所见云气乍上下，峰峦出没，海光明灭，瞬息万状。（明·张允抡《游崂东境记》）

下午，白云生天际，顷刻弥漫海面。上映日光，如铺浓絮，一望无际。岛屿船只，均不可见。亦一奇观。友人告我，此铺海也。为舟子所最恶。盖遇此则海道不可辨矣。（丁叔言《游劳随笔》）

篮子地

青山土地稀缺，只得在石头缝里造田，由此房前屋后形成很多只有一个篮子大小的菜地，人称“篮子地”。清代即墨诸生周思璇在其《青山道中》描述此景“高下田如席”，“山农粒食苦，无地用锄耕”。民国山水文学家芮麟在《惊风骇浪上前崂》中说青山人利用土地可谓到了极致。刘振居则为我们讲述了放下篮子不见地的幽默。

道边篮子地

南崖篮子地

【文献】

这一带，因为尽是山岭，绝少平地，所以居民都以捕鱼为业。而土地的利用，也可以说到了极点。山坡上下，把泥土填平，种植麦子，泥土且须从别处一篓篓地挑来，靠低的一面，须用石块砌高，以防下雨时泥土泻去，工程之艰难可见！民生之艰难可见！看了这种情形，不得不使我对于江南地力未尽的地方，感觉极度的惭愧了！（芮麟《惊风骇浪上前崂》）

【口述】

崂山这边的山主要就是石头，都在缝儿里头长出点东西，有点土就种菜，有个窝就栽棵树。传说有个老头去送粪，他有十块地，放下篮子结果有一块地就找不着了，他数来数去少了一块，纳闷：“我十块地，难道叫谁给偷走了一块？”最后他把这个篮子拿起一看：“哎哟，底下压一块儿！我说嘛，谁会来偷地的嘛。”（20180617刘振居带访村落）

小花园

青山胡同及居民院子尽管非常狭小，但村民会找一切可能的角落种上花草。行人可常在路边、墙角、檐下、石阶缝隙里看到几棵花草，好似向行人招手。旧时村里都是茅屋，但花草常相伴。周志远《崂山志》有芮玉庐诗，曰："土坡齐栽药，茅屋半栽花。"

【文献】

这里北面是大海，南面是高山，地位实处于山和海的夹缝间，风景的幽美，在别处很不易看到。在重重叠叠的石屋中，墙角边，东一株杏花，西几株桃花，白的雪白，红的血红，迎风摇曳。山上，岗上，涧边，路旁，也有无数的野花在张着笑靥，惹人怜爱。苍松绿树，碧海青天的大绒幕上，再零零星星，错错落落地点缀下

姜家胡同的六月蔷薇

窗下小花园

百卉瑰奇态，斗室却嫌宽

不少红的花、白的花，更显得风光娇丽，柔媚有致！我们在石桥边，照了好几张相片。我并有一首五律，记其胜概：

青山村

寻春不辞远，胜日此登攀。村罨高低树，花连远近山。
柴门常寂寂，青鸟自关关。独立斜阳里，长歌未忍还。

（芮麟《惊风骇浪上前崂》）

【诗文】

一片翠竹数丛花，块石峥嵘傲晚霞。
阵阵幽香流水韵，谁知已至道人家。

（清·贾宇航，《太清宫志》卷九）

山水能怡情，花木能养性。胶胶扰扰身，何能一日静。
百卉瑰奇态，千秋冷淡欢。尘心收拾净，斗室却嫌宽。

（清·无角居士，《太清宫志》卷九）

【口述】

这里的人们有种意识了，盖房子，剩下一个角、一个边儿，只要能放上一碗土、一捧土，能栽一棵花的，就利用起来。庭院、门口，花花绿绿，一看就心情舒畅。村民相互间也有些交流，花坛的做法，花的品种，是根生还是种生，种出来以后劈一棵分享。种的花多是土生土长。一般木质花一个是耐冬一个是桂花，再就是木本的绣球，多数是草本的，当年长起来，冬天就枯萎了，到第二年春天就又出来了。（20180718 刘振居访谈）

小影壁

青山胡同弯弯曲曲，人家院子也是见缝插针，毫无规整方位可寻。但每家都会根据其特殊地理环境造一个小影壁（照壁），来营造一个和谐的空间。走在青山胡同里，你会发现不同形式和方位的小影壁随处可见，已然成为胡同一大风景线。青山人相信，这些影壁具有挡风化煞、趋利辟邪的作用。

【口述】

影壁就好像是各家的保护符。做个影壁，上面有“福”字，就能压住一切的外来侵略，挡住对自己不吉利的东西。居所不能

温家小影壁

姜家小影壁

刘家小影壁（姜兆阳摄）

入冲，从地理环境要求看，门窗不能冲着路，不要顶路，这个影壁是叫这个福冲着路，把那些不吉利的，精神面貌各方面的，让这个福冲出去。还有互相之间，门不能对门，窗不能对窗，门不能对窗，窗也不能对门，为了避免相冲，就弄了个影壁，上面有福字，出门对着福。（刘振居、林玉水，20180718 走访胡同）

军港记忆

崂山雄峙黄海滨，地形险要，易守难攻。明永乐二年（1404），崂山设即墨营，防止倭寇侵犯并与沿海卫所相策应。此处海域被明代《武备志》描述为“南望淮安、东海，所城左右相错，如咽喉关锁”。至民国，青山以其独特的地理位置，成了海防前哨。1926年沈鸿烈率领的北海舰队辗转来到崂山湾，并在太清宫重建了东北海军司令部。

在青山村与大海之间，与胡同紧紧相依的，曾经有一片金色沙滩。1958年开始在这片海滩上建立了“青山湾军港”。1967年中国第一支导弹快艇部队——快艇201大队进驻青山湾港。随着军事技术的发展，201大队早已撤编，从这里走向全国的2万多名官兵，经常回到驻地重温军旅岁月。今天被完整保护的军港遗址已成为青山村的一道历史景观。

【文献】

东北舰队自沈鸿烈氏任司令后，力事整顿，一扫积习。拟开关长山岛为海军根据地，年来不遗余力，惜以交通不便，未著若何成效。各舰常巡缉葫芦岛长山岛各海面，以崂山湾为常川驻在港，设办事处于太清宫，以兵工修筑山上马路。近更请法国海军专家一人，专事训练士官，每日操演极勤，图中所示为海圻（较远者）、海琛、肇和、镇海、海鹤五舰也。（1929年4月13日《北洋画报》）

姜岐先在《守护会手稿》中介绍说，青山村边有两处碉堡，一是在北顶，建在此处可控制进村唯一的公路和过往人员。另一处是在三亩顶东头，1952 年由青山驻军建，作为站岗放哨的栖身之地。此堡东、北、南临大海，海上情况观之一目了然。

【文献】

中国人民解放军海军快艇第 201 大队组建于 1959 年 9 月。1967 年 10 月，第一支导弹快艇部队在完成试航和导弹试验定型后，移防到青岛市崂山县青山湾军港。“文革”时期，由于部队深居山沟湾畔、远离城市等环境，更主要的是这支部队一直坚持正面教育，党员团员多强有力地抵制了“左”倾思潮的干扰和影响。进入改革开放时期以来，随着研制人员对 6621 型艇改进和制造的速度加快，该部队共接收了导弹快艇 25 艘，训练出大队长 10 名、参谋长 10 名、中队长 30 余名、艇长 100 余名，出国援助 10 余名，总航行为 50 余万海里，航行时间为 2 万余小时，试验发射导弹 100 余枚，接待外宾参观和有关院校师生实习 30 余次合 200 余人。（“人民海军第一支导弹快艇部队的创建与发展”，《春秋》2017 年第 3 期）

“山海重光”摩崖石刻，位于太清宫殿后面的悬崖石壁上。

尾声

乘桴浮于海

崂山，乃栖隐之地，处东海之隅，凡山皆深，一丘一壑君子居之，含章尽志，空谷徜徉，独寐寤歌，以天地养人为德。青山近上清、下清两宫，为崂山最古之庙，观于海，山容可餐，似尤愈也，有隐君子称此为“舜日尧天”。黄宗昌《崂山志·栖隐》曰：“俯仰深山，天地之间，庶力持在斯耳，岂徒洁身而已乎？”此言君子隐居崂山，不仅仅为洁身自好，也是维系伦常道德之秩序。追溯隐逸文化之源，昔孔子曰：“道不行，乘桴浮于海。”这是说，我的主张行不通了，就坐木筏到海上漂

舜日尧天（姜兆阳摄）

子曰："道不行，乘桴浮于海，从我者，其由与？"

论语·公冶长

流去。《论语·子罕》又说：子欲居九夷。或曰："陋，如之何？"子曰："君子居之，何陋之有？"此言孔子想要到九夷去住。有人问："那地方很僻陋，怎么住呢？"孔子说："君子去住在那里，还有什么僻陋呢？"故诸多典籍将此两句互释，曰："孔子悼道不行，设桴于海，欲居九夷。"那么孔子要去的海在哪里，而那个九夷又指的是谁？

夫子当时说此话必实有所指之地。《论语正义》（卷六）考证众多文献，称此海之水大矣。一般称是渤海，而那时的渤海是指今渤海、黄海一带，也包括旧时莱州府，今青岛地区曾在其地域。

《四书地理考》言浮海指勃海。《说文》曰海，天池也，以纳百川者，又云澥，勃澥，海之别也。《潜丘札记》：太史公多言勃海。《河渠书》谓永平之勃海。《封禅书》谓登莱之勃海。《苏秦列传》指天津卫之海。《朝鲜列传》指海之在辽东者。勃海之水大矣，非专为近勃海郡者也。

有人认为夫子浮海是指朝鲜，但更多考证称九夷是指中国之夷而非海外之夷（见《四书典故辨正》卷七）。而即墨本是夷国之地。同治《即墨县志·沿革》称"即墨《禹贡》青州之域，古东夷地，周为夷国。《左传》隐公元年，纪人伐夷即此"。《春秋正义》特说明此地名"夷国在城阳庄武县"。《汉书》（卷二十八）："言欲乘桴筏而适东夷，以其国有仁贤之化，可以行道也。" 既然孔子同时代的信史记载夷国是在即墨，此地离鲁国又是最近的海。由此推测孔子希望浮海于九夷的地方应包括崂山之地域。崂山隐士之祖、东汉逢萌浮海隐于崂山养志修道，行的就是夫子乘桴浮于海的志向。蒲松龄来到太清宫，有人认为也是“乘桴浮于海”对“仁”的追求。[1]其充满仙气的作品是追寻孔子道义的“变儒之作”。苏东坡说，崂山多隐君子，可闻而不可见，可见而不可致。他本人因乌台诗案被谪贬黄州，布衣芒屩，出入于阡陌之上，时有月夜泛舟，放浪于山水之间，作诗曰：“小舟从此逝，江海寄余生。”抗日战争期间和解放战争前夕，孔圣人后裔衍圣公孔德成因家乡曲阜战乱，数次要去美国留学，当时诸多报刊称此举为“乘桴浮于海”。终因族人坚决阻止而不得行，族人说：“王道文化，如出洋留学，那真是‘乘桴浮于海’了。中国圣人后裔何必效法夷人。”[2]毕竟此夷非彼夷也。

那么九夷又是指谁？《后汉书·东夷列传》曰：“《王制》云：‘东方曰夷。’夷者，柢也，言仁而好生，万物柢地而出。故天性柔顺，易以道御，至有君子、不死之国焉。夷有九种，曰畎夷、于夷、方夷、黄夷、白夷、赤夷、玄夷、风夷、阳夷。故孔子欲居九夷也。”此话言夷国乃君子之国，天性柔顺好仁，是化育之根。能以易明道，以道御术。关于九夷，《竹书纪年》曰“后泄二十一年，命畎夷、白夷、赤夷、玄夷、风夷、阳夷。后相即位二年，征黄夷。七年，于夷来宾，后少康即位，方夷来宾”也。后泄为夏帝（前1730—前1706），时夷受夏爵命，始有九夷。关于夷人生活习性，《山海经》曰：“君子国衣冠带剑，食兽，使二文虎在旁。”《说文》：“东夷从大。大，人也。夷俗仁，仁者寿，有君子不死之国。”青山至今仍是一个长寿之村，而不死之国应是秦汉帝王据此说法寻求长生不老。《禹贡锥指》（卷四）描述东夷“皆土著，喜饮酒歌舞，或冠弁衣锦，器用俎豆，所谓中国失礼，求之四夷者也”。这都是说，夷人不仅浪漫，且懂礼仪。东夷人从凤，《说文解字义证》

① 张晓杰：《“道不行，乘桴浮于海”——从〈聊斋志异〉看蒲松龄的“仁”道》，《名作欣赏》，2018年第30期。

② 一行：《孔德成“乘桴浮于海”》，《光报》1947年9月20日。

（卷十）称，凤出于东方君子之国，凤遇乱则潜居九夷。孔子欲居九夷从凤嬉。《后汉书》之《颜注》曰：“言（夫子）欲乘桴筏而适东夷，以其国有仁贤之化，可以行道也。”夫子本欲行道于鲁，鲁不能竟其用，乃周游列国，仍然不见用，始不得已而欲浮海居九夷。此非遁世幽隐，仍为行道也。孔子周游列国 14 年，志在为天下生民谋幸福，却道不行，乘桴浮于海，有着一种壮志难酬的悲凉。此句经文在中国文化史上留下了深刻的印记，为后来士大夫心灵提供了一个栖居的想象。崂山称道教名山，仙释之宅府，然道本于人事，非崇尚虚无，也非托而逃焉。《茶余客话》（卷二十一）：“古事不成，劝之浮海，言劳山多异境，服气辟谷者往往栖焉。”服气辟谷者指的是道家。唐李真人哲玄来崂山修道，也胸怀孔子的生死观，其诗曰：

青山即景：浮于海（姜兆阳作）

渡海乘舟到崂山，为修真道出尘寰。
有人问我修行路，泄露天机不敢言。
大道不知虚此生，当年庄子一殇彭。
盍观至圣教人语，朝闻夕死是证明。

《德经》注云："道在身，虽子欲居九夷，亦足为乐也。"秉修文德之君子，虽荒陬遐夷，生其间者亦皆蒸蒸日进于道。今天追溯这段上古史迹，虽阙遗渺茫，旨在赋予崂山之山海洞天以隐君子之本源，仁而好生，从凤而嬉。让到此登山蹈海者，或游观，或悟道，或寻仙，盖能领略"乘桴浮于海"的君子之志也。此也能明白黄宗昌修《崂山志》时，其选材、编排背后的立言之旨了。"黄御史值沧海之变，借笔墨以发其悲慨，不独记名胜古迹而已也。"（丁叔言《游劳随笔》）

崂山桴槎

从夫子乘桴于海之桴即筏，编木以渡也。马融为《论语》注此字曰：桴，编竹木也，大者曰筏，小者曰桴。青山村民在1953年前，不曾使用过船，筏是村民打鱼、运输的基本工具，是他们海上生活的一部分。"筏"的词源是泭，与桴、柎同，大曰筏，小曰桴。又有"桴槎"之称。

在"桴槎"释名中，晋代张华《博物志》中记述一典故，使筏成了沟通天河与海的仙器，乘槎而去就有了成仙之意。

旧说天河与海通。近世有人居海渚者，每年八月有浮槎去来，不失期。人有奇志，立飞阁于槎上，多赍粮，乘槎而去。十余日中犹观星月日辰，自后茫茫忽忽亦不觉尽夜。去十余日，奄至一处，有城郭状，屋舍甚严。遥望宫中多织妇，见一丈夫牵牛渚次饮之。牵牛人乃惊问曰："何由至此？"此人具说来意，并问此是何处，答曰："君还至蜀郡，访严君平，则知之。"竟不上岸，因还如期。

银汉浮槎，来去自由。“乘桴于海”由此在历史上成了一个文化意象，既有夫子、隐君子的意思，也意喻道家之仙道。它成为文人赋诗作画的主题。民国国画研究会画家黄咏皋的山水画“乘桴浮于海”，似有青山那种山海之间，一粟浮槎的意境。故宫博物院收藏的元代朱碧山制作的银槎，展示了“乘桴浮于海”的寓意。槎身作桧柏纹理，形如老树杈丫，屈曲之致。一道人斜坐槎上，道冠云履，长须宽袍，双目凝视手中书卷。槎尾刻有“龙槎”二字，杯口下刻行楷“贮玉液而自畅，泛银汉以凌虚。杜本题”十五字，槎下腹部刻楷书“百杯狂李白，一醉老刘伶，知得酒中趣，方留世上名”二十字。此作品似有儒道融合浮于海之意境。

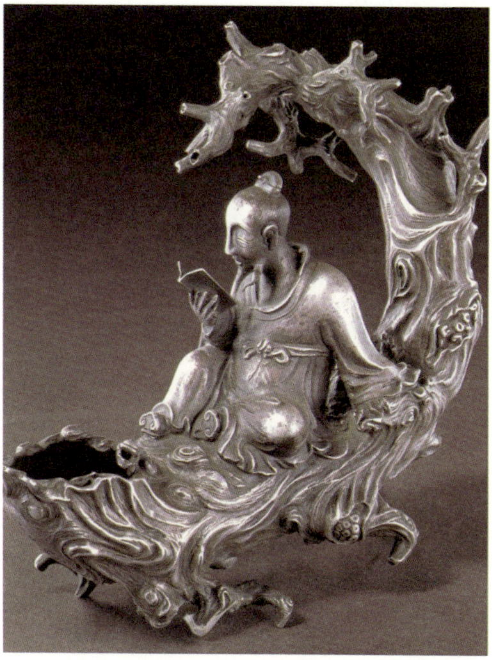

银槎（元·朱碧山，故宫博物院藏）

齐女李清照，借用《博物志》中的浮槎典故，写天上人间的离愁别恨。

行香子·七夕

草际鸣蛩。惊落梧桐。正人间、天上愁浓。云阶月地，关锁千重。纵浮槎来，浮槎去，不相逢。

星桥鹊驾，经年才见，想离情、别恨难穷。牵牛织女，莫是离中。甚霎儿晴，霎儿雨，霎儿风。

丘长春（又名丘处机），这位在太清宫修道的全真道教“龙门派”创始人，为崂山写下了很多诗文，并在青山一带留下很多摩崖石刻。他有一首诗，写的也是乘桴于海。

段生放筏值水涨漂没空身还归

段生放筏下西山，时值波涛尽出关。

回首无心怨河伯，高歌且喜脚轻还。

（邱处机《磻溪集》卷之二）

憨山德清，这位明末高僧，万历十一年来到崂山，在太清宫故卫院建梵刹曰海印寺。他以“乘槎浮海”为题，写下一首五言诗，把青山一带比喻为孤槎，车马绝行，日月随飘。作为僧人，他禅净双修，将释、道、儒三家融为一体。夫子的浮于海在他这里成为一叶渡迷津。对他来说，海印寺乃是卜居海上的一叶舟。

乘槎浮海[①]

一

吾道最何适，乘槎旧所论。

众浪归大海，一叶渡迷津。

心月悬空镜，人烟闹市尘。

坐忘机自息，鸥鹭越相亲。

二

一叶浮虚碧，孤槎落镜中。

此身真足寄，万物竞如空。

① 见青岛市诗词学会编：《万古崂山千首诗》，新华出版社，2002年。

日月随漂泊，乾坤信转蓬。

笑看车马客，于此绝行踪。

青山居民自古就以筏子与大海相遇。黄宗昌《崂山志》记载，青山村民的先祖“为闽人浮海而来者”。他们刚到的时候，这里属于人迹罕至的深山，居民过的是清代进士江如瑛描述的“浑太古”的生活。诸多游记都记述他们虽然非常贫苦，但与自然完全融为一体。1935 年苏雪林在青山还看到《庄子》中“抱瓮灌园”、绝机心于山海之间的生活方式①。而这一典故也直接出现在民国道人、《太清宫志》作者周宗颐描述青山一带生活的诗歌中：“抱瓮灌园听海涛，闲同逸老种碧桃。弹琴松下来明月，静夜频添太古醪。”明天启二年，即墨文人高出在其《崂山记》中记述，在他接近太清宫前，得一夷旷之坞，见得数椽之茅，山花片片，野妇乳儿，视客不异：

> 又进之，潮吸山吼，殷在地中，石错涛上，或躐或缘，殆险塞之至也。下为甚稍得夷旷之坞，多松，静而声间覆数椽之茅，野妇乳儿，视客不异也。山花片片，杂英如红缬，袭路之芬，滩鸣谷奮，沙白掩带，紫蛄茭蒲芃郁，来往翠禽，我马骎骎，如在郊野，可与忘险，人其罢厌哉！就渔筏，买鱼蟹载之。

这是文献中第一次记述到青山的筏。青山作为渔村，在过去并无像今天那样多以此谋生的打鱼人，“渔”更多的是一种生活境界。正如青山钓鱼台石崖上所刻的署名宋绩臣的“一字诗”：

① 苏雪林：《劳山二日游》，见韦志芳《名家笔下的崂山》。

一蓑一笠一髯翁，
一丈一杆一寸钩。
一山一水一明水，
一人独钓一海秋。

这应该是孔子“乘桴浮于海”的意境，而对广大村民来说，就如康熙即墨文人纪润在青山描述的，“渔”乃是[①]：

钓罢归来意自如，
晚烟倚树遍村墟。
谁家老酒新开瓮，
换我金鳞尺半鱼。

《青山村志》记载，1953 年以前，青山没有船，运输、打鱼用的都是筏子。但那个筏子估计属于银槎所示那种非常简陋的，因为村民还没有航海打鱼到外地卖的习惯。《青山村志》（252 页）记载，青山人最早学会到外地打鱼是在 1881 年。温氏祖上受雇到董家口数年后学会了圆网打鱼方法。自此以后，青山便造出了第一只能航海打鱼的筏子。

制筏工艺

今天青山早已看不到筏子，但老一辈还记得制造筏子的工艺。修村志时，几位老人一起还专门做了一个。《青山村志》（253 页）记载了筏子工艺：

---

① 该诗记载在纪润《劳山记》游上清宫游记中，当时他与知友宗方侯持竿钓毕，漫吟此诗。此行他数次出入青山，而这一带靠海的村落也唯有青山。

筏子一般用6.5~7米长、直径不下于40厘米的圆木，由7或9支圆木连在一起，粗头在后，细头在前，中间的圆木最粗、最长，左右两边的逐渐缩短，筏子前部呈尖形，能顶风破浪，筏子后部，每棵圆木中央，离圆木粗头10余厘米的部位横钻凿一个约7厘米方园的方形或圆形眼，用一根很直、新伐的柞木，将筏木串起来，此杆名为“串挺”。筏木串起来之后，木头后头是齐的，离后头沿部约20厘米处将各棵圆木的顶部开一平口，深约5~6厘米，宽约18~20厘米，开平口处放上略带弧形硬圆木1支直径约17~18厘米，弧向上，底面排平，在顶部按距离钻凿四个扁方眼，深度约8厘米，按上用柞木排修出的橹槌，再用梗木塞紧，这根木头名叫“橹机头”。将橹机头安放到圆木后头的平开口中，然后用绳索把圆木通过串挺和橹机头固定起来，筏子圆木的排列一般是中间部位最粗最长的圆木，左右边沿是小一点的。将筏子后头左右边的边木，套上铁扣接上绳索加别，使绳索逐步加紧拉力，别的越紧，拉力就越大，将后边左右边木拉翘起来，左右边木高于其他圆木。在筏木前段也平开一道口和后边的开口相仿，选一支和筏子一样宽长的硬木，直径与橹机头粗细差不多的圆木也是略有点弧形，弧面向上，其另一面排出平面，安放在筏子前段的平口内，这根木头叫“吊木”。它的作用是将筏子前部的每棵圆木用绳索吊拉在吊木上固定住。前左右边的边木和后边一样用铁扣或绳索拉紧上别，一直到别不动为止。前后别上紧后，左右的边木前后都翘起，高于整个筏子的其他圆木（打鱼时，打上来的鱼放在筏子上鱼掉不下去）。为加快筏子的速度，筏子备有桅杆和帆。遇有顺风将桅杆立起，挂上帆，以增加航行速度。如没有顺风，则将桅杆放倒。

据姜岐先叙述，打鱼筏子一般都是4支橹，每个筏子9人，筏子中间平，左右边的两支边木翘起，预防打上来的鱼掉到海里。筏子备有桅杆和帆，遇有顺风将桅杆撑起，挂上篷帆加快航速。筏子上备有方床1个，用木头制作的框，上边钉上竹板作为打鱼者休歇的地方。还有一种筏子是用来打海蜇，筏体更小，两支橹，4个人操作。更有1支橹，两人一筏或一人一筏，用来抓海蜇。这种筏子很小，近乎浮槎，是用梧桐圆木制作的。

浮海打鱼

清朝光绪九年（1884），青山村先祖们于这年春天第一次离家浮海打鱼。他们在筏子上漂流了18天到达诸城董家口（现胶南董家口）。一春共打了18天鱼。回村后结账分配，每人分了18吊铜钱，这在当时来说是青山人不敢想的数字。全村开始沸腾。《青山村志》（253页）记载第二年筏子出海打鱼增至5~6个。每个筏子有9位打鱼人，岸上后勤1人，打鱼时间长至40余天。从此用筏子到诸城打鱼成了青山村人的主要谋生之道，筏子也越做越大，越跑越远。问到为什么不在青山海域打鱼而要跑那么远。林玉水和刘振居两位老人说：

> 因为那里是刀鱼、鲅鱼之类洄游的必经之路，到了崂山这边鱼群就分散了，水深就没有了。那边水浅，滩涂大，不像这边山下就是海，海紧靠着山，那边是大沙滩。老人说刀鱼就是从舟山群岛游过来的，必须经过胶南。（20180827守护会访谈）

到30年代，出海打鱼的筏子多达25~26个，远到连云港海域，时间一般在2个月左右。每

姜兆阳摄

年谷雨前出海，端午节归来。渔筏行至崂山头，便开始放鞭炮，祭海谢龙王，渔筏过关子到三亩后又放鞭炮向家人报平安。回家后，各个筏子凑钱开始在村里演大戏。乘筏浮海打鱼也常有风险。清朝光绪二十九年（1904）农历四月二十五日，青山渔民在董家口遇到一场大海难。海上刮起台风，东北风卷着巨浪，砸破三个筏子，27 人中，仅温立成逃生。一直到 1953 年，村民才开始使用渔船。

泛海运输

清末民初，村民到了冬天农闲季节开始将自己割的青草及干柴松枝几户凑起来，装筏子运到青岛去卖，村人习称出门。销货的主要市场是奶牛场、面包房及市民和市郊的一些靠海村。“出门”卖柴草是一项很艰苦的活，名曰“活遭罪”。筏子装满载之后，筏子全部都压入海水中 15 厘米左右，共有 6 人在筏子上，4 人在后边横担的一页撬板上摇橹，两人做替换。脚随时会打湿，冻得要命，加之筏子的速度太慢，又装重载真是慢上加慢。每次起航拔锚，手被海水浸湿后再被北风一吹，像猫咬的一般，到晚上 6 个人挤在柴垛顶上熬一夜的滋味真如度年。先辈们为了维持生活，从初干起这项活来之后每年从没间断过，并将此作为一项主要经济收入来源。任何事从来就没有一帆风顺的，大事小事总是要出现的。1917 年冬，姜成玉（姜兆岐的爷爷）和温立水（温志好的爷爷）在“出门”卖柴禾草的途中，在现沙子口姜戈庄泉子崖遭遇风浪，筏子破后两人被筏木挤死。这项活虽然艰苦遭罪，但因靠山柴草资源多，先辈们认定这是一项主要经济收入来源，因柴草到处是，只要能卖力就有收获。1947 年农历二月初三村民王安春、姜宗先伙合“出门”去青岛卖柴草，筏子到汇泉，二人被国民党兵用枪击中腿部，姜宗先因伤重致残。虽然这项活出了几次事故，但并没有打消人们的积极性，直至解放后 50 年代初才停止。（《青山村志》181 页）

扁舟遨游

一儒生，自谓“冷眼”，在民国《青岛画报》连续发表四篇用文言文撰写的游记。他在1935年秋，与朋友姜君一起游崂山，目的地是太清宫。他不是走当时习惯的东线，而是反过来走南线，经沙子口，过流清河，走到聚仙宫时已足软身酸，问宫中道士，怎么去太清宫，道士告诉他，道路崎岖，难于蜀道，非徒步所能行，最好乘小舟过去。冷眼先生用文言文描述了自己与姜君一起，一叶扁舟，乘桴于海游太清宫，最后在青山夜宿的经历。途中望见北洋舰队军舰，为之骄傲而学越王想远远致敬以尽礼。他们乘舟抵达下清宫后舍舟而步，路上看到宫中道士为沈鸿烈所立的颂德碑，题曰“德及方外”。而此时，由北路来汽车，经青山村已经可以直抵设在太清宫的海军办事处。他们又翻过垭口，看到了青山小学，有学生50来人，到达青山村，迎接他的是一道者。此时已日向西山，遂觅宿于青山村，经历了“刘阮天台”之仙境。

予行至此（聚仙宫）廿余里矣，足软身酸，若不可支，乃与姜君蹲树下，略事休息，此时也，南望沧海，一碧万顷，渔船荡漾，往来可数，东望高山，插入云表，山海奇观，于此领略矣。忽而角门闭然，一道者出，羽衣翩褷，状甚古朴，予起逆之曰，太清宫，距此几里，道者恭敬答曰，越山行，道路崎岖，难于蜀道，恐非徒步所能堪，虽然崂山奇景，所谓梯子石、八水河，诸名胜，尽在此途，不则舍此而乘桴，一叶可航耳。……时将午，乃辞而出，买棹作海上行。清风徐来，海波不兴，驾一叶扁舟，遨游乎沧溟，削壁西峙，沧海东流，因恋山海之胜，遂忘颠簸之险，舟子款乃，水鸟啁啾，行行重行，而八水河在望矣。该处系入海口，汇合上流八涧之水，气势澎湃，声若雷电，予遥望之，窃叹造物之奇焉，俄而黑雾迷天，笛声呜呜中，破浪而出，矫若游龙者，我国之军舰也。余谓姜君曰，昔越王式怒蛙以勖士。我侪曷致敬以尽礼乎，姜笑曰，子之迂也，彼舰中岂见我辈一礼耶，身非越王，乃欲以民国主人自居，子其休矣。余慨然，忽闻舟子喜跃曰，下清宫至矣，就其所指处视之，苍松翠竹，相映成趣，绿砖红瓦，耸峙于密箐中者，下清宫也。既而舟傍岸，予等舍舟而步，辟竹径，越石桥，松柏交辉下，有石屹然立，题曰"德及方外"，盖宫中主持为前东北海军司令现任青岛市长沈公树立之颂德碑也。先是张宗昌督鲁时代，盗贼穷发，而崂山寺宇，尽沦为逋逃薮。及沈公率舰来驻，认真剿除，而去煮始绝迹，故斯碑之建，所以酬有功，碑立石阶上，围以红栏杆，予升其阶，西望群山嵯峨，怪石起伏，若鸟振翼，若兽奔腾，而回视沧海，浩浩荡荡，茫无涯涘，诵山川相缪之句，盖不甚其神往矣。①

民国时期，乘舟游太清宫乃是青岛的一条旅游线路。1931 年 6 月 30 日《大公报》刊登笔名"曼青"的一篇游记，说的是三十余人乘船游太清宫，美景如画，心旷神怡。游客"或弈棋，或阅报，相与笑乐，余以晕船故，独卧船尾，曝日光，听水声，海阔天空，间有渔舟二三，点缀其间，美景如画，心神为之一快。舟行三小时，遥见巨舰二艘，停泊海面，询之舟子，乃东北舰队之一部来此打靶者。十时半，抵山麓，水浅，金星轮不能靠岸，同人分三组乘舢板登岸，行竹岩中，数十武，达太清宫"。

从青山湾出发绕崂山头乃是一项浮海遨游。据《青山村志》(236 页)以及明清游记，船出青山湾时可看到圈顶山势欲压海，青山村楼阁层叠横如画。舟行三亩前湾，山田如梯列山坡。船行至试金湾，旷野枕山峦，波浪拍海蚀，试金问之石。极尽崂山头，一峰突起如覆盆，壁立云际倒入海，晒钱石（亦曰邋遢石）、宅门礁、地龙嘴，映日海涛上接天。船行崂山头正面，仰首可望南黄碴、北黄碴和张仙塔。再前行遂达八仙墩，仙墩罗列纷纵横，绝壁压顶如将倾，浪花倒卷，心惊魄动。此后绕入前

① 冷眼《崂山纪游》，《青岛画报》，1935 年第 19 期。

岐海岸，山连大海水连天，钓鱼台上“一蓑一笠一髯叟”。试仙之境有驱虎庵、猎兔泊（今称列坡）、张仙塔等。今天由于崂山旅游景点化，要像冷眼先生那样，乘一叶扁舟，翱翔于海已绝无可能。但文中描述的意境应是崂山全域旅游开发的“乘桴于海”之创意。

结语

渺渺小桴，渡泱泱大海，云是老子曾过此，且有夫子欲居兹。“崂山桴槎”是基于青山村筏子记忆，崂山道家“桴槎而去”，以及这方土地上的东夷古国记忆，通过孔子“乘桴浮于海”的立意，从而形成崂山海上文化的独特符号。它可以给青山隐逸文化定位，为村落的文化建设、旅游开发和文化产业发展提供创意灵感。

民国二十三年，李壁臣值孔子圣诞之假，乘舟游崂山，借村民小筏浮海青山港，被眼前天宇澄碧、茅屋昆连的小村景色所吸引，遂得诗一首[①]：

崂山选胜不嫌赊，仙境深深远世哗。
舟放中流饶雅兴，云开丽日凝晴霞。
仰观烟影障山色，俯览波光逐浪花。
驶向青山停棹处，柴扉茅舍百余家。

这是一片育仁之地，耕读为本，修身齐家志在天下；这是一片隐逸之地，浮槎去来，奇士高人超然于此；这是一片行道之地，舜日尧天，敦厚质朴犹有太古遗风。

① 李壁臣：《崂山游记·青山港抛锚》，民国十六年九月二十二日《益世报》。

致谢

《青山胡同》是青岛市崂山区政府为落实中共中央《关于实施乡村振兴战略的意见》而催生的研究项目，旨在从文化引领的角度，挖掘、叙述和激活乡村文化记忆。为乡村文化振兴提供一个地景建设范本。本书从立项、实施、调研到成书的每一个阶段都得到崂山区乡村振兴办、王哥庄街道以及青山村的全力支持。尤其是崂山广电中心，作为项目的总协调，全面参与项目策划、调研安排、文献查询、出版统筹，为项目的顺利完成提供了坚实的物质基础和优越的工作环境。浙江大学非物质文化遗产研究中心为本项目提供了学术支持。

首先我们要感谢青山村的各位受访者，感谢姜兆节书记、姜兆阳老主任等的工作指导，其中要特别提到的是青山村文化守护会的各位乡贤：姜岐先、林玉水、刘振居、温志敏、温志团。刘振居先生作为总协调，并负责书稿校对，自始至终为本书研究作出了巨大努力和贡献。他们以一种富有文化使命感的精神以及对青山这块土地的深厚感情，直接参与到文化调研、书写和校阅工作中。其中由他们供稿的《守护会手稿》是本书研究重要的资料来源。该手稿已经编辑成册，作为本书的支撑材料，供需要者索取。姜兆阳先生还为本书提供大量照片。总之，没有他们的无私奉献，不可能完成本书的研究工作。由于参与受访者的村民众多，在此不能一一署名，但他们的名字散见于各个篇章。

崂山广电中心的张旭，作为研究助理，全程参与本研究的工作联系、文献查询、后期整理以及部分起草等工作，他为本书顺利完稿作出了重要贡献。我们还要感谢在不同阶段为本书作出过贡献的单位和个人，他们是浙江大学人文学院、旅游与休闲研究院副院长刘慧梅教授，崂山区文联前主席韦志芳，中国海洋大学教授马树华，浙江传媒大学副教授余源伟，浙江机电学院徐芳老师，邹鲁之士董伟等。帮助过本项目研究的单位和个人众多，我们在此无法一一表示感谢，谨表歉意。